Ansgar Weymann
Sozialer Wandel

Grundlagentexte Soziologie

Herausgegeben von Klaus Hurrelmann

In den sechziger und siebziger Jahren erschien im Juventa Verlag die Reihe „Grundfragen der Soziologie". Sie wurde von Dieter Claessens, Sozialanthropologe und Familienforscher an der Universität Münster, später der Freien Universität Berlin, herausgegeben. Die Reihe hatte einen prägenden Einfluß auf die damals noch in den Anfängen stehende Disziplin Soziologie. Viele Bände der Reihe sind bis in die 80er Jahre hinein Standardlehrbücher geblieben.

Die Reihe „Grundlagentexte Soziologie" knüpft an diese Tradition an. Die Soziologie hat sich seitdem in Deutschland als theoretisch und empirisch reichhaltiges wissenschaftliches Fach etabliert. Es fehlt ihr aber an Einführungstexten und Übersichtsbänden für den Lehrbetrieb in Universitäten, Fachhochschulen, Fachschulen und anderen Bildungseinrichtungen.

Dieser Herausforderung stellt sich die Reihe „Grundlagentexte Soziologie". Von fachlich gut ausgewiesenen Wissenschaftlerinnen und Wissenschaftlern werden Texte vorgelegt, die die wichtigsten theoretischen Ansätze des Faches, methodische Zugänge und gesellschaftswissenschaftliche Analysen präsentieren. Die Bände sind so zugeschnitten, daß sie sich als Basislektüre für Vorlesungen, Seminare und andere Lehrveranstaltungen mit einführendem Charakter eignen.

Die Reihe „Grundlagentexte Soziologie" wird herausgegeben von Klaus Hurrelmann, der als Sozial- und Gesundheitswissenschaftler an der Universität Bielefeld tätig ist.

Ansgar Weymann

Sozialer Wandel

Theorien zur Dynamik der modernen Gesellschaft

Juventa Verlag Weinheim und München 1998

Der Autor

Ansgar Weymann, Jg. 1945, Dr. phil., ist Professor für Soziologie am Institut für empirische und angewandte Soziologie der Universität Bremen und am Sonderforschungsbereich 186.

Seine Arbeitsschwerpunkte sind soziologische Theorie und Gesellschaftstheorie, Bildungsforschung, Arbeitsmarkt und Berufssoziologie, Lebenslauf und Biographie.

Die Deutsche Bibliothek - CIP-Einheitsaufnahme

Weymann, Ansgar:
Sozialer Wandel : Theorien zur Dynamik der modernen Gesellschaft /
Ansgar Weymann. - Weinheim ; München : Juventa Verlag, 1998
(Grundlagentexte Soziologie)
ISBN 3-7799-1462-X

© 1998 Juventa Verlag Weinheim und München
Umschlaggestaltung: Atelier Warminski, 63654 Büdingen
Umschlagabbildung: M.C. Escher, Kugelspiralen, 1958
Printed in Germany

ISBN 3-7799-1462-X

Vorwort

Der soziale Wandel ist ein grundlegendes Thema der modernen Gesellschaft und der Soziologie. Nicht erst in der unmittelbaren Gegenwart, sondern durch die Geschichte der europäischen Neuzeit hindurch, hat sozialer Wandel die Zeitgenossen und die sozialwissenschaftlichen Klassiker fasziniert.

Vor allem in den sechziger und siebziger Jahren dieses Jahrhunderts sind eine Reihe von Monographien und Sammelbänden zur Theorie sozialen Wandels erschienen, auf die in diesem Band an verschiedenen Stellen hingewiesen wird. Dieser neue Band zum Thema sozialer Wandel beschränkt sich jedoch nicht darauf, die bisherigen Abhandlungen zusammenzufassen und zu aktualisieren. Entscheidend sind vielmehr einige Neuerungen, die in anderen Publikationen nur selten oder gar nicht zu finden sind.

Dieser Band bezieht mikrosoziologische und interpretative Theorien zur sozialen Konstruktion von Gesellschaft in die Darstellung des sozialen Wandels mit ein: Theorien der symbolischen Interaktion, zum Pragmatismus, zu Lebenswelten, Milieus und Sozialräumen, zu Gemeinschaften, zum Kommunitarismus und Zivilisationskonflikt. Vor allem berücksichtigt dieser Band das in den achtziger und neunziger Jahren zur Blüte gelangte Arbeitsgebiet soziologischer Erforschung sozialen Wandels, die Lebenslaufforschung, Generations- und Biographieforschung: Generationen und Generationsverhältnisse, die historische Differenzierung der Lebenszeit, die Ökonomie des modernen Lebenslaufs, Zivilisationsprozeß und Sozialcharakter.

Der zentrale Teil der Theorie sozialen Wandels, die makrosoziologische Theorie, insbesondere Strukturfunktionalismus und Modernisierungstheorie, kritische Theorie und Systemtheorie, bilden das Mittelstück des Bandes. Dieser zentrale Abschnitt schließt Beiträge zum Verhältnis von Staat und Markt, Politik und Ökonomie, Sozialpolitik und Wohlfahrtsstaat ein. Die gegenwärtige Theoriediskussion wird jeweils mit der Theoriegeschichte verbunden, denn einige grundlegende theoretische Konzepte bestimmen das Verständnis der Dynamik moderner Gesellschaften vom Beginn der Neuzeit bis zur Globalisierungsdebatte. Aus der aktuellen Transaktionskosten- und Institutionsökonomie, der Theorie der Kollektivgüter, der Sozialpolitik und der politischen Theorie sind Beiträge in die Darstellung aufgenommen worden, soweit von diesen Anregungen auf die soziologische Theorie sozialen Wandels und gesellschaftlicher Modernisierung ausgegangen sind.

Die drei Hauptabschnitte - gesellschaftliche Konstruktion der Wirklichkeit, Modernisierung der Gesellschaft sowie Generationen und Lebenslauf - werden jeweils mit einem Kapitel zur Anwendung der Theorie sozialen Wandels auf die Transformation in den neuen Bundesländern beschlossen.

Der Band beginnt die Einführung in die Theorien sozialen Wandels mit einer sehr alten Theorietradition, von der man meinen könnte, daß sie ihren historischen Zenit weit überschritten habe: Utopien, Apokalypsen und Geschichtsphilosophie. Dies ist jedoch eine Täuschung: Geschichtsphilosophische Entwürfe und Deutungen der Gesellschaft sind, vor allem im Alltagswissen, immer noch mächtig, auch nach dem Ende der großen politischen Ideologien.

Der Band schlägt in meiner eigenen wissenschaftlichen Biographie einen weiten Bogen von frühen Arbeiten an der Universität Bielefeld in der Arbeitsgruppe Bielefelder Soziologen (Alltagswissen, Interaktion und gesellschaftliche Wirklichkeit) bis zu Forschungsarbeiten in der letzten Dekade im Sonderforschungsbereich 186 (Statuspassagen und Risikolagen im Lebenslauf) an der Universität Bremen. Dazwischen liegen viele Vorlesungen, Übungen und Seminare zur Geschichte der Soziologie, zu mikrosoziologischen und zu makrosoziologischen Theorien sozialen Wandels und Modernisierung, aus denen der Band Nutzen gezogen hat.

Zu danken habe ich neben vielen kollegialen Diskussionen und studentischen Rückmeldungen im Laufe der Jahre aus aktuellem Anlaß meinen Mitarbeitern Matthias Rasztar, Reinhold Sackmann, Olaf Struck und Matthias Wingens sowie Werner Meinefeld (Universität Erlangen) und meiner Frau Verena Weymann für die Lektüre und Kommentierung des Manuskripts. Die Registererstellung besorgte Maren Beckkötter, Korrektur lasen Gisela Feldmann, Julia Simonson und Katja Krug. Einen wichtigen Anstoß für die Abfassung dieses Bandes in dieser Form und zu diesem Zeitpunkt gab die Einladung des Herausgebers der Grundlagentexte, Klaus Hurrelmann.

Bremen, im März 1998

Inhalt

1. Einleitung

„παντα ρει και ουδεν μενει" -
alles fließt und nichts bleibt wie es ist.
(Heraklit)

Wir leben in einer schnellebigen Zeit: Globalisierung der Märkte für Kapital und Arbeit; Europäisierung des Rechts; Konkurrenz zwischen den Institutionen der EU, des Bundes und der Bundesländer; die Ablösung der soliden Deutschen Mark durch den ungeliebten Euro; vielfältige Eingriffe in den Sozialstaat, so in Leistungen der Alters- und Krankensicherung sowie der Arbeitsmarkt- und Beschäftigungspolitik; eine schwer durchschaubare, föderale Bildungslandschaft mit sich wandelnden Konturen, in der Qualität und Nutzen von Berufsausbildung, Abitur und Hochschulausbildung unklar werden; wissenschaftlich-technischer Fortschritt mit nicht sicher abschätzbaren Nebenfolgen; Auflösungserscheinungen der Familie und ihr teilweiser Ersatz durch vielfältige Beziehungsformen und Formen des Zusammmenlebens; eine schrumpfende Bevölkerung in den meisten europäischen Ländern, ein überbordendes Wachstum in vielen Ländern der Dritten Welt; die Unwirtlichkeit der großen Städte und die Übernutzung von Boden, Wasser und Luft; der Zusammenbruch vieler Staaten; die Radikalisierung ethnischer und kultureller Differenzen; wachsender religiöser, vor allem islamischer Fundamentalismus; grenzüberschreitender Terrorismus und Kriminalität. Alles ist in Bewegung, nichts von verläßlicher Dauer. Weniges ist dem Zeitgenossen so bewußt, wie der in Fernsehen, Zeitungen, Romanen, Statistiken und im eigenen Lebensumfeld allgegenwärtige soziale Wandel.

Sozialer Wandel bestimmt das Lebensgefühl des modernen Menschen, des Menschen der Neuzeit, aber schon seit Jahrhunderten. Renaissance, Humanismus und Aufklärung, industrielle, technische und wissenschaftliche Revolution, historisch wachsende bürgerliche, politische und soziale Rechte, eine progressiv durchgesetzte Partizipation und Emanzipation immer größerer Bevölkerungsteile, die Säkularisierung der Gesellschaft und die Individualisierung von Lebensweisen und Werten haben den Ausgang aus der selbst verschuldeten Unmündigkeit (Kant) des Lebens in traditionalen Lebensformen bewirkt. Der Mensch fühlt sich als Herr oder auch Opfer einer bewegten Geschichte.

Doch wie neu ist dieses Lebensgefühl des modernen Menschen wirklich, der Eindruck, daß alles im Fluß und nichts von Dauer ist? Das Lebensgefühl der europäischen Neuzeit ist nicht ohne Vorgänger. Wir finden sie exemplarisch in der griechischen Philosophie. Alles fließt und nichts bleibt wie es ist, „παντα ρει και ουδεν μενει" (Heraklit), war bereits eine Schlüsselbeobachtung der jonischen Schule der Vorsokratiker, der naturwissenschaftlich orientierten griechischen Philosophen Kleinasiens zur Mitte des ersten Jahrtausends vor Christus (Thales von Milet, Anaximander und Anaximenes, Heraklit). Für sie stand fest: Unsere Sinne zeigen uns eine vielfältige, empirische Welt im ständigen Wandel. Was ist, kann nur im Entstehen und Vergehen verstanden werden. Anders als bei vielen späteren griechischen Philosophen, z.B. Platon, ist der stete Wandel das Kennzeichen der Welt, und nur über die Beobachtung des Wandels ist die Welt zu verstehen.[1]

Die das heutige Lebensgefühl bestimmende Beobachtung intensiven und schnellen Wandels ist also nicht auf die Geschichte der modernen Gesellschaft und auf die Gegenwart beschränkt. Immer schon gab es ruhigere und weniger ruhige Zeiten, die mit gefestigten und weniger gefestigten Weltbildern einhergingen. Ebenso alt ist der Wunsch, sozialen Wandel zu erklären und zu verstehen, ihn möglichst auch zu steuern. Hierhin gehört die uralte menschliche Vorstellung, daß es so etwas wie eine bestimmte Herkunft und ein bestimmtes Ziel des Menschengeschlechts geben müsse, einen Sinn in der Geschichte der Menschheit, des eigenen Volkes, der eigenen Familie, des eigenen Lebens. Dies war schon das Thema der großen mythologischen Erzählungen, die die Geschichte einer Stadt, eines Stammes, eines Geschlechts mit dem Gang der Menschheit, der Natur und dem Leben einzelner Menschen verbanden. Gute Beispiele sind das Gilgamesch Epos (um 2100-1800 v. Chr.), Homers Ilias und Odyssee oder die Nibelungensage. Bekannter noch sind die religiösen Deutungen sozialen Wandels, die Heilsgeschichten des Christentums, des Judentums, des Islam. Mit dem Erscheinen des Propheten beginnt eine neue Zeit mit erneuerten Menschen, eine Zeit des Heils. Der alte Adam wird abgelegt, ein radikaler Trennungsstrich zur Vergangenheit wird durch religiöse Umkehr vollzogen. Eschatologie nennt man diese Lehre vom Ende des Weltlaufs, von den letzten Dingen und dem Anbruch einer neuen Welt. Vor dem Ende der Welt bricht für die Glückseligen eventuell noch das „Tausendjährige Reich" (Chiliasmus), das irdische Paradies, an. Danach mehren sich die bösen Zeichen des Weltuntergangs in einer Periode des Schreckens (Apokalypse).

Ein solches eschatologisches, chiliastisches und apokalyptisches Verständnis sozialen Wandels kennen wir nicht nur aus der Religionsgeschichte, sondern auch aus der modernen politischen Ideologie bis in die Gegenwart hinein, so bei Marx und besonders im Marxismus-Leninismus, der offiziellen Ideologie des real existierenden Sozialismus. Auf die barbarische und anomische Vorgeschichte der Menschheit in Urgesellschaft, Sklavenhaltergesellschaft, Feudalismus und Kapitalismus folgt das Arbeiter- und Bauernparadies der Werktätigen unter Anleitung der obersten Priesterkaste im Politbüro und ihrer niederen Priesterschaft in der kommunistischen Partei. Die meisten dieser Paradiese sind

---

1 Unterschieden werden die Ordnung der Welt, der Kosmos („κοσμοσ"), und die vernünftige Rede, der Logos („λογοσ"), vom leeren, weiten Raum, insbesondere des Weltalls, vom Chaos („χαοσ").

1989 untergegangen. Ein anderes „tausendjähriges Reich" unter einem nach eigener Darstellung von der Vorsehung geschickten Führer verfiel 1945.

Die Erfahrung intensiven, schnellen, umfassenden sozialen Wandels ist offensichtlich beunruhigend, so beunruhigend, daß Menschen Ordnung in die beobachteten Prozesse bringen wollen, durch Erklären, Verstehen oder auch durch erfolgreiche Eingriffe der Steuerung. Die Urformen dieses Versuchs sind die mythologische Erzählung und die religiöse Bekehrung und Missionierung. Säkularisierte Nachfolger finden sich in politischen Mythen von der auserwählten arischen Rasse oder der auserwählten Arbeiterklasse, in politischer Bekehrung und gewaltsamer Missionierung der Ungläubigen bis in die Gegenwart.

Auch die Sozialwissenschaften und die Soziologie im engeren Sinne sind Kinder des sozialen Wandels. Sie entstanden mit der beginnenden Neuzeit, mit Renaissance, Humanismus und Aufklärung, vor allem jedoch mit der industriellen und bürgerlich-politischen Revolution. Die ersten sozialwissenschaftlichen Abhandlungen galten der Begründung des Machtanspruchs und der Herrschaftsformen des modernen, nicht mehr religiös fundierten Staates (Machiavelli, Hobbes), sie befaßten sich mit der Entstehung der Institutionen Arbeit, Eigentum und Familie in der bürgerlichen Gesellschaft und mit ihren neuen, demokratischen politischen Institutionen (Locke), sie entwickelten bis heute nachwirkende theoretische Grundlagen einer utilitaristisch begründeten liberalen Rechtsverfassung (Hume) und einer auf antagonistischer Kooperation beruhenden freien Wirtschaftsordnung (Smith). Frühe Sozialwissenschaften verstanden sich als angewandte Aufklärung, als Ideologiekritik am klerikalen und feudalen ancien régime (Saint-Simon), als Künder einer durch Verwissenschaftlichung harmonischen neuen Gesellschaft des positiven Zeitalters (Comte) oder auch als Künder einer auf die Analyse der politischen Ökonomie des Kapitalismus gestützten revolutionären Umgestaltung der kapitalistischen Klassenherrschaft in die klassenlose, kommunistische Gesellschaft (Marx).

In dieser frühen theoretischen Suche nach Ursachen und Zielen des sozialen Wandels in modernen Gesellschaften sind noch Anklänge an mythologische und religiöse Vorstellungen bei einigen Autoren überdeutlich, so besonders bei Comte und Marx, die jeweils die Ankunft einer neuen Gesellschaft und eines neuen Menschen, eine utopische Insel der Seligen verheißen, wobei bei Marx dem Paradies die Apokalypse vorausgeht. Als Fachwissenschaft im engeren Sinne ohne geschichtsphilosophisches Fundament etablierte sich die Soziologie erst in der zweiten Hälfte des 19. Jahrhunderts. Ihre Klassiker befaßten sich unter dem Eindruck des industriellen, technischen und wissenschaftlichen Fortschritts in Europa historisch vergleichend mit den Folgen der zunehmenden gesellschaftlichen Teilung der Arbeit, mit wachsender Individualisierung und Anomie in der Gesellschaft (Durkheim), mit dem Übergang von tradierter Gemeinschaft als Zusammenleben der Gleichen zur formalen Gesellschaft als Verband der Verschiedenen (Tönnies), mit kulturellem Wertewandel in der modernen Zivilisation, besonders in deren großen Städten (Simmel), oder mit der Durchsetzung des Typus eines spezifischen okzidentalen Rationalismus in Religion, Wirtschaft, Bürokratie und Wissenschaft in der modernen, abendländischen Gesellschaft (Weber).

In der heutigen Soziologie wird sozialer Wandel formaler als Veränderung in der Struktur eines sozialen Systems definiert. Sozialer Wandel ist auf verschiedenen gesellschaftlichen Ebenen zu beobachten, auf der *Makroebene* der Sozialstruktur und Kultur, auf der *Mesoebene* der Institutionen, korporativen Akteure und Gemeinschaften, auf der *Mikroebene* der Personen und ihrer Lebensläufe. Wir werden im weiteren Verlauf des Buches von Beobachtungen und von Analysen sozialen Wandels auf den unterschiedlichen Ebenen sprechen. Ein exemplarischer Fall sozialen Wandels ist der Zusammenbruch der DDR, ihr Beitritt zur Bundesrepublik und die noch laufende Transformation der neuen Bundesländer als Folge des Beitritts. Hier finden wir das Verschwinden einer ganzen Gesellschaftsordnung mit durchgreifenden Folgen für den Wandel vieler Institutionen und sozialer Gemeinschaften und für Millionen von Lebensläufen.

Mit dem Begriff des sozialen Wandels ist der Begriff der Sozialstruktur eng verbunden.[2] Beides sind elementare Grundbegriffe der Soziologie. Als *Sozialstruktur* werden z.B. Strukturen sozialer Ungleichheit vergleichend beschrieben: Haushaltseinkommen, Wohnverhältnisse, Schichten und Milieus, Bildung und Ausbildung, Beruf und Arbeit, Gesundheit, Familien und Lebensgemeinschaften usw., aber auch die Institutionen der Wirtschaft, der sozialen Sicherung, der Politik und der Kommunikation. Untersuchungen *sozialen Wandels* zielen auf eine zeitabhängige oder auch auf eine historische Betrachtungsweise und Erklärung der Veränderung der Sozialstruktur. Der moderne soziologische Begriff des sozialen Wandels enthält nicht mehr die älteren mythischen, religiösen oder geschichtsphilosophischen Vorstellungen einer sinnhaften Menschheitsgeschichte, die aus einer grauen Vorzeit in eine lichte Zukunft führt. Der Gedanke der Evolution oder des Fortschritts auf ein bekanntes Endziel hin ist schwächer geworden, aber nicht ganz aufgegeben. Geblieben ist der theoretische Anspruch, dynamische Kräfte kausalen, funktionalen oder kontingenten Typs beobachten und beschreiben zu können, die den sozialen Wandel in modernen Gesellschaften vorantreiben.

Ein Sonderfall in der Theorie sozialen Wandels ist der bereits mehrfach benutzte und auch in der Umgangssprache häufig gebrauchte Begriff der *Moder-*

---

2 Dieser Band handelt von Theorien, die zur Erklärung und zum Verstehen von sozialem Wandel und Modernisierung beitragen. Der Band enthält keine Materialien zur gegenwärtigen Sozialstruktur Deutschlands. Als Information zur Sozialstruktur geeignet sind z.B.: der farbige, politische Atlas Deutschland von Bernhard Schäfers 1997 und von Bertram/Bayer/Bauereiß 1993, die Überblicksbände zu Sozialstruktur und Lebensverhältnissen nach der Wiedervereinigung von Geißler 1996, Glatzer/Noll 1995 und Hamm 1996 sowie zum Nachschlagen das Handwörterbuch zur Gesellschaft Deutschlands von Schäfers/Zapf 1998 und das Handbuch zur deutschen Einheit von Weidenfeld/Korte 1996 sowie Schäfers 1998. Zum europäischen Vergleich auch Hradil/Immerfall 1997.

ne, der in der Definition sozialen Wandels oft explizit oder implizit enthalten ist. Die als modern definierte westliche Gesellschaft zeichnet sich durch Konkurrenzdemokratie, Marktwirtschaft, Wohlfahrtsstaat und Massenkonsum aus. Ihre Vorbilder sind die erfolgreichen Nationalstaaten Frankreich, England und USA, aber auch die Niederlande oder Schweden. Heute treten andere Staaten mit einer anderen Geschichte erfolgreich in den Wettbewerb der modernen Gesellschaften ein und erheben den Anspruch auf die Vorreiterrolle in der erfolgreichen Verbindung von Tradition und Moderne: Japan, die ostasiatischen Tiger, demnächst wahrscheinlich China und Indien. Der europäisch-okzidentale, sich als modern verstehende Gesellschaftstypus steht mit seinesgleichen und mit anderen Gesellschaftsformen in einem Wettbewerb mit offenem Ausgang.

Im Begriff der Moderne und der Modernisierung ist der Anspruch erkennbar, den Typus der gegenwärtigen Gesellschaft systematisch von älteren, als vormodern definierten Gesellschaftstypen unterscheiden zu können. Und es ist die Vorstellung von einem auch weiterhin natürlichen, sinnhaften und erfolgreich zielführenden Prozeß in diesem Wettbewerb enthalten. Denselben Anspruch einer Unterscheidung in den Abfolgen von Gesellschaftstypen stellt auch die populäre Debatte der letzten Jahre um die *Postmoderne* auf, die vorgeblich oder tatsächlich die Moderne abzulösen beginnt.[3]

Einen zeitlich und räumlich enger begrenzten Spezialfall von sozialem Wandel bezeichnet der Begriff der *Transformation,* der weiter oben im Zusammenhang mit dem gegenwärtigen sozialen Wandel in der ehemaligen DDR und den Ländern Osteuropas benutzt wurde. Er gibt vor, die Richtung des sozialen Wandels im Falle des Zusammenbruchs der sozialistischen Gesellschaften zu kennen: Transformation bezeichnet die Überführung des sozialistischen Gesellschaftstypus in den Typus der modernen westlichen Gesellschaft.

Wegen der zeitabhängigen oder sogar historischen Betrachtungsweise verbinden theoretische und empirische Untersuchungen sozialen Wandels die Soziologie mit der *Geschichtswissenschaft,* insbesondere mit der Sozialgeschichte. Bleiben wir beim Beispiel Transformationsforschung. Hier konkurriert die Soziologie in ihren Untersuchungen des Zusammenbruchs der DDR und des Sowjetblocks, aber auch in den laufenden, vielfältigen Studien zu den gegenwärtigen Transformationsprozessen ehemals sozialistischer Gesellschaften mit der Geschichtswissenschaft, vor allem mit der Geschichte der Gegenwart. Wie sehr der Zusammenbruch des Sowjetblocks, dem beizuwohnen wir als Zeitgenossen den Vorzug hatten, einen Musterfall historischen sozialen Wandels darstellt, ist uns nicht immer bewußt. Historiker haben für die Dimension des Ereignisses einen geschärfteren Sinn. So zieht der Sozialhistoriker Kocka weitreichende

---

3 Die in den letzten beiden Dekaden um die Postmoderne und das Ende der modernen Geschichte geführte Debatte ließ nicht selten eine alte Idee aufscheinen: die heilsgeschichtliche und geschichtsphilosophische Vorstellung der Abkehr von der alten (industriellen und kapitalistischen) Gesellschaft und vom Eintritt in ein neues (besseres, postmodernes) Zeitalter.

Parallelen, um der „welthistorischen Bedeutung des Umsturzes von 1989" (Kocka 1995: 15) gerecht zu werden: „Die französische Revolution von 1789 hat die Teilung Europas vertieft. Sie mündete in zwei kriegerische Jahrzehnte. ... Die russische Revolution von 1917 legte den Grund für eine andere, noch tiefere Teilung Europas. ... Dagegen haben die ost- und mitteleuropäischen Revolutionen des Jahres 1989 dazu beigetragen, den Kontinent zu einigen" (Kocka 1995: 9).

Die praktischen Aspekte des Transformationsprozesses leiten von der Soziologie auch zu *politikwissenschaftlichen* und *wirtschaftswissenschaftlichen* Fragen hin. In den Grenzbereich von Soziologie und Politikwissenschaft gehört das Problem, ob es so etwas wie eine typische Dynamik des Übergangs von diktatorischen und autoritären Regimen zu demokratischen Staatsformen gibt und ob und wie sich Länder in der Transformation längerfristig konsolidieren können. Läßt sich dazu etwas aus Vergleichen zwischen den osteuropäischen Ländern und anderen Regionen der Erde lernen, so aus Vergleichen mit südamerikanischen Staaten (Waldrauch 1996)? Soziologie und Wirtschaftswissenschaft hingegen verbindet beispielsweise die auch in der Öffentlichkeit oft gestellte und strittige Frage, wieweit einerseits die soziale Einheit des vereinten Deutschlands vom Gelingen der wirtschaftlichen Einheit abhängt und wieweit andererseits der soziale Friede eine Voraussetzung auch für die positive wirtschaftliche Entwicklung ist (Siebert 1993).

„Für Deutschland beginnt eine neue Zukunft", sagt der Politologe Weidenfeld (Weidenfeld 1993: 3). Auch er greift weit in die Geschichte zurück, um dem Ereignis gerecht zu werden, indem er an die Geburtsstunde eines politisch aufgeladenen Nationalbewußtseins in Deutschland erinnert, die mit dem Untergang des Heiligen Römischen Reiches Deutscher Nation nach der Eroberung durch Napoleon begann (Weidenfeld 1993: 3). „Die Vollendung der deutschen Einheit markiert eine epochale Zäsur in der Geschichte der Bundesrepublik" (Weidenfeld 1993: 15). Wohin werden die Deutschen gehen? Nur die historische Erfahrung kann diese Frage beantworten, denn Geschichtsbilder und Geschichtsbewußtsein sind die Grundlage des Zukunftsentwurfs einer Gesellschaft. Deutschland reagierte in den letzten beiden Jahrhunderten unterschiedlich auf die Bildung einer modernen, nationalstaatlichen Staatsform: mit dem Anspruch einer singulären Führungsrolle, mit der Auswanderung in die Innerlichkeit des Reichs der Ideen und der politischen Romantik und mit konstruktivem Arrangement durch Integration. Wie wird es dieses Mal reagieren?

Die Soziologie selbst hat eine reiche Geschichte der Theorien sozialen Wandels. Man kann sie durchaus als die exemplarische Wissenschaft des sozialen Wandels und der Modernisierung ansehen (Lepsius 1990). Ihre Fragestellungen lassen sich bis auf den Beginn der Neuzeit zurückführen, in eine Zeit, in der sich die mittelalterliche Gesellschaft auflöste, und die grundlegenden Strukturen und Probleme einer modernen Gesellschaft sichtbar wurden. Eine Zeit auch zahlloser gewaltsamer Auseinandersetzungen innerhalb und zwischen den aufkommenden Nationalstaaten Europas. Ein Grundlagentext der Soziologie sozialen Wandels ist deshalb gut beraten, Geschichte und Gegenwart sozialen Wandels im Zusammenhang zu sehen. Er muß den aktuellen Stand der Theorien sozialen Wandels vor dem historischen und theoriegeschichtlichen Hintergrund präsentieren, und er muß dies theorievergleichend tun. Ein Grundlagentext der Soziologie zum sozialen Wandel ist darüber hinaus gut beraten, wenn er einen exemplarischen Fall vorstellt, um die Leistungsfähigkeit der Theorie zu dokumentieren. Zur Leistungsfähigkeit einer Theorie gehören der Aufmerksamkeitsfokus gegenüber sozialen Problemen (ihre Heuristik) und die Fähigkeit zur analytischen Erklärung und zum hermeneutischen Verstehen von dynamischen sozialen Prozessen einer Gesellschaft. Der gewählte exemplarische Fall eines dynamischen sozialen Prozesses in der Gegenwartsgeschichte, dem eine historisch bleibende Qualität sicher ist, ist die Wiedervereinigung Deutschlands. Daher ist der Transformationsprozeß der Anwendungsfall der Theorien sozialen Wandels, auf den wir uns immer wieder einmal beziehen werden (Kapitel 3.6, 4.6 und 5.5).

Bis heute sind unterschiedliche Theorietraditionen sozialen Wandels einflußreich geblieben, eine einheitliche und paradigmatische Theorie gibt es nicht. Insbesondere tut sich die Theorie schwer mit sozialem Wandel, der nicht kontinuierlich und linear verläuft. So wissen wir nicht, unter welchen Bedingungen soziale Systeme in welcher Weise auf grundlegende Kontinuitätsbrüche reagieren, ob mit Zerfall, Innovation oder mit der Wiederherstellung des alten Zustandes.[4] Da es keine universalistische Theorie sozialen Wandels gibt, deren Erklärungsanspruch in der Soziologie unangefochten wäre, müssen wir uns mit einer Mehrzahl von Theorien und Theorietraditionen befassen, die zum Verstehen und zur Erklärung von sozialem Wandel beitragen.

Die Soziologie ist eine vorparadigmatische Wissenschaft, um einen Begriff aus der Wissenschaftstheorie zu benutzen (Kuhn 1967). Es gibt in ihr einen Wettstreit zwischen mehreren Ansichten über die Natur der Gesellschaft, die jede für sich Wissenschaftlichkeit in Methode und Theorie beanspruchen.[5] Kuhn nennt diesen Zustand einen Zustand der Unreife, da eine normale Wissenschaft sich darüber geeinigt habe, wie die Welt beschaffen sei. Sie weiß, was ihr Gegenstand ist und was nicht, und mit welcher Theorie und mit welchen Methoden der Gegenstand zu bearbeiten ist. Sie kann sich damit der routinemäßigen Forschung zuwenden. Beim Fehlen eines Paradigmas hingegen scheinen alle

---

4 Die Präsidentin der American Sociological Association sagte in ihrer Begrüßung zum 1996er Kongreß für Soziologie in New York, der dem Thema sozialer Wandel gewidmet war: „We must be able to describe social change in a society that is instantaneously and globally connected, economically interdependent, highly technologically sophisticated, and in which the distribution of resources is increasingly less equitable" (Hallinan 1997: 9).

5 Einen umfassenden Überblick bieten Hondrich/Matthes 1978, Lindenberg/Coleman/Nowak 1986 und Treibel 1995. Zur deutschen Nachkriegssoziologie auch Matthes 1973; König 1987; Meja/Misgeld/Stehr 1987; Weymann 1990.

Tatsachen gleichermaßen relevant zu sein. Daten und Fakten sind nicht selten zufällig erhoben, nicht prüfbar, nicht akkumulierbar und nicht auf die theoretischen Annahmen systematisch beziehbar. Nicht einmal über die Zuordnung von Personen und ihren Arbeiten zu einem Fach herrscht im vorparadigmatischen Stadium einer Wissenschaft eine ausreichende Klarheit. Erst mit der Durchsetzung des Paradigmas wird das Fach wissenschaftlich und sozial geschlossen, und es verschwinden die überkommenen Theorietraditionen bis auf die eine, die paradigmatische.

Paradigmatische, reife und damit normale Wissenschaft ähnelt „einer anerkannten juristischen Entscheidung im allgemeinen Recht ..." (Kuhn 1967: 44). Paradigmatische Wissenschaft besteht in der Lösung von Rätseln. Sie gibt dafür klare Regeln vor, die die Art der annehmbaren Lösungen und die methodischen Schritte zur Erzielung der Lösung begrenzen. Innerhalb des Paradigmas geht es noch um drei Klassen von Problemen: (1) um die Bestimmung signifikanter Fakten, (2) um die gegenseitige Anpassung von Fakten und Theorie und (3) um die Präzisierung der Theorie selbst. Innerhalb einer normalen, paradigmatischen Wissenschaft fragen Wissenschaftler gewöhnlich nicht mehr danach und debattieren nicht mehr darüber, was ein bestimmtes Problem als fachwissenschaftlich relevant oder was eine bestimmte Lösung als fachwissenschaftlich zulässig legitimiert. Sie wissen die Antwort.[6]

Dies ist in der Soziologie nicht der Fall. So verfügt die Soziologie nicht über eine einzige, paradigmatische Theorie sozialen Wandels, die unangefochten den Anspruch auf Erklärung der Dynamik moderner Gegenwartsgesellschaften stellen könnte, und die letztinstanzlich und damit ohne Berufungsmöglichkeit über zulässige Probleme, Methoden, Daten und Fakten entschiede. Wir müssen also einen anderen Weg einschlagen und uns einen vergleichenden Überblick über mehrere Theorien mit weitreichendem und zumindest teilweise anerkanntem Erklärungsanspruch verschaffen.

Beginnen wollen wir im *zweiten Kapitel* mit einer Tradition der Geistesgeschichte der Sozialwissenschaften, die sozialen Wandel in Begriffen der Geschichtsphilosophie faßt. Sie hat starken Einfluß auf geschichtsmächtige soziale Bewegungen ausgeübt, und sie ist selbst stark von diesen beeinflußt worden. Eschatologische Utopien haben den positivistischen Glauben an den unbegrenzt machbaren Fortschritt ebenso beeinflußt wie die marxistische Auffassung vom Beginn der wahren Geschichte, apokalyptische Gegenutopien finden sich in

---

6 „Es kann aber auch lediglich bedeuten, daß sie weder die Frage noch die Antwort als relevant für ihre Forschung erachten" (Kuhn 1967: 72). Dabei haben der vorparadigmatische wie der paradigmatische Zustand ihre besonderen Tücken für den Fortschritt der Wissenschaft. Der vorparadigmatische Zustand verhindert den normalen wissenschaftlichen Erkenntnisfortschritt generell. Aber auch die zu entschlossene Verteidigung des Paradigmas kann eine notwendige Innovation blockieren, die dann nur noch durch eine wissenschaftliche Revolution zu erreichen ist: „Die normale Wissenschaft unterdrückt ... oft fundamentale Neuerungen" (Kuhn 1967: 22) durch den starken Widerstand gegen jeden Angriff auf das Paradigma.

den Reichen des Faschismus und in religiösen Wiedererweckungen. Immer wieder sind auch die Sozialwissenschaften in nicht geringem Maße mit solchen Formen von Heilslehren in Verbindung geraten.

Im *dritten Kapitel* werden wir uns mit der Mikrosoziologie der elementaren Dynamiken der Konstitution des Sozialen befassen. Diese Theorien sind nicht immer Bestandteil von Übersichtspublikationen zum sozialen Wandel, soweit diese sich auf makrosoziologische Theorien beschränken. Zu den hier vorgestellten Theorien gehören der Symbolische Interaktionismus mit seiner Analogie der sozialen Welt als Theater, der Pragmatismus als Theorie kreativer Sozialität, die Chicagoer Schule der Soziologie, die Phänomenologie der alltäglichen Lebenswelt, der Kommunitarismus und das Konzept des Zivilisationskonflikts. Theorien der gesellschaftlichen Konstruktion der Wirklichkeit spielen für die Erklärung und das Verstehen von sinnhaftem sozialen Handeln, von Institutionen, Gruppen und Sozialcharakteren, von Milieus, Lebenswelten, Gemeinschaften und Biographien eine große Rolle.

Das *vierte Kapitel* wendet sich mit der Makrosoziologie dem Kernbestand der Theorien sozialen Wandels zu: der marxistischen kritischen Theorie und der Diskurstheorie, den klassischen strukturfunktionalistischen und evolutionären Theorien der Modernisierung, der Systemtheorie, der liberalistischen Vertragstheorie des Staates und der utilitaristischen Theorie antagonistischer Kooperation des Marktes. Heutige liberalistische Vertragstheorien haben ihren Ursprung in den politischen Theorien vom Beginn der Neuzeit, Theorien antagonistischer Kooperation beginnen mit der bürgerlichen politischen Ökonomie. Evolutionäre Modernisierungstheorien gründen sich auf soziologische Klassiker des 19. und des frühen 20. Jahrhunderts. Diese Theorien lenken den Blick auf die Modernisierung von Sozialstruktur und Kultur, aber ebenfalls auch auf Institutionen und korporative Akteure, auf Ideen und Interessen.

Einen neuen, in bisherigen Bänden zum sozialen Wandel nicht aufgenommenen Aspekt wirft das *fünfte Kapitel* auf. Es wendet sich Theorien zu, die das Wechselverhältnis von sozialem Wandel und Modernisierung mit individuellen Lebensverläufen thematisieren. Hierhin gehören Theorien der Individualisierung in der Moderne, Generationen und Generationsverhältnisse, die Ökonomie des Lebenslaufs und die figurationssoziologische Theorie der Zivilisationsentwicklung der Gesellschaft und der Zivilisierung der Sozialcharaktere. Die Verflechtungen und Wechselverhältnisse von Gesellschaftsstrukturen, Institutionen und Lebensverläufen im historischen Prozeß sind ein sehr interessanter, theoretisch und empirisch ertragreicher Zweig der Untersuchungen sozialen Wandels.

Das *sechste und letzte Kapitel* nimmt noch einmal den Gedanken des Fortschritts auf, der schon das Eingangskapitel bestimmte, und befaßt sich mit Ambiguitäten der Idee des Fortschritts in der heutigen soziologischen Debatte.

2. Utopien, Apokalypsen, Geschichtsphilosophie

Die theoretischen Ausführungen in diesem Band knüpfen zunächst an ein sehr altes Umfeld der Theorien sozialen Wandels an, von dem in der Einleitung bereits kurz die Rede war: das utopische Denken. Wahrscheinlich so alt wie die Menschheit ist der Versuch, der beobachteten und erlebten Realität eine perfekte Gegenwelt entgegenzustellen, einen phantastischen Ort der besseren Alternative, auf den die Welt sich zubewegen soll: den Ort Anderswo - Utopia. Utopische Vorstellungen haben nicht nur in der Geschichte, sondern bis in die Gegenwart hinein einen massiven Einfluß auf sozialen Wandel ausgeübt. Ihr kongeniales Gegenstück sind apokalyptische Ängste vor und Drohungen mit dem nahenden Untergang der Menschheit oder sogar der Erde.

Religiöse und politische Utopien

Der Sinn von Utopien ist die Aufstellung eines idealisierten Alternativmodells zur abgelehnten Wirklichkeit. Mensch und Gesellschaft sollen sich dem Idealbild des absolut Besseren unterwerfen. Sozialer Wandel ist dabei radikal gedacht und wird nicht selten auch radikal praktiziert. Utopien sind starke Antriebskräfte sozialen Wandels, affektive und kognitive Stimulanzien zur Veränderung. Sie schließen in vielen Fällen zugleich Theorien ein, die für sich beanspruchen, sozialen Wandel zu erklären und zu verstehen. Die Identität von Theorie und Ideologie ist für viele Utopien typisch, auch für sozialwissenschaftliche Utopien.

Utopia läßt sich auf verschiedenen Wegen verwirklichen: durch die revolutionäre Umgestaltung der Gesellschaft unter Leitung eines Königs oder Führers, durch langsame und hartnäckige Aufklärung der widerwilligen Menschheit oder auch durch die innere Emigration der utopischen Gemeinschaft der Heiligen. Im Unterschied zur bekannten Welt ist Utopia völlig neu, vollkommen, ohne Fehler und Konflikte und ohne weitere zukünftige Notwendigkeit der Veränderung und Erneuerung. Utopia ist von der Vorgeschichte der Menschheit und von der schlechten Umwelt außerhalb Utopias abgeschlossen und isoliert.

Utopien sind vor allem religiösen Ursprungs, sie verbinden aber nicht selten - von den Kreuzzügen der Christenheit bis zu den Kreuzzügen des Islam - Religion und Politik. So beginnt mit der Ankunft des Messias oder der Propheten Jesus und Mohammed eine neue Zeit mit neuen Menschen auch in einem sehr praktischen Sinne. Religionen und Sekten haben sich in Geschichte und Gegenwart durch die Radikalität ihrer Utopien immer wieder ausgezeichnet, und sie haben praktische Einflüsse auf Politik und Wirtschaft genommen: die römisch-katholische und die evangelische Kirche, Katharer und Albigenser, Wiedertäufer, Quäker und Mormonen, der Jesuitenstaat in Paraguay und zahllose andere Fälle der Verbindung von religiöser und säkularer Utopie bis zu den Poona Pilgern aus der akademischen Mittelschicht Europas in den siebziger und achtziger Jahren oder gegenwärtig zur scientology church.

Mit der Idee des machbaren Fortschritts auf Erden sind Utopien auch Gegenstand der Politik und der Wissenschaft geworden, ohne daß sie noch auf religiöse Quellen Bezug nehmen müßten. Zu den klassischen Staatsutopien zählen Platons von Wächtern und Philosophen gelenkter, idealer Staat; die Sonneninseln des Jambulos; Thomas Morus Insel „Utopia", auf der es nur nützliche Gewerbe und nützliche Menschen gibt, und die deshalb im Überfluß leben können, ohne Privateigentum und Geld; Campanellas byzantinisch beherrschter Sonnenstaat, der ebenfalls nur Gemeineigentum kennt einschließlich des Gemeineigentums an Frauen und Kindern; Francis Bacons Neues Atlantis mit seiner wissenschaftlich rational angeleiteten und vorbildlich asketischen Gesellschaft.[1]

In ihrer säkularisierten Fassung als Fortschrittsideologien der Politik gewinnen Utopien praktische Macht gewalttätigsten Ausmaßes. Das gefeierte erste Exempel einer brutal verwirklichten Utopie der Modernisierung von Mensch und Gesellschaft nach den Maßgaben der modernen Rationalität ist die französische Revolution mit ihrer Göttin der Vernunft, der Ermordung der alten und neuen Widersacher der revolutionären Utopie und mit der kriegerischen Eroberung und Zerstörung Europas in der Ausbreitung der neuen Gesellschaft. Bekannter noch, bis in diese Tage hinein enthusiastisch gepriesen und in ihren gewaltsamen Wirkungen weit durchschlagender, ist die Utopie von Karl Marx und Friedrich Engels: die Idee einer wissenschaftlich angeleiteten neuen Ordnung der Gesellschaft. Mit dieser neuen Gesellschaft des Kommunismus tritt die Menschheit erstmals wirklich in die Geschichte ein. Der Mensch wird zum Subjekt seiner Geschichte, zum Erschaffer paradiesischer gesellschaftlicher Verhältnisse und des neuen Menschen, der aus ihnen hervorgehen bzw. in ihnen erzogen wird. Alle Geschichte davor ist dumpfe, erlittene Vorgeschichte des Klassengegensatzes und der Klassenkämpfe. Die wissenschaftliche Utopie ist vollkommen. Irrtümer und Fehler gibt es nicht. Kritiker und Widersacher sind deshalb als Saboteure am Paradies des realen Sozialismus und seiner marxistisch-leninistischen Weltanschauung zu behandeln und ggf. zu beseitigen

---

1 Einen guten Überblick über die Geschichte klassischer Staatsutopien gibt Jenkins (1992). Zur Rolle von Fortschrittsträumen und Apokalypsen im 20. Jahrhundert unter Berücksichtigung der sozialwissenschaftlichen Theorien vgl. Alexander (1990). Spannend zu lesen ist das Pandämonium mittelalterlicher und moderner sektiererischer Utopien in Umberto Ecos Romanen (Eco 1982; 1989).

(GULAG).[2] Der Marxismus-Leninismus ist der bisherige Höhepunkt wissenschaftlich geplanten sozialen Wandels und seiner praktischen Umsetzung in der Geschichte der Menschheit, eine Utopie des rationalen Fortschritts ohne Pardon.

Geschichtsphilosophie

Die Geschichtsphilosophie nimmt utopische Gedanken aus der religiösen Tradition auf und verwandelt sie in gesellschaftstheoretische Aussagen über Art und Weg der modernen Gesellschaft. Ein wichtiger Wegbereiter war Hegel (1968).[3] In seiner Rechtsphilosophie unterscheidet er zwischen dem Einzelnen, der Gesellschaft und dem Staat. Die Gesellschaft ist die Verbindung der Freien auf der Grundlage eines Vertrages. Sie geht aus den vielen Einzelwillen als bewußte, praktische Vereinigung hervor, damit das Eigentum und die Freiheit der Einzelnen geschützt werde, die sodann ihren partikularen, utilitaristischen Zwecken sicher nachgehen können. So gesehen, ist es etwas Beliebiges, Mitglied eines Staates zu sein, der nicht mehr ist als das Vertragswerk der bürgerlichen Gesellschaft. Etwas ganz anderes als die bürgerliche Gesellschaft ist die Idee des objektiv vernünftigen Staates. Denn: „Der Staat ist die Wirklichkeit der sittlichen Idee, - der sittliche Geist, als der *offenbare*, sich selbst deutliche, substantielle Wille, der sich denkt und weiß und das was er weiß, und insofern er es weiß, vollführt" (Hegel 1968: 237). Der Staat realisiert sich in der Geschichte als selbständige Gewalt, als objektive sittliche Idee, in der die einzelnen Individuen nur „Momente" sind. Welch negative Erscheinungen die wirklichen Staaten auch immer abgeben mögen, spielt für diesen Sachverhalt keine Rolle. „Es ist der Gang Gottes in der Welt, daß der Staat ist: sein Grund ist die Gewalt der sich als Wille verwirklichenden Vernunft. Bei der Idee des Staats muß man nicht besondere Staaten vor Augen haben, nicht besondere Institutionen, man muß vielmehr die Idee, diesen wirklichen Gott, für sich betrachten" (Hegel 1968: 241).

Weder die Interessen der Einzelnen, noch ihre freie Vereinbarung über die Schaffung einer Gesellschaft sind bei Hegel entscheidend, schon gar nicht ist es die Erscheinungsform wirklicher Staaten. Theoretisch leitend ist die geistige Idee des Staates und der Gang dieser Idee in der Weltgeschichte. Die Idee des Staates hat unmittelbare Wirklichkeit nach innen und im Verhältnis der Staaten zueinander. Der Geist ist der alleinige und absolute Richter über die tatsächlichen Staaten und ihr Verhältnis untereinander. Die utopische Idee des Staates geht den tatsächlichen Interessen in der Gesellschaft absolut vor, die Wirklichkeit ist minderen Rechts. Es handelt sich um eine klassische Utopie, die der

---

2 Besonders bekannt wurde Anfang der siebziger Jahre der Roman Archipel GULAG von Alexander Solschenizyn (1973). Vgl. auch die Debatte um das Schwarzbuch des Kommunismus (Courtois u.a. 1998).

3 Siehe Hegels Grundlinien der Philosophie des Rechts oder Naturrecht und Staatswissenschaft im Grundrisse. Dort besonders dritter Teil, zweiter Abschnitt „Die bürgerliche Gesellschaft" und dritte Abschnitt „Der Staat", hier §§ 257-259.

unwerten sozialen Realität die absolute und perfekte Alternative entgegenstellt und sie daran als absoluter Richter mißt und beurteilt. Und natürlich gehört dazu: der Weltgeist schreitet durch die Geschichte voran.[4]

Dieses utopische und absolute Staatsverständnis hat in der deutschen Geschichte bis in die Gegenwart hinein einen erheblichen Einfluß ausgeübt. Es wertet die Institutionen der Gesellschaft und die Interessen der Einzelnen, die Zivilgesellschaft oder civil society, radikal vor der Utopie des Staates und der Utopie der Geschichte ab. Diese Staats- und Geschichtsutopie erwartet nicht nur in der Theorie, sondern auch in der Praxis alles Heil vom Staate: beginnend mit Hegel beim preußischen Staat, über die verstaatlichte Gesellschaft der DDR bis zum aktuellen Streit um die Möglichkeiten und Grenzen des westlichen Wohlfahrts- und Steuerstaates. In der Regel ist in der deutschen Tradition, im Unterschied zur angelsächsischen, das Verhältnis von Staat und Gesellschaft, Politik und Markt in der Weise vorentschieden, daß der Staat den freien rechtlichen und marktlichen Verflechtungen der zivilen Gesellschaft vorzuziehen ist.

Marxismus und Kommunismus

Marx greift Hegels Geschichtsphilosophie auf, stellt sie jedoch vom Kopf auf die Füße.[5] Nicht der Gang des Geistes bestimmt die Geschichte, sondern der Gang der politischen Ökonomie. Die materialistische Anschauung der Geschichte geht davon aus, so Friedrich Engels, daß die Produktion, und nächst der Produktion der Austausch ihrer Produkte, die Grundlage aller Gesellschaftsordnung ist. Die Ursache allen gesellschaftlichen Wandels sind nicht die Ideen und die Verbreitung ewiger Wahrheiten der Gerechtigkeit, sondern die jeweilige Verteilung der Produkte und die aus ihr folgende Teilung der Gesellschaft nach Klassen und Ständen. Die Einsicht in Plage und Unsinn der bestehenden gesellschaftlichen Verhältnisse und der daraus hervorgehende Klassenkampf sind das Produkt von Veränderungen in der ökonomischen Basis der Gesellschaft, sind das Ergebnis des wachsenden Widerspruchs zwischen der Entwicklung der Produktivkräfte und den Produktionsverhältnissen. Damit ist zugleich gesagt, so Engels, daß nicht die Utopie die Mittel zur Beseitigung der entdeckten Mißstände liefert, sondern daß die Mittel in den veränderten Produktionsverhältnissen selbst vorhanden sind. Das Endergebnis des schrittweisen Zerfalls der kapitalistischen Produktionsverhältnisse ist die Teilung der Gesellschaft in einen Überfluß von Produktionsmitteln und Produkten hier, einen Überfluß von Arbeitern ohne Beschäftigung dort. Die Masse verarmt und zugleich verlieren die großen wirtschaftlichen Einheiten ihre Rentabilität als Fol-

---

4 Die Idee des Staates ist „... der Geist, der sich im Processe der *Weltgeschichte* seine Wirklichkeit gibt" (Hegel 1968: 242).

5 Marx schreibt im Vorwort zum Kapital: „Für Hegel ist der Denkprozeß, den er sogar unter dem Namen Idee in ein selbständiges Subjekt verwandelt, der Demiurg des Wirklichen, das nur seine äußere Erscheinung bildet. Bei mir ist umgekehrt das Ideelle nichts anderes als das im Menschenkopf umgesetzte und übersetzte Materielle" (Marx 1967: 27).

ge der sinkenden Profitrate. Sie gehen deshalb von der Form der Aktiengesellschaft auf den Staat über, der gezwungen ist, sie zu erhalten. Die Bourgeoisie erweist sich damit als überflüssige Klasse, die Produktionsweise rebelliert gegen die Austauschform. Schließlich ergreift das Proletariat die öffentliche Gewalt und verwandelt die Produktionsmittel in öffentliches Eigentum. „Die Menschen, endlich Herren ihrer eigenen Art der Vergesellschaftung, werden damit zugleich Herren der Natur, Herren ihrer selbst - frei" (Engels 1970: 103).

Auch die Utopie des Marxismus hat den Gang der Geschichte auf ihrer Seite. Im großen Plan der Welt entsteht das kommunistische Paradies, in dem zwar nicht - wie im Paradies der Bibel - Lamm und Löwe friedlich beieinander ruhen, aber doch die Individuen in friedvoller Gemeinschaft zusammenleben. Die Gemeinschaft beschränkt nicht mehr das Individuum, das dann seine Freiheit jenseits ihrer Grenzen sucht, sondern die Gemeinschaft ist der vollkommenste Ausdruck menschlichen Seins. Jeder Konflikt zwischen den Individuen und zwischen Individuum und Gemeinschaft ist für immer aufgehoben. Der Mensch in dieser kommunistischen Gemeinschaft ist nicht mehr das abstrakte Individuum freier bürgerlicher Verfassungen, das seine wirtschaftlichen, politischen und sozialen Interessen und Rechte antagonistisch oder kooperativ gegenüber anderen Bürgern in der Gesellschaft durchzusetzen sucht. Die Gemeinschaft geht vielmehr aus der freien Entfaltung der Persönlichkeiten ohne Antagonismus hervor. Der Antagonismus von Mensch zu Mensch verschwindet ebenso vollkommen wie der Antagonismus zwischen Mensch und Natur oder wie der Antagonismus zwischen Bedürfnis und Befriedigung. Ein Musterfall für die Abschaffung all dieser Antagonismen ist - wie schon in vielen älteren Utopien bei Platon, Campanella oder Thomas Morus - die Aufhebung des Privateigentums am Weibe in Form der Ehe. Vom gemeinschaftlichen Eigentum an der Weibergemeinschaft im rohen Kommunismus schreitet die Entwicklung fort zu einem natürlichen Gattungsverhältnis, zur Aufhebung von menschlicher Selbstentfremdung und zur Aneigung des menschlichen Wesens durch und für den Menschen, zur Versöhnung von Natur und Menschlichkeit.[6]

„Dieser Kommunismus ist als vollendeter Naturalismus - Humanismus, als vollendeter Humanismus - Naturalismus, er ist die *wahrhafte* Auflösung des Widerstreites zwischen dem Menschen mit der Natur und mit dem Menschen, die wahre Auflösung des Streits zwischen Existenz und Wesen, zwischen Vergegenständlichung und Selbstbestätigung, zwischen Freiheit und Notwendigkeit, zwischen Individuum und Gattung. Er ist das aufgelöste Rätsel der Geschichte und weiß sich als diese Lösung" (Marx 1970: 184).

Ausgerechnet dieses utopische Bild der vollkommenen Harmonie, das die trostlose Vorgeschichte der Menschheit ablösen soll, bezeichnet Engels als „Die Entwicklung des Sozialismus von der Utopie zur Wissenschaft". Tatsächlich ist es die Aufhebung und Umkehrung der biblischen Geschichte der Ver-

---

6 Zu Natur und Geschichte Marx/Engels (1964) „Die Heilige Familie". Zum Ursprung der Familie, des Privateigentums und des Staates Engels 1975.

treibung aus dem Paradies, die hineinführte in ein Leben harter Arbeit im Schweiße des Angesichts und mit allgegenwärtiger Beschränkung: „Auf deinem Bauche sollst du kriechen und Erde fressen dein Leben lang. Und ich will Feindschaft setzen zwischen dir und dem Weibe und zwischen deinem Nachkommen und ihrem Nachkommen", heißt es im Alten Testament. „Im Schweiße deines Angesichts sollst du dein Brot essen, bis du wieder zu Erde werdest, davon du genommen bist", lautete der Fluch Gottes nach dem Sündenfall.[7] Im Marxismus und in anderen Utopien erfolgt die Rückkehr der Vertriebenen in ihre angestammte paradiesische Heimat.

Kennzeichnend für die religiöse Charakteristik marxistischer Utopien sozialen Wandels ist die enthusiastische Verehrung der Propheten und Heiligen der Bewegung. Im Marxismus sind dies allen voran Marx, Engels und Lenin. Jünger mit Ambitionen ordnen sich in diese Schar ein: Mit dem Satz „Genosse Mao Tse-tung ist der größte Marxist-Leninist aller Zeiten" (Mao 1967: 1) beginnt das Vorwort von Lin Biao zur kleinen roten Mao Bibel, die nicht nur von Millionen Chinesen während der Kulturrevolution begeistert geschwenkt wurde, sondern auch von bürgerlichen Revolutionskindern aus der 68er Bewegung. Der berühmt-berüchtigte Hang zum Personenkult in sozialistischen Regimen ist kein historischer Betriebsunfall, sondern ein zwingendes Ingredienz der säkularisierten religiös-utopischen Verkündigung des irdischen Paradieses. Die einbalsamierten Gottkönige Lenin, Mao, Kim il Sun und Ho Chi Min legen davon Zeugnis ab.

Heiligenverehrung findet auch mit direktem Bezug auf die Soziologie statt. Im Vorwort zum DDR „Jahrbuch für Soziologie und Sozialpolitik" heißt es noch 1989: „Unsere Deutsche Demokratische Republik, die in diesem Jahr den vierzigsten Jahrestag ihrer Gründung begeht, steht fest in einer revolutionären und humanistischen Tradition jahrhundertelanger Kämpfe für den gesellschaftlichen Fortschritt, für Freiheit, für die Rechte und die Würde des Menschen. Als erster Arbeiter-und-Bauern-Staat auf deutschem Boden ist sie diesem historischen Erbe zutiefst verpflichtet. K. Marx und F. Engels, die mit der Schaffung der materialistischen Geschichtsauffassung - dem Historischen Materialismus - das theoretische und historische Erbe dieser Kämpfe verallgemeinerten, schufen auch die wissenschaftlichen Grundlagen für die Soziologie als Lehre vom Handeln der Menschen" (Jahrbuch für Soziologie und Sozialpolitik 1989: 1). Der gleiche Herausgeber benutzt mit dem Zusammenbruch des Arbeiter-und-Bauern-Staates kurz danach eine andere Sprache, denn ein Jahr später, 1990, schreibt er im Sozial Report DDR, diesmal mit dem bezeichnenden Untertitel „Daten und Fakten zur sozialen Lage in der DDR": „Erstmalig für die DDR wird mit dem vorliegenden Sozialreport 1990 der Versuch unternommen, vorhandenes statistisches und soziologisches Material einer breiten Öffentlichkeit vorzulegen. ... Hoher Vertraulichkeitsgrad und eine Begrenzung der angefertigten Stückzahlen auf höchstens 10 Exemplare/Jahr, die der damaligen Partei-

---

7 Altes Testament, 1. Buch Mose, 3. Vers.

und Staatsführung übergeben wurden, verhinderten die erforderliche Öffentlichkeit" (Winkler 1990: 7). Hier erfolgt der Wandel von der Verkündigung der Wahrheit durch den Priester zum Faktenbezug des empirischen Wissenschaftlers.[8]

Wie präsent die Kraft der Utopie bis in unsere Tage ist, zeigen die Geschichte des Marxismus, des Marxismus-Leninismus oder des Maoismus über das 19. und 20. Jahrhundert hin, aber auch das Entzücken zahlreicher westlicher Intellektueller trotz allen Horrors des realen Sozialismus oder die marxistische Begeisterung von Freiheitsbewegungen in aller Welt. Die marxistischen Bewegungen schöpften ihre Kraft aus einer Illusion, die nach Furet „keine Begleiterscheinung, sondern ein wesentlicher Bestandteil der kommunistischen Geschichte" ist (Furet 1995: 10). Die illusionäre Utopie fungierte über viele Jahrzehnte für Individuen und Gesellschaften als der beste Ersatz des verlorengegangenen religiösen Glaubens in weitgehend säkularisierten Gesellschaften. Selbst die massiven Enttäuschungen mit der Realität, der Widerspruch zwischen marxistischem Glauben und realsozialistischer Wirklichkeit, wurden - wie es auch Praxis der Religionsgemeinschaften ist - routiniert ignoriert oder hinwegerklärt.[9] Dies ging so weit, daß nicht nur in der Sowjetunion selber, sondern auch in demokratischen westlichen Ländern das massen- und völkermörderische Regime des Stalinismus bei vielen zum höchsten Stadium des Kommunismus emporsteigen konnte.[10] „Als Ausdruck der Überzeugung, daß alles Heil in der Geschichte liege, konnte sie (die illusionäre Utopie, A.W.) erst durch einen radikalen Widerruf der Geschichte ein Ende finden" (Furet 1995: 10).

Die utopische Kraft des Marxismus scheint gebrochen, jedoch nicht die Kraft der Utopie überhaupt, wie religiöse Wiedererweckungen zeigen. Aber auch säkularisierte Utopien sind lebendig mit den immer gleichen Themen der vollendeten Harmonie im Zusammenleben der Menschen miteinander und im Leben des Menschen im Einklang mit der Natur. Sie zeigen sich gegenwärtig in weniger geschichtsmächtiger Gewalt gelegentlich in Formen ökologischer Schwärmerei der Versöhnung von Mensch und Natur, in Gestalt eines gesinnungsethischen Pazifismus mit dem Glauben an den ewigen Frieden[11] unter den Menschen und Staaten, oder in der Variante feministischer Träume vom Ende des Geschlechterkonflikts oder vom endgültigen Sieg im Geschlechterkrieg. In ra-

---

8 Zum Konflikt von Sozialwissenschaft und Marxismus-Leninismus in der DDR siehe Weymann 1972 und 1991.
9 Theologen nennen dieses Problem des Widerspruchs von Erlösungsreligion und Wirklichkeit Theodizee. Zum religiösen Charakter des Marxismus Calvez 1964; zur Rezeptionsgeschichte Furet 1995; Lobkowicz 1967; Fetscher 1967; Labedz 1965 sowie Dokumente der Weltrevolution (6 Bände).
10 Nachhaltig unterstützt wurde die Kraft der Utopie durch die Rolle der Sowjetunion als antifaschistischer Macht und durch „eine der mächtigsten Gottheiten der Geschichte", den Sieg (Furet 1995: 457).
11 Zur alten Menschheitsutopie des ewigen Friedens siehe bereits Kants nüchterne Abhandlung „Zum ewigen Frieden" (Kant 1992).

dikalen Versionen solcher Träume gehen auch hier gelegentlich, wie schon bei Marx und anderen Utopisten, der neuen Welt der Heiligen im wiedergewonnenen Paradies der Sündenfall, die Verfluchung und der apokalyptische Untergang der alten Welt voraus.

Das positive Zeitalter

Utopismus und Apokalypse als treibende Kraft und als Theorien sozialen Wandels sind weder auf Religionen und Sekten noch auf die Ideologien der Politik beschränkt. Sie sind auch kein Privileg des Marxismus und seiner neomarxistischen Nachfolger. Auch die bürgerliche Aufklärung kennt ihre utopistischen Geschichtsphilosophen. Zu ihnen gehört der Namensgeber der Soziologie, Auguste Comte. In seiner positiven Philosophie geht er - wie Hegel - von der aufsteigenden Geschichte des menschlichen Geistes aus: Dem theologischen Stadium der Menschheit folgt das metaphysische Stadium und diesem schließlich das wissenschaftliche oder positive Zeitalter. Auch hier gibt es eine Menschheitsgeschichte des Aufstiegs, die sich nach dem Drei-Stadien-Gesetz vollzieht, verkündet vom „Hohen Priester der Menschheit", Comte (Kempski 1974: XVIII).[12]

In allen bisherigen Gesellschaften, so Comte, lagen Ordnung und Fortschritt im Konflikt miteinander. In der modernen Gesellschaft hingegen ist der Fortschritt die Grundlage der sozialen Ordnung geworden: durch die Aufklärung über die Gesetze des Denkens, durch die Reform des Erziehungswesens, durch die Erfolge der Wissenschaften und durch die schließliche Umgestaltung der bürgerlichen Gesellschaft. Im positiven Zeitalter wird der bislang unvermeidliche Widerspruch zwischen Ordnung und Fortschritt, Statik und Dynamik im sozialen Leben aufgelöst. Die Dynamik des Fortschritts führt nicht mehr zwangsläufig zum Untergang, sondern sie ist die Voraussetzung der Stabilität der gesellschaftlichen Ordnung. Dies ist ein uns durchaus geläufiger, moderner, darwinistischer oder systemtheoretischer Gedanke: Nur die Fähigkeit zur fortlaufenden Anpassung in einer sich rasch verändernden Umwelt sichert das Überleben. Modern ist auch der Vorschlag, mit Hilfe der Wissenschaft die bürgerliche Gesellschaft umzugestalten. Die Krönung der Wissenschaften ist die Soziologie. Denn sie bringt im positiven Zeitalter das System der Wissenschaften zur Vollständigkeit, weil sie es auf die rationale Gestaltung der Gesellschaft erfolgreich ausdehnt. Soziale Fragen sollen in Zukunft den sozialwissenschaftlichen Fachleuten vorbehalten bleiben, wie dies auch bei anderen Problemen und Fachwissenschaften der Fall ist.

Alle Schäden der Gesellschaft - Geldwirtschaft, Kapitalherrschaft, Verbrechen, Ungleichheit, Krise von Ehe und Familie, Zustand des Bildungswesens, Materialismus, der Verfall der Regierungen etc. - werden entweder zur Katastrophe

---

12 Zum Szientismus, zum Einfluß Comtes auf die Soziologie und zum Vergleich Comte und Hegel siehe auch Hayek (1959). Zum Historismus auch Popper (1957/58 und 1979).

führen oder zu ihrer Lösung durch die Soziologie. Das Prinzip der Soziologie ist die Harmonie zwischen dem Ganzen und seinen Teilen. Die Soziologie überwindet in der häuslichen Sphäre (Gemeinschaft) wie in der sozialen Sphäre (Gesellschaft) das instinkt- und gefühlsgebundene Verhalten ebenso wie den kalkulierenden Eigennutz und das partikulare Gruppeninteresse.[13] Sie stiftet eine neue geistige Einheit. Deren Grundlage ist die freiwillige, aufgeklärte, einhellige Zustimmung zu den Grundbegriffen des sozialen Lebens. Die Phylogenese der Menschheit schreitet analog der Evolution der Natur und der Ontogenese des Individuums zum Zustand der sozialwissenschaftlich begründeten Ordnung voran.

Comtes Geschichtsphilosophie mit ihrer herausgehobenen Rolle für die Vernunft und die Soziologie im positiven Zeitalter reagierte auf die französische Revolution einerseits, auf das ancien régime andererseits. Er sah den dauernden Konflikt zwischen der alten Politik der Statik und der neuen Politik der Revolution beendet, wenn die soziale Ordnung auf wissenschaftlichen Fortschritt gegründet würde. Der Konflikt zwischen Arbeit und Kapital, Stadt und Land, selbst zwischen den europäischen Nationen würde durch den Sinn für das Allgemeine aufgehoben werden, der die bisherige partikulare Orientierung ersetzt. Durch den wissenschaftlich begründeten Fortschritt verbinden sich Freiheit und Gleichheit zu einem festen, zunächst über Westeuropa und die weiße Rasse, dann über die gesamte Menschheit sich ausdehnenden Stadium der Harmonie (Comte 1974: 515 f.).[14]

Vor dem positiven Zeitalter haben Revolutionäre und Reaktionäre die Grundlagen der Gesellschaft je auf ihre Weise und im Zusammenwirken untergraben. So haben die Reformatoren der Neuzeit bislang zerstörerisch gewirkt. Sie haben die Volkssouveränität erfunden, die im Inneren der Gesellschaften fortgesetzte anarchische Konflikte auslöste und in den Beziehungen der Gesellschaften untereinander die kriegerische Feindseligkeit der Volkskriege einführte. Doch diese Vorgeschichte des Konflikts zwischen Reform und Restauration endet mit dem positiven Zeitalter durch die Verwissenschaftlichung der gesellschaftlichen Praxis.[15] Der Fortschritt läßt die Menschen nach einer Existenzweise streben, die ihrem Charakter am meisten entspricht und die sich zugleich der allgemeinen Harmonie einfügt. Eine wahrhafte Erziehung der modernen Geister im Sinne der positiven Philosophie wird die Menschen mit den Begrif-

---

13 Comtes Unterscheidung der häuslichen und der sozialen Sphäre findet sich mutatis mutandis in späteren dualistischen Begriffen wie Gemeinschaft und Gesellschaft, Lebenswelt und System, Kommunitarismus und Liberalismus wieder.

14 Diese Gedanken und Beobachtungen zeigen Nähe zu den heutigen Konzepten der europäischen Einigungspolitik und zum Selbstverständnis Europas.

15 „Nachdem diese Stürme sich gelegt haben, die vornehmlich aus der ungleichen Entwicklung der Bedürfnisse der Praxis und der Ergebnisse der Theorie hervorgehen werden, wird die Verwirklichung der positiven Philosophie die Menschheit zu dem ihrer Natur angemessensten sozialen System führen; dieses System wird an Gleichartigkeit, Ausdehnung und Festigkeit alles übertreffen, was die Vergangenheit hat aufbauen können" (Comte 1974: 516).

fen allgemeiner Verantwortlichkeit vertraut machen und „jeden von uns mit dem Dasein der ganzen alle Zeiten und Orte umfassenden Menschheit verknüpfen" (Comte 1974: 510).

Der Positivist Comte setzt seine aufklärerischen Hoffnungen auf ein Utopia, das sich mit Hilfe der Wissenschaften und der Volkserziehung durchsetzen soll. Das Ziel ist die allgemeine Harmonie, eine neue häusliche und soziale Moral. Explizit geht es um die Überwindung der ideologischen und ökonomischen Konflikte, der Konflikte zwischen Arbeit und Kapital, Stadt und Land, Mann und Frau. Das positive Zeitalter löst sowohl das statische des alten Europa, das ancien régime, als auch das moderne, progressive des revolutionären Europa, jenes der französischen Revolution, ab. Das positive Utopia Comtes ist auf technokratischem Wege revolutionär.

Gegenutopien und Faschismus

Zur Geschichte des utopischen Denkens und Handelns gehören die Gegenutopien und Apokalypsen als andere Seite der gleichen Medaille. Gegenutopien sind Utopien, die nicht dem aufklärerisch positivistischen oder dem marxistisch revolutionären Fortschrittsglauben anhängen, sondern der Flucht vor den Fortschrittsideen und vor dem Unbehagen an der Moderne dienen.[16] Auch sie können, müssen aber nicht religiöse Quellen haben.[17] Ein bekanntes und von Touristen gern besuchtes und fotografiertes Beispiel einer historisch über viele Generationen im Umfeld einer modernen Gesellschaft überlebenden, modernitätsfeindlichen religiösen Alternativgemeinschaft sind die Amish in Pennsylvania. Zu anderen heute populären Formen der inneren Erneuerungen durch Abkehr der Gemeinschaft der Heiligen von der modernen Welt gehören zahlreiche Alternativbewegungen, die die verschiedensten heilversprechenden Umkehrtheorien von der religiösen Wiedererweckung in Sekten über psychotherapeutische Übungen und Gemeinschaften bis zur Ernährung oder Pädagogik praktizieren. Ganz überwiegend sind solche nach innen gewandten (esoterischen) Gegenutopien friedlich.

Anders sieht es aus, wenn die Gegenutopie Grundlage der gewaltsamen Umgestaltung der Moderne zur Gegenmoderne wird. Das historisch brutalste Beispiel war der Faschismus, hier besonders der deutsche Nationalsozialismus. Eine wichtige Quelle der Gegenutopie ist die Angst vor der Apokalypse, vor dem eigenen Untergang in der modernen Welt. Graf Gobineau[18], eine zentrale Figur in der Theoriegeschichte der Gegenutopie des Rassismus, beginnt seine Abhandlungen über die Ungleichheit der Menschenrassen mit der Bemerkung:

---

16 Zum Unbehagen an der Modernität Berger/Berger/Kellner 1987 und Berger 1994.
17 Exemplarisch sind Ghadaffis Grünes Buch und das islamische Recht des Iran. Zu christlichen, vor allem protestantischen politischen Wiedererweckungen vgl. Rose 1989; Brouwer/Clifford/Rose 1996.
18 Franzose, 1816-1877, langjähriger Botschafter Frankreichs an verschiedenen Orten der Welt.

„Unter allen geschichtlichen Erscheinungen ist der Untergang der Zivilisationen die auffallendste, und zu gleicher Zeit ist sie für den menschlichen Geist am wenigsten durchschaubar. Dieses großartige und unheilbergende Geheimnis schreckt ihn und zwingt ihn, sich mit allen Kräften seiner Erforschung zu widmen" (Gobineau 1935: 3).

Gobineau richtet seine Erforschung des Untergangs der Zivilisationen auf den Untergang der weißen Rasse und damit auf den Untergang Europas. Es handelt sich, wie es scheint, um eine archaische Gegenutopie. Und doch macht sie zugleich Anleihen bei der modernen Sozialwissenschaft der Zeitgenossen. Gobineau selbst bezeichnet seine Untersuchungen als soziologisch und volkskundlich. Als Ursachen des Untergangs der Zivilisationen, so Gobineau, wurden stets Elemente der Dekadenz[19] genannt, inbesondere Luxus, Unfähigkeit von Verwaltung und Regierung, Sittenverfall, Fanatismus, Religionslosigkeit, schwindende Wirtschaftsentwicklung und abnehmende Militärleistung. Zwar spielen diese Faktoren eine Rolle, aber die letztlich entscheidende Ursache des Untergangs der europäischen Zivilisation sieht Gobineau in der Mischung der Rassen in einer von Mobilität und Gleichheit geprägten modernen Welt, in der die Vorstellung herrscht, daß alle Menschen das Gleiche und Optimale an Zivilisation und persönlichen Fähigkeiten erreichen können. In dieser modernen „Welt der Einheit" läuft die „*soziologische* Wirkung der Mischungen" (Gobineau 1935: 151) darauf hinaus, daß zivilisatorisch niedere Ethnien profitieren, zivilisatorisch höhere aber absteigen. Die Folge der multikulturellen Mischung ist also eine Nivellierung der Zivilisationen nach unten und ein Niedergang der an die Hochzivilisationen gebundenen, besonderen Fähigkeiten der Menschheit, die ihr Überleben sichern. Der Niedergang der zivilisatorischen Fähigkeiten wird folglich mit dem schrittweisen Untergang der sie tragenden höheren Zivilisationen und mit dem Aussterben der zivilisierteren Völker enden, auf lange Sicht sogar mit der schrittweisen Entvölkerung des Globus insgesamt durch Verlust der zivilisatorischen Kompetenzen der Menschheit.

Gobineau schließt mit der Ausmalung eines wahrhaft apokalyptischen Szenarios, wenn er sagt: Wir wollen „unseren Blick auf die Zeiten wenden, welche den letzten Atemzügen unserer Art vorangehen und wollen uns von den Endzeiten abwenden, die schon vom Tod überzogen sind, von jenen Zeiten also, in welchen der Erdball ohne Menschen auf seiner stummen Bahn weiterkreist" (Gobineau 1935: 755).

Gobineaus schaurig-schöne Geschichte des Untergangs der Menschheit mit der Vision eines menschenleeren Planeten, der seine einsame Bahn im Weltall zieht, enthält eine auch heute wieder verbreitete Angstvorstellung. Wie heutige

---

19 Bekanntestes Beispiel ist Oswald Spenglers Untergang des Abendlandes von 1918 (Spengler 1991). Großentwürfe zum Ende dieses Jahrhunderts sind z.B. Paul Kennedys Wirtschafts- und Militärgeschichte des Auf- und Niedergangs der großen Mächte seit 1500 (Kennedy 1989) oder Charles P. Kindlebergers Geschichte des Lebenszyklus der großen Wirtschaftsmächte von 1500 bis 1990 (Kindleberger 1996).

Apokalyptiker beruft sich auch Gobineau auf den Stand der Wissenschaft, aus dem er volkskundliche und soziologische Schlüsse zieht. Nur besiegelt bei Gobineau die multikulturelle Gesellschaft das Ende der Menschheit. In anderen Apokalypsen sind es die Sünde und der Fluch Gottes, die kapitalistische Ausbeutung und das Massenelend, imperialistische Kriege und neue Waffen oder die moderne Wissenschaft mit ihrer Entwicklung von Atom-, Informations- oder Gentechnik.

Hitler gibt Gobineaus Theorie die politisch-praktische Wende, indem er dem geschichtlichen Gang der edelsten Rasse, der Arier, und ihres edelsten Volkes, der Germanen, den Gang des jüdischen Volkes entgegenstellt und aus der Vermischung beider den Untergang, aus ihrer Trennung die Rettung konstruiert. „Der schwarzhaarige Judenjunge lauert stundenlang, satanische Freude in seinem Gesicht, auf das ahnungslose Mädchen, das er mit seinem Blut schändet und damit seinem, des Mädchens, Volke raubt. ... Juden waren und sind es, die den Neger an den Rhein bringen, immer mit dem gleichen Hintergedanken ..." (Hitler 1943: 357). Mit der Überwindung des korrupten Parlamentarismus durch die nationalsozialistische Bewegung wird die Reinheit der Rasse wieder hergestellt. „Ein Staat, der im Zeitalter der Rassenvergiftung sich der Pflege seiner besten rassischen Elemente widmet, muß eines Tages zum Herrn der Erde werden ... mit fast mathematischer Gesetzmäßigkeit" (Hitler 1943: 782).

Gobineaus Untergangsszenario ist natur- und sozialwissenschaftlich modern begründet und auch der Nationalsozialismus zeichnete sich durch ein ambivalentes Verhältnis von Gegenutopie und Modernität aus, die seine brutale Durchschlagskraft erst ermöglichte: Rassismus als social engineering, der Genozid als Anwendung moderner Wissenschaft, Technik, Organisation und Bürokratie, als Ergebnis rationaler hierarchischer und funktionaler Arbeitsteilung (Bauman 1994). Klingemann hebt deshalb in einer Studie zur Geschichte der Soziologie in der Zeit des Nationalsozialismus hervor, daß das Kennzeichen dieser Zeit nicht nur Emigration, Ausschaltung von Gegnern und die Reduzierung der Soziologie auf eine völkische Heimatsoziologie war, sondern auch ein Modernisierungsschub in Richtung auf ein leistungsfähigeres technokratisches Ordnungsinstrument. „Mit der brutalen Ausschaltung mißliebiger Traditionen der deutschen Soziologie wurden auch von deren älteren Vertretern einige vorzeitig beiseite gedrängt, und eine neue Generation versuchte, praxisnähere Methoden der Sozialforschung ... im Dienst des Nationalsozialismus einzuführen" (Klingemann 1981). Auch Rammstedt (1986) betont neben der wiederentdeckten und emphatisch gefeierten alten harmonischen sozialen Ordnung der Volkwerdung die Rolle der deutschen Soziologie als Sozialtechnologie und Waffe.[20]

---

20 Rammstedt gibt einen Überblick über die Geschichte der Soziologie im Nationalsozialismus, die nicht nur aus Unterdrückung und Emigration bestand, sondern zugleich institutionelles Wachstum in der „Normalität der Anpassung" aufwies (1986). Interessant sind hier die personelle Entwicklung mit einem erheblichen Personalzuwachs

Auch sozialwissenschaftliches Denken ist nicht prinzipiell gefeit vor Moderni-
tätsutopien und vor gegenmodernen Apokalypsen. Bei marxistischen wie bei
positivistischen Klassikern der Sozialwissenschaften, so bei Comte und Marx,
fanden sich Utopien und Untergangsszenarien. Einflüsse von Utopie und Gegenutopie ließen sich in der DDR und im Nationalsozialismus finden. Auch in
heutigen Gegenwartsdeutungen sind beide Elemente noch vorhanden, nicht
zuletzt in der Diskussion um die Konturen der aufkommenden Postmoderne. In
den Anfängen dieser Diskussion hatte Touraine besorgt die Frage gestellt, welche Folgen das Ende der durch Klassengegensätze und Klassenkämpfe noch
klar strukturierten industriellen Moderne wohl für die Soziologie haben werde,
die durch diese Entwicklung ihre theoretischen Grundannahmen und ihren Be-
zugsgegenstand, die kapitalistische Klassengesellschaft, einbüßt (Touraine
1972). Die Frage läßt sich heute damit beantworten, daß die Auflösung des Ge-
genstandes der klassischen Theorien der Moderne zu einem Aufblühen der spe-
kulativen Befassung mit postmodernen Gesellschaftsformen geführt hat. So
nennt beispielsweise die internationale Ausgabe des amerikanischen Lehrbuchs
für Soziologie von Calhoun, Light und Keller allein für die Jahre 1959 bis 1983
folgende erfolgreich in der Öffentlichkeit durchgesetzte Schlagworte postmo-
derner Gesellschaften: postkapitalistische Gesellschaft (1959), global village
(1964), postmoderne Gesellschaft (1968), Computergesellschaft (1970), Infor-
mationsgesellschaft (1971), postindustrielle Gesellschaft (1971), Kommunika-
tionsgesellschaft (1975), Kabelgesellschaft (1978), Genetisches Zeitalter (1983)
(Calhoun/Light/Keller 1994: 572). Die Freude an der Findung und Erfindung
neuer utopischer Zeitalter und der sie begleitenden apokalyptischen Reiter ist mit
dem angenommenen Ende der klassischen Moderne also nicht verschwunden.

Die Welt, kein Kunstwerk

Karl Mannheim (1965: 169) sah als Ursache der Verbreitung utopischen Denkens in der Gegenwart die soziale Mobilität an. Sie macht die infolge der
Gruppengebundenheit des Denkens bestehende Nichtübereinstimmung zwischen Gruppen sichtbarer, persönlich erfahrbarer und damit schwer erträglich.
Die Utopie gibt Sicherheit. Als weitere Ursache sah er das Wirken der Intellektuellen, die als neue Priesterkaste der modernen Welt die Welt vielfältig und
fern von der Wirklichkeit auslegt.[21] Intellektuelle konkurrieren um die Gunst
des Publikums, indem sie ihre Lehren in die Öffentlichkeit und in den politischen Raum hinein verbreiten. Der nach Mannheim notwendige Schritt ist die

---

zwischen 1933 und 1935 (S. 97), die nachfolgende Schrumpfung bei gleichzeitigen
Neuberufungen (S.131) sowie Institutsneugründungen (S. 132 ff.). Zur jüngsten Debatte um die Soziologie im Nationalsozialismus, ausgelöst durch die Beurteilung Alfred Webers, vgl. das Heft 3/1997 der Soziologie.

21 Auch Schelsky bezeichnete die Intellektuellen als neue Priesterklasse der Produzenten von Sinn und Bewußtsein in säkularisierten Gesellschaften, die die Funktion der
alten religiösen Priesterklasse übernommen hat und eine Klassenherrschaft über die
arbeitende Bevölkerung ausübt (Schelsky 1977).

Aufgabe totaler Wahrheitsansprüche und der Übergang zu einer umfassenden, vergleichenden relationalen Sicht der Wirklichkeit.[22]

Ähnlich wie Mannheim hat Ralf Dahrendorf die Pfade aus Utopia beschrieben (Dahrendorf 1967).[23] Soziologische Theorie darf nicht platonischer Dialog sein, Isolierung von der Wirklichkeit in Zeit und Raum, Utopie. Die Aufgabe der Soziologie ist vielmehr die Beobachtung und Analyse der schöpferischen Kraft des Wandels durch Konflikt. Zum Konflikt gehört der Zwang, der die Menschen in Verbänden zusammenhält, und zum Zwang gehört der Konflikt, allgegenwärtig wie der Zwang. Utopia dagegen ist eine Welt der Gewißheit, ein erfundenes Paradies. „Utopier kennen alle Antworten, aber wir leben in einer Welt der Ungewißheit. Wir wissen nicht, wie eine ideale Gesellschaftsordnung aussieht - und wenn wir es zu wissen meinen, dann hat unser Nachbar eine ganz andere Vorstellung" (Dahrendorf 1967: 262).

Wie wir gesehen haben, ist die Utopie immer eine wichtige Kraft sozialen Wandels gewesen und geblieben. Das gilt auch in den modernen Gesellschaften und für die modernen Sozialwissenschaften. In Lepsius Formulierung gibt es in den Sozialwissenschaften Priester und Propheten des Fortschritts. Ihre Priester sind die pragmatischen Verfeinerer der formalen Rationalität mit deflationiertem Wertbezug - fiat justitia, pereat mundus; ihre Propheten sind die gesinnungsethischen Kritiker mit inflationiertem Wertbezug - der Zweck heiligt die Mittel (Lepsius 1990).

In diesem Band werden wir uns Bell anschließen: „Die Gesellschaft zum Kunstwerk zu machen, ist ein altes Ideal, das die Phantasie der Menschen auch künftig beschäftigen wird. In Anbetracht der uns bevorstehenden Aufgaben jedoch reicht es wohl, wenn wir uns an der nüchternen Konstruktion der gesellschaftlichen Wirklichkeit beteiligen" (Bell 1975: 376).[24]

---

22 „Nicht Verarmung ist es, wenn wir eine Seins- und Denkverlegenheit immer klarer sehen, sondern eine unendliche Bereicherung" (Mannheim1965: 92).

23 Dahrendorfs Musterfall ist Parsons Theorie des sozialen Systems. Vgl. zur strukturfunktionalistischen Systemtheorie der modernen Gesellschaft das Kapitel 4.2.

24 Diesen Ratschlag erteilt auch der kritische Rationalismus mit seinem Verdikt gegen die idealistische Philosophie seit der Antike und gegen ihre Nachfolger bis in die Gegenwart, insbesondere gegen die Geschichtsphilosophie des Historismus (Popper 1957/58; 1976; 1979). Zum weiteren Kontext von modernen Wahrheitstheorien Skirbekk 1977. Ein Versuch wissenssoziologischer Entideologisierung findet sich in Dux's empirischer Geistesgeschichte von Weltbildern (Dux 1982). Zu Bell und dem Heraufziehen einer postindustriellen Gesellschaft auch Etzioni-Halevy 1981: 41-45.

3. Gesellschaftliche Konstruktion der Wirklichkeit

Der folgende Abschnitt wird sich mit Theorien befassen, die sozialen Wandel als einen ununterbrochenen Konstruktionsprozeß gesellschaftlicher Wirklichkeit verstehen. Diesen Theorien zufolge befindet sich die gesellschaftliche Wirklichkeit niemals in einem statischen Zustand, aus dem heraus sich Kultur, Sozialstruktur und Institutionen unter besonderen Bedingungen von Zeit zu Zeit in einen neuen Zustand hinüberbewegen. Auch gibt es kein angebbares Ziel der gesellschaftlichen Entwicklung, zu dem hin der soziale Wandel führt. Wandel ist vielmehr der kontingente Normalzustand des Sozialen.

Gesellschaftliche Wirklichkeit geht ununterbrochen aus fortlaufenden Interaktionen der Handelnden und aus fortgesetzten Interpretationen der Akteure neu und stets verändert hervor.[1] Soziale Wirklichkeit wird fortlaufend erzeugt, muß fortlaufend erzeugt werden, denn sie ist eine soziale Konstruktion. Ein gutes Beispiel dafür ist die Verfassung eines Staates oder auch das Recht, die beide immer wieder gesetzt, bestätigt und angewendet werden müssen, um als soziale Wirklichkeit lebendig zu bleiben. Auch Organisationen aller Art werden immer wieder neu geschaffen, durch das zustimmende Handeln ihrer Mitglieder und äußerer Interaktionspartner bestätigt. Geschieht dies nicht, so werden sie als überlebte Institutionen verfallen. Ein Verein lebt nur so lange, wie seine Mitglieder ihn tragen; ein Staat ohne loyale Bürger, eine Firma ohne loyales Personal werden keinen Bestand haben. Und schließlich, um ein letztes Beispiel aus dem Mikrobereich zu geben, müssen auch Familienbindungen und Freundschaftskreise ständig erneuert werden, sonst werden sie nicht überleben. Der soziale Wandel ist als gesellschaftliche Konstruktion der Wirklichkeit[2] die einzig mögliche, eigentümliche Seinsweise alles Sozialen. Er ist kein Sonderfall im Gegensatz zur stabilen Ordnung.

Theorien der gesellschaftlichen Konstruktion der Wirklichkeit sind vom interpretativen Paradigma der soziologischen Theorie geprägt. Die Bezeichnung interpretatives Paradigma der Soziologie wurde mit Wilsons (1980) Unterscheidung zwischen einem interpretativen und einem normativen Paradigma populär.[3] Das interpretative Paradigma der Soziologie ist durch mehrere Theorien

---

1 Einen guten Überblick über verschiedene Handlungstheorien gibt Miebach (1991).
2 „Die gesellschaftliche Konstruktion der Wirklichkeit" lautet der Titel einer einflußreichen wissenssoziologischen Theorie der Gesellschaft (Berger/Luckmann 1969).
3 Wilsons Begriff des Paradigmas hat sich durchgesetzt, obwohl der Begriff des interpretativen und normativen Paradigmas die Kuhnschen Definitionskriterien, nach denen sich über die Anerkennung des Paradigmas die Zugehörigkeit zur wissenschaftli-

repräsentiert. Zu nennen sind Pragmatismus und Symbolischer Interaktionismus, Ethnotheorie und Ethnomethodologie, Phänomenologie und Wissenssoziologie (Arbeitsgruppe Bielefelder Soziologen 1980).

Wilson wählt in seinem namensgebenden Aufsatz die negative Definition des interpretativen Paradigmas, indem er es als Residualkategorie bestimmt. Er definiert zunächst das normative Paradigma, das er als eindeutiger und bekannter ansieht, bevor er die Grundzüge des interpretativen Paradigmas entwickelt. Das normative Paradigma zeichnet sich laut Wilson dadurch aus, daß es die Naturwissenschaften zum Vorbild der Sozialwissenschaften nimmt. Normative Theorien erklären soziales Handeln dadurch, daß die normativen Dispositionen der Handelnden und die normativen Erwartungen der Interaktionspartner über einen von beiden Seiten geteilten und durch Kultur und Gesellschaft abgesicherten, kognitiven Konsens aufeinander bezogen sind.[4] Die interpretative Soziologie hingegen setzt einen solchen Konsens nicht voraus, sondern untersucht die Konstruktion sozialer Realität im individuellen und kollektiven sozialen Handeln. So werden beispielsweise Erwartungen anderer an die eigene Rolle nicht einfach erfüllt oder abgewiesen, sie werden vielmehr - je nach Wahrnehmung und Deutung - interpretiert und aktiv angeeignet. Die Interpretation der eigenen und fremden Rolle, der Absichten und Erwartungen, ist niemals abgeschlossen, immer vorläufig. Interaktion ist daher ein „interpretativer Prozeß, in dem sich im Ablauf der Interaktion Bedeutungen ausbilden und wandeln" (Wilson 1980: 60). Die „gesellschaftliche Konstruktion der Wirklichkeit" (Berger/Luckmann 1969) ist aus diesem Grund immer im Fluß.

Theorien der gesellschaftlichen Konstruktion der Wirklichkeit sind überwiegend mikrosoziologische Theorien sozialen Handelns und sozialer Interaktion sowie Theorien sozialer Lebenswelten, sozialer Milieus und gesellschaftlicher Institutionen, also mesosoziologische Theorien. Es gibt jedoch auch makrosoziologische Studien der gesellschaftlichen Konstruktion der Wirklichkeit, beispielsweise Kultur- und Zivilisationstheorien. Dieser Abschnitt wird zuerst im Kapitel 3.1 die symbolisch interaktionistische Perspektive der Alltagswelt als Drama skizzieren. Hier erscheint die Welt in der Analogie des immerwährenden Theaters mit wechselnder Regie, Buch und Bühne. In Kapitel 3.2 werden dann einige grundlegende theoretische Annahmen des Pragmatismus vorge-

---

chen Gemeinschaft definiert, nicht erfüllt (Kuhn 1967; 1977). Die interpretative Soziologie ist auch keine wissenschaftstheoretisch oder wissenschaftssoziologisch identifizierbare „Schule", um einen anderen, inzwischen aus der Mode gekommen Terminus zu benutzen, der noch bis in die siebziger Jahre hinein sehr deutlich die geisteswissenschaftliche Herkunft der Soziologie signalisierte (z.B. Adorno u.a. 1969).

4 Im Unterschied zu den Annahmen des normativen Paradigmas erscheint es Wilson nicht möglich, soziales Handeln deduktiv aus allgemeinen theoretischen Annahmen und situativen Randbedingungen zu erklären. Denn dies würde eine stabile, homogene normative Kultur und deren determinierende Wirkung auf Verhalten durch Sozialisation und Kontrolle voraussetzen. Die soziale Wirklichkeit ist aber durch Interaktion und Interpretation fortlaufend neu konstituiert. Soziologische Erklärung ist deshalb nur durch das Verstehen von Bedeutungen und Sinn sozialer Interaktionen möglich.

stellt, auf den sich der Symbolische Interaktionismus stützt. Der Pragmatismus ist eine Theorie kreativer Sozialität. Kapitel 3.3 gibt einen kurzen Rückblick auf die Soziologie der Chicago-Schule der zwanziger Jahre, in der die erste Forschungswerkstatt in der Tradition des Pragmatismus entstand. Die empirischen Untersuchungen der Chicago-Schule richteten sich auf den rapiden und durchgreifenden sozialen Wandel in der boomenden Metropole Chicago, wobei sie den Wandel der natürlichen Lebenswelten zum Hauptgegenstand machten. Das Kapitel 3.4 ergänzt die Ausführungen zur Chicago-Soziologie durch das phänomenologische Konzept der Lebenswelt des Alltags und durch das Konzept des sozialen Milieus. Kapitel 3.5 schließt mit dem Beitrag des Kommunitarismus zur alten Frage des Spannungsverhältnisses von Gemeinschaft und Gesellschaft als Quelle sozialen Wandels in modernen Gesellschaften und mit einer Anmerkung zur These vom Zusammenstoß der Weltzivilisationen im 21. Jahrhundert als zentraler Dynamik zukünftigen Wandels. Im Kapitel 3.6 werden abschließend drei Transformationsstudien zu Lebenswelten des Alltags und Milieus in Ostdeutschland vorgestellt.

3.1 Symbolischer Interaktionismus

Die erfolgreiche Durchsetzung des Begriffs Symbolischer Interaktionismus geht auf Herbert Blumer zurück (Blumer 1938; 1969; 1981).[5] Blumer hatte theoretische Arbeiten des philosophischen Pragmatismus, insbesondere Meads und Deweys, und die klassischen empirischen Studien der Chicago-Schule der Soziologie unter diesem Begriff in vereinfachter Form subsumiert und dadurch popularisiert. Blumer faßt die Grundgedanken des Symbolischen Interaktionismus in drei knappen Prämissen zusammen (1981: 81):

Die *erste Prämisse* lautet, daß Menschen allen Dingen der Welt gegenüber auf der Grundlage der Bedeutung handeln, die diese Dinge für sie besitzen. Menschen verhalten sich anderen Menschen und Dingen gegenüber nach ihrer jeweiligen, subjektiven Wahrnehmung und Interpretation. Die *zweite Prämisse* besagt, daß diese Wahrnehmungen und Interpretationen aus symbolischer Interaktion hervorgehen. Sie sind nicht natürlich gegeben oder aus einsamen Beobachtungen oder Introspektion gewonnen. Der *dritten Prämisse* nach werden die gewonnenen Deutungen in weiteren Interaktionen fortlaufend korrigiert und reinterpretiert. Sie sind nicht dauerhaft stabil.

Die Prämissen des Symbolischen Interaktionismus ermöglichen nicht nur einen Zugang zum Sinnverstehen individuellen Handelns. Verstehbar sind auch Lebenswelten und Milieus sowie das kollektive Handeln von sozialen Bewegungen und Organisationen. Letztere werden im Symbolischen Interaktionismus als durch Interaktionen konstituiert verstanden, als „soziale Treffen" und als

---

5 Darstellungen des Symbolischen Interaktionismus enthalten Blumer 1969, Charon 1979, Stryker 1980, Helle 1992. Vgl. auch Turners (1988) Herausarbeitung der formalen logischen Strukturen des Symbolischen Interaktionismus.

„Ensembles", um Begriffe Erving Goffmans zu benutzen. Der Forscher nimmt in jedem Falle - auch im Falle der Beobachtung und Beschreibung von Institutionen - an der immerwährenden Konstruktion der sozialen Wirklichkeit, am permanenten sozialen Wandel teil.[6]

Die Welt als Theater

In Goffmans besonders einflußreich gewordener Version des Symbolischen Interaktionismus folgt die theoretische Perspektive auf die permanente Konstruktion sozialer Realität einer Analogie des Theaters. Sie ist „von der Dramaturgie abgeleitet", sagt Goffman (1969). „Wir alle spielen Theater" heißt ein bekannter Titel.[7] Man hat sich das Alltagstheater beispielsweise so vorzustellen:

Bei der Vorbereitung einer Vorlesung oder eines Seminars richten sich eine Dozentin oder ein Dozent nicht nur nach dem Stand der Forschung und nach den Anforderungen von Prüfungs- und Studienordnung, sondern auch nach Vorstellungen vom künftigen Auditorium. Dazu gehören Vermutungen über den fachlichen Wissensstand der Hörerinnen und Hörer, über Interessen, Studienverlauf, Größe und Homogenität des Auditoriums. Lehrende stellen sich auf ein Auditorium vorab ein, sehen sich und ihr Lehrangebot mit dessen Augen. Besonders ausgeprägt wird diese Bereitschaft zur Rollenübernahme dann sein, wenn es beispielsweise um den erstrebten Erfolg eines öffentlichen Vortrags vor großem oder einflußreichem Publikum geht. Auch die Hörerinnen und Hörer werden ihrerseits bereits vorab Erwartungen gegenüber Lehrstoff und Lehrendem hegen, die ihre Wahrnehmung des Lehrangebots beeinflussen, wenn sie das Vorlesungsverzeichnis durchblättern. Besonders ausgeprägt wird die Rollenübernahme gegenüber den Lehrenden dann sein, wenn die Wahrnehmung des Lehrangebots der Vorbereitung einer Prüfung dient.

---

6 Aus den drei Prämissen leitet Blumer Schlußfolgerungen für die interpretative Methodologie der Sozialwissenschaften ab. Denn wenn Menschen auf der Grundlage von in Interaktionen gewonnenen und korrigierten Interpretationen handeln, wenn sie in symbolischen Interaktionen soziale Wirklichkeit erzeugen, dann muß der Sozialforscher an diesen Interaktionen teilnehmen, um sich in die subjektiven Perspektiven der Akteure hineinversetzen und ihre sozialen Welten verstehen zu können. Ziel der Sozialforschung ist also das kontrollierte Verstehen sozialen Handelns, sozialen Wissens und sozialer Welten. Bestimmte Methoden der Sozialforschung sind dafür besonders geeignet, so die teilnehmende Beobachtung, das narrative oder biographische Interview, die Auswertung von persönlichen Dokumenten wie Autobiographien und Tagebüchern, Gruppendiskussionen, dokumentarische und inhaltsanalytische Interpretationen, soziolinguistische und ethnomethodologische Techniken etc. Zur Kritik der paradigmatischen Spaltung der Sozialwissenschaften über die Methodologie vgl. Kelle 1994 und Erzberger 1997.

7 Zur Theateranalogie Goffman 1969, auch Urbánek 1967 und Baumann 1967; grundlegend ferner Goffmans Bände Interaktionsrituale (1971a) und Verhalten in sozialen Situationen (1971b).

Diese kleine Interaktionsszenerie zwischen Lehrenden und Lernenden enthält die Behauptung einer wechselweisen, prospektiven Wahrnehmung und einer wechselseitigen Rollenzuschreibung zwischen beiden Seiten sowie die Behauptung antizipatorischer Rollenübernahme, einer bereits vorab erfolgenden Einbeziehung der vermuteten Erwartungen der Interaktionspartner. Diese theoretischen Annahmen sind zentrale Konzepte des Symbolischen Interaktionismus, der die Welt als fortlaufendes Alltagstheater sieht, auf dessen Bühne permanent soziale Wirklichkeit in Interaktionen erzeugt wird.

Wie jede dramatische Darstellung braucht auch das Alltagstheater - seien es nun Vorlesung und Seminar, ein Zusammentreffen mit Freunden in den Mensa, ein abendlicher Besuch in der Stammkneipe, eine neue Liebesbeziehung, das gewohnte Familienfest zu Weihnachten, eine Prüfung oder ein Arztbesuch, eine Parlamentssitzung oder eine Gerichtsverhandlung - einzelne Darsteller oder ein eingespieltes Ensemble, eine Bühne und Zuschauer, kurz einen passenden Ort und eine passende Zeit für die Inszenierung. Die alltägliche Inszenierung der Auftritte besteht aus der Gestaltung der eigenen Rolle, aus mehr oder weniger kunstvollen Fassaden und Stilisierungen, auch aus Täuschungen. Erfolgreiches Alltagstheater benötigt Techniken der Imagepflege wie beispielsweise Ehrerbietung und Benehmen, die Vermeidung unerwünschter Begegnungen und die Korrektur ungünstiger Eindrücke. Man verbessert Auftretenstechniken, sammelt Punkte, sucht geeignete Kooperationspartner und Gesprächsgegenstände, beachtet den rituellen Kodex des jeweiligen sozialen Milieus und der jeweiligen Situation. Schließlich erfordert die erfolgreiche symbolische Interaktion den allgemeinen Willen aller Beteiligten, die Regeln der Reziprozität sozialen Handelns zu beachten, und den Willen, das Spiel fortzusetzen, es nicht zu stören oder abzubrechen.

Der Symbolische Interaktionismus geht von einer rekursiven und reflexiven Struktur der Interaktion aus. In der symbolischen Interaktion interpretieren die Akteure Absichten und Erwartungen wechselseitig und stimmen die Interpretationen ihrer Rollen und ihre Definitionen der gegebenen Situation aufeinander ab, wobei diese Vorgänge den Beteiligten über die alltägliche Routine hinaus bewußt sind oder anläßlich von Störungen bewußt werden. Die Grundelemente des Verhaltens sind Blicke, Gesten, Haltungen und sprachliche Äußerungen. „Hier wird eine Soziologie der Gelegenheiten vertreten", sagt Goffman (1971a: 8).

Auch Organisationen aller Art sind solche Gelegenheiten, sind „soziale Treffen", sind routinisierte und ritualisierte Theatervorstellungen. Sie haben keine von den Akteuren abgehobene Struktur.[8] Soziale Organisationen, soziale Tref-

---

8 „Gegenstand (der) Organisation ... sind das Zusammenkommen von Personen und die zeitlich begrenzten Interaktionen, die daraus entspringen können. Eine normativ stabilisierte Struktur steht dazu im Widerspruch, denn ein 'soziales Treffen' ist eine bewegliche Entität, notwendigerweise vergänglich, es entsteht durch Ankommen und hört mit dem Weggehen auf" (Goffman 1971a: 8).

fen in Goffmans Worten, beruhen auf unsicherem, nur partiell geteiltem sozialen Wissen. Neu hinzukommende Personen müssen die auf der situativen Bühne und im Ensemble bereits präsenten und gültigen Symbolwelten herausfinden. Mit der Beteiligung an der Erzeugung einer geteilten Symbolwelt entsteht eine neue gemeinsame Konstruktion von sozialer Realität, eine geteilte Alltagsdefinition sozialer Wirklichkeit. Individuen und Ensembles sind also in doppeltem Sinne aufeinander bezogen: durch die Vorgegebenheit institutioneller Szenarien als Bühne situativer und biographischer Selbstdarstellung einerseits und durch die fortgesetzte und notwendige aktive Erzeugung von Institutionen als sozialer Wirklichkeit in symbolischen Interaktionen andererseits. Welt und Identität sind immer im Fluß.

Am Beispiel von Behinderten zeigt Goffman, wie soziale und personale Wirklichkeit miteinander verbunden sind, wie Biographien und Identitäten durch symbolische Interaktion im Wechselspiel mit dem sozialen Umfeld erzeugt und erhalten werden (Goffman 1967). Goffman beschreibt die Wahrnehmung des „Stigma" durch Behinderte und Nichtbehinderte, die Diskreditierbarkeit der Behinderten, ihr Bemühen um Verdecken und Informationskontrolle, die Suche nach einer eigenen Bezugsgruppe und die Abgrenzung gegen Fremde, die Prozesse von Abweichung und sozialer Kontrolle. In „Asyle" beschreibt Goffman Patienten und Personal psychiatrischer Einrichtungen von der Entdeckung der ersten Auffälligkeiten des zukünftigen Patienten noch im vertrauten Kreise bis hin zur Überleitung in die Psychiatrie und zur schrittweisen Einrichtung in dieser „totalen Institution" (Goffman 1971a). Er beschreibt die Unterwerfung unter die Erwartungen der Therapeuten, die mit der Verfeinerung der Therapieformen immer wirksamer wird, die Reinterpretation der bisherigen Biographie und die Umdefinition der Identität.[9]

Vom Akteur wird also angenommen, daß er seine soziale und personale Identität aus der Teilnahme am Prozeß symbolischer Interaktion gewinnt. Dies gilt generell, es ist nicht auf die Insassen „totaler Institutionen" beschränkt. Hier wird das Wechselspiel zwischen Biographie und Institution lediglich besonders gut sichtbar. Auch das Einzigartige einer Person kommt erst als Rolle in dramaturgischer Inszenierung zur Existenz. Die Selbstinszenierung ist die Inszenierung des Selbst: „Eine richtig inszenierte und gespielte Szene veranlaßt das Publikum, der dargestellten Rolle ein Selbst zuzuschreiben, aber dieses zugeschriebene Selbst ist ein Produkt einer erfolgreichen Szene, und nicht ihre Ursache" (Goffman 1976: 231; vgl. Baumann 1967; Urbánek 1967). Identität ist bei Goffman nicht persönlichkeitstheoretisch, psychoanalytisch oder entwick-

---

9 Jedes Selbst, schließt Goffman, „entwickelt sich im Rahmen eines institutionellen Systems ... . Daher kann man behaupten, daß das Selbst definiert wird durch die in einem sozialen System für dessen Mitglieder verbindlichen Gegebenheiten. In diesem Sinne ist das Selbst nicht Eigentum einer Person ..., sondern sitzt eher in den Mustern sozialer Kontrolle. ... Ein institutionelles Arrangement ... unterstützt das Selbst weniger, als daß es dieses konstituiert" (Goffman 1972: 166). Zur Identitätstheorie auch Frey/Haußer 1987.

lungspsychologisch verstanden, sondern sie gilt als interaktiv und über die Zeit biographisch im Kontext institutioneller und kultureller sozialer Wirklichkeit fortlaufend konstitutiert. Durch das Einbeziehen der sozialen Zeit werden aus Rollen, von denen es viele in der Selbstinszenierung gibt, Biographien, von denen jede einzig und unverwechselbar ist. Mit wechselnden Strategien und hohem Einsatz wird eine sozial akzeptierte „Normalbiographie" erzeugt (Goffman 1967). Das Kennzeichen menschlichen Lebens ist die unaufhebbare Diskrepanz zwischen den normativen Standards der Normalbiographie und ihrer begrenzten Realisierbarkeit.

Goffmans Akteure treten nicht als isolierte Individuen auf, sondern als Mitglieder von Ensembles. Sie müssen sich deshalb nicht nur an die Regeln des Ensembles halten, sondern die Ensembles werden auch bereits vorab „als Mitdarsteller diejenigen auswählen, von denen man annehmen kann, daß sie sich richtig verhalten" (Goffman 1976: 85). Auch ganze Ensembles befinden sich untereinander in symbolischer Interaktion. „Wenn wir ... gesellschaftliche Institutionen untersuchen, finden wir oft, daß auf eine gebotene Ensembledarstellung alle übrigen Teilnehmer der Interaktion ... ihrerseits selbst ein Ensemble bilden. Da jedes Ensemble seine Rolle für das andere spielt, kann man von ... dramatischer Interaktion sprechen", vom „Zusammenspiel zwischen zwei Ensembles" (Goffman 1976: 85). Es gibt also nicht nur eine symbolische Interaktion zwischen Individuen oder zwischen Individuen und Ensembles, sondern auch zwischen den Ensembles selbst, seien diese nun soziale Bewegungen oder Organisationen.

Das Aushandeln sozialer Ordnung

Goffmans Theorie der dramatischen Interaktion ist eine über die Soziologie hinaus populär gewordene Variante des Symbolischen Interaktionismus.[10] Aber auch andere Arbeiten wie die von Denzin (1978), Cicourel (1970), Becker, Strauss und Glaser/Strauss haben einen größeren Einfluß gewonnen, der über die soziologische Theoriediskussion des Symbolischen Interaktionismus hinausreicht. Sie bewegen sich von der Mikro- zur Makroperspektive der Konstruktion sozialer Wirklichkeit.

Howard S. Becker beschreibt in seinem Band „Außenseiter" (Becker 1981) die unterschiedlichen Definitionen abweichenden Verhaltens durch die Akteure selbst und durch das Publikum sowie durch die verschiedenen Instanzen sozialer Kontrolle. Als Beispiele dienen der heimliche Marihuana-Gebrauch oder die offene Abgrenzung von Musikgruppen der Szene gegen die Umwelt der „Spießer" und gegen Kontrollinstanzen. Die Studie untersucht die kollektive Erzeugung gemeinsamer Regeln in den Gruppen der Abweichler wie auch die Etikettierung dieser Gruppen und ihrer Mitglieder durch die Normalgesellschaft

---

10 Die Stärke der Goffmanschen Studien beruht auf soziologischer Phantasie und Beobachtungsreichtum, nicht auf theoretischer oder methodischer Stringenz. Zum Versuch einer Formalisierung der Theorie des Symbolischen Interaktionismus Goffman 1977.

und durch Kontrollinstanzen, so z.B. durch Polizei, Justiz und Steuergesetzgebung. In der Kriminologie und in anderen Studien abweichenden Verhaltens hat der sogenannte labeling approach (Etikettierungsansatz) des Symbolischen Interaktionismus zeitweilig einen erheblichen Einfluß ausgeübt (Peters 1989).

Anselm Strauss' zahlreiche Studien (z.B. Strauss 1963; 1968a; 1968b; 1978; 1991; 1993) leisten einen gesellschaftstheoretisch weitergehenden und deshalb für die Theorie sozialen Wandels besonders interessanten Beitrag, indem sie die schon angesprochene Idee der kollektiven Interaktion zu einer Theorie der ausgehandelten sozialen Ordnung - „negotiated order" - ausbauen.[11] Beispiele ausgehandelter sozialer Ordnung, mit denen sich Strauss befaßt, sind die Arbeitsteilung, Berufe und Professionen, soziale Lebenswelten des Alltags, die politische Ordnung und symbolische Repräsentationen, collective images von Städten und Ethnien. Soziale Ordnung ist immer das Ergebnis individueller und kollektiver sozialer Verhandlungsprozesse (Strauss 1991a; 1993), nicht das Resultat von Macht und Gewalt oder von tradiertem Konsens aus Gewohnheit. Strauss hat diese theoretische Annahme in Auseinandersetzung mit konkurrierenden Theorien und an einer Reihe empirischer Fälle wie Krankenhäuser, Arbeitsbeziehungen, Justiz, Politik, Versicherungen, aber auch an nationalen und internationalen Beziehungen (Nürnberger Prozesse, Benelux, USA - UdSSR) zu prüfen und zu validieren versucht (Strauss 1978; Strauss/Corbin 1988). Da die Welt immer ausgehandelte Ordnung ist, befindet sie sich in stetem Wandel.

Arbeiten zu Konstitutionsprozessen des Sozialen, zur sozialen Konstruktion von Gesellschaft und Selbst, haben in der Tradition des interpretativen Paradigmas über Jahrzehnte eine große Zahl mikro- und auch mesosoziologischer Studien in sehr verschiedenen Bereichen der speziellen Soziologien hervorgebracht. Fragen nach dem subjektiven Sinn des sozialen Handelns von Individuen und Gruppen, nach der sich wandelnden Rolle von Identitäten und Biographien, nach Veränderungen von Milieus und Alltag in Ortsgesellschaften, nach sozialen Bewegungen, Randgruppen und Minderheiten, nach der interaktiven Erzeugung sozialer Wirklichkeit in Institutionen und nach ihrer symbolischen Repräsentanz in der Kultur sind häufig von Annahmen aus dieser soziologischen Theorietradition gespeist. Nicht selten findet sich ein verstehender, empathischer Zug der Zuwendung, auch des Mitleidens oder der Interessendurchsetzung, der der intellektuellen und auch praktischen Teilnahme am Untersuchungsfeld geschuldet ist.

---

11 Strauss leistet u.a. auch einen Beitrag zur Theorie der Statuspassagen im Lebenslauf (Glaser und Strauss 1971). Hier werden Biographien im Wechselspiel mit Institutionen und Sozialstruktur beschrieben: zeitliche Abläufe, Gestaltung, Umkehrbarkeit, Wünschbarkeit, individuelle und kollektive Passagen. Des weiteren haben Glaser und Strauss die methodologischen Regeln (Glaser/Strauss 1967) und die Grundlagen qualitativer Sozialforschung (Strauss 1991b; Glaser 1992; vgl. Schatzman/Strauss 1973) genauer ausformuliert. Neben Deduktion, Induktion und Falsifikation (Popper 1971) stellen sie das abduktive Verfahren (zur Abduktion Kelle 1994; zu Methode und Messung Cicourel 1970; zur Triangulation Denzin 1978). Vgl. auch Helle 1992: 108-137.

Strukturierung und kommunikatives Handeln

Makrosoziologische, gesellschaftstheoretische Fragestellungen sind nur wenige aus dieser Theorietradition hervorgegangen. Und doch nimmt ein Teil der gegenwärtigen Gesellschaftstheorie ausdrücklich Bezug auf das interpretative Paradigma. Es ist vor allem jene Tradition der Gesellschaftstheorie, die marxistische Quellen hat. So findet Goffmans mikrosoziologische Theorie des Alltagshandelns als Drama Eingang in Giddens Theorie der Strukturierung und in Habermas' Diskurstheorie der Gesellschaft.

Giddens weist die Interpretation Goffmanscher Studien als theorielose, mikrosoziologisch-ideosynkratische Beobachtungen der nordamerikanischen Mittelschicht zurück. Er konstatiert zwar theoretische Mängel in der Analyse sozialen Wandels und im Hinblick auf das Unterbewußtsein und die Motivation der Akteure. Doch die zentrale Einschätzung lautet, daß Goffmans Untersuchungen eine entscheidende Einsicht in den Charakter der sozialen Integration böten. Sie ist ein Prozeß permanenter Strukturierung. Die Stabilität von Institutionen und Strukturen existiert nicht trotz oder außerhalb der Begegnungen des Alltagslebens, sondern sie ist ein Ergebnis der lebensweltlichen Begegnungen, in denen Institutionen und Strukturen stets und immer wieder erneuert werden müssen. Die Vergänglichkeit der Begegnungen bringt die Zeitlichkeit des Alltagslebens und den kontingenten Charakter aller Strukturierung zum Ausdruck. „Goffman ... vertritt sehr überzeugend das Argument, daß die der syntagmatischen Ordnung der sozialen Interaktion innewohnende Vergänglichkeit sehr wohl mit einer sehr stabilen Form der sozialen Reproduktion vereinbar ist" (Giddens 1988: 121f.). Mit Hilfe des Strukturierungstheorems - so Giddens - gelinge Goffman die Analyse der Verschmelzung der Mechanismen von Sozial- und Systemintegration und die Erforschung der Beziehungen zwischen diskursivem und praktischem Bewußtsein.[12]

Auch Habermas nimmt systematisch Bezug auf Goffmans Arbeiten. Habermas unterscheidet in seiner Theorie kommunikativen Handelns vier Typen der Handlungsrationalität: teleologisch-strategisches Handeln, normenreguliertes Handeln, dramaturgisches Handeln, kommunikatives Handeln. Sie werden mit Hilfe einer Rekonstruktion der Theorie- und Geistesgeschichte der Sozial- und Geisteswissenschaften gewonnen. Die Abfolge der Typen enthält eine implizite Modernisierungsthese: die aufklärerisch-geschichtsphilosophische Behauptung des Fortschritts gesellschaftlicher Rationalisierung in vier Stufen. Das *teleologisch-strategische Handeln* entspricht dem Theorietypus des Utilitarismus, der Nutzenorientierung der Individuen und ihrer sekundären Verflechtung miteinander durch Arbeitsteilung und Tausch in der modernen Gesellschaft. Das *normenregulierte Handeln* bezieht sich auf die Durkheimsche und strukturfunktionalistische Vorstellung einer determinierenden Wirkung der Kultur, der gesellschaftlichen Dinge und Verhältnisse auf das Verhalten von Personen, gesteuert

---

12 Vgl. auch den Weg von Giddens' Theorie der Moderne (1970) zur Theorie der Konstitution der Gesellschaft (1984).

über Sozialisation, soziale Zwänge und Kontrolle. Die Kultur ist hier der oberste Garant für normengeleitetes Verhalten und normenregulierte Institutionen.[13]

Der Typus des *dramaturgischen Handelns* wird mit Goffman eingeführt.[14] Hier gewinnt soziales Handeln Freiheit und Gestaltungskraft. In der dramaturgischen Interaktion werden Institutionen und Personalitäten als gesellschaftliche Konstruktion der Wirklichkeit erzeugt. „Der Begriff des *dramaturgischen* Handelns bezieht sich primär ... auf Interaktionsteilnehmer, die füreinander ein Publikum bilden, vor dessen Augen sie sich darstellen" (Habermas 1981: 128). Zentral ist hier nach Habermas der Begriff der Selbstrepräsentation. Er bedeutet die zuschauerbezogene Stilisierung des Ausdrucks eigener Erlebnisse. Die Rationalität dramaturgischen Handelns ist gesellschaftlich und gesellschaftstheoretisch ein Fortschritt gegenüber teleologisch strategischem und gegenüber normreguliertem Handeln.

Dramaturgisches Handeln ist zugleich ein entwicklungslogischer Vorläufer des kommunikativen Handelns. Denn erst im Typus des *kommunikativen Handelns* suchen die Akteure „eine Verständigung über die Handlungssituation, *um ihre Handlungspläne und damit ihre Handlungen einvernehmlich zu koordinieren*" (Habermas 1981: 128). Erst auf diesem Niveau der Begriffsbildung rückt die Problematik rationalen Handelns, die bislang nur ein Thema für die Sozialwissenschaftler war, in die Perspektive des Handelnden selbst. Die theoriegeschichtliche Typologie der Begrifflichkeit rationalen Handelns, die Habermas in seiner Theorie kommunikativen Handelns entfaltet, stellt sich also zugleich als eine geistesgeschichtliche Entfaltung der Aufklärung dar, des voranschreitenden Weltgeistes oder der Vernunft, die an Comte und Hegel erinnert.

Wie die Rezeption von Goffmans Theorie des Alltagshandelns in Giddens und Habermas Untersuchungen zum Verhältnis von praktischem und diskursivem Bewußtsein und von Handlung und Struktur zeigt, hat der Symbolische Interaktionismus als Theorie der Konstitution des Sozialen, als Theorie der sozialen Konstruktion von Gesellschaft und Selbst, einen wichtigen theoretischen Beitrag auch zur Theorie der Dynamik moderner Gesellschaften geleistet.

3.2 Kreative Sozialität und Pragmatismus

Blumers Symbolischer Interaktionismus beruht auf einer Interpretation der theoretischen Arbeiten Meads.[15] Blumers Blickwinkel auf Meads Arbeiten ist jedoch stark selektiv; er ist sozialpsychologisch, auf Kommunikation und Identität gerichtet. Auch das ethnographische Moment, die Bezugnahme auf das

---

13 Strukturfunktionalistische und liberalistische Theorien sozialen Wandels, die auf der hier angesprochenen Rationalität fußen, behandeln die Kapitel 4.1 - 4.5.
14 Habermas 1981: 135; vgl. auch Habermas 1985.
15 „Im wesentlichen beziehe ich mich auf die Gedanken von George Herbert Mead, der, mehr als alle anderen, die Grundlagen des symbolisch interaktionistischen Ansatzes gelegt hat" (Blumer 1981: 80).

kulturelle Milieu des Handelns in der Gruppe, ist wichtig. Blumers Symbolischer Interaktionismus verengt deshalb den pragmatistischen Hintergrund der Meadschen theoretischen Abhandlungen, auf die er sich bezieht, und damit die Möglichkeiten des Pragmatismus zur Erklärung und zum Verstehen sozialen Wandels.

Der Pragmatismus ist eine Philosophie der Handlung.[16] Wie auch andere soziologische Theorien übt der Pragmatismus Kritik am Utilitarismus, der die ökonomische und einen Teil der psychologischen Theorie beherrscht. Der Pragmatismus greift den Utilitarismus aber nicht über das Thema Handlung und soziale Ordnung an, sondern setzt an der Differenz von Handlung und Bewußtsein ein. Er entwickelt eine Konzeption von Intentionalität und Sozialität, die nicht den cartesianischen Zweifel, die Selbstgewißheit des zweifelnden Ich, zur Basis des Welt- und Selbstverhältnisses nimmt. Menschliches Erkennen dient vielmehr der Lösung realer Zweifel, es ist in praktischen Problemlösungen begründet, und es ist nicht einsam, sondern kooperativ. Wahrheit ist nicht Abbildung der Welt im erkenntniskritischen Subjekt, sie ist vielmehr Handlungsmacht gegenüber der Umwelt.

Die pragmatistische Handlungstheorie geht auf Arbeiten von Pierce, James und Dewey zurück. Bei Pierce wird die Leitvorstellung des zweifelnden Ich durch die Idee kooperativer Wahrheitssuche bei realen Handlungsproblemen abgelöst, bei James wird die Wahrheitsfrage auf praktisch eintretende Handlungsfolgen focussiert (Joas 1992a: 29 f.). In Fällen, in denen wir nicht wissen, wie wir reagieren sollen, wird uns die Subjektivität der Handlung als Reflexion und Entscheidung bewußt. Die gewollte Zwecksetzung der Handlung ist dann ein Resultat der Reflexion auf Widerstände in der Lösung von Problemen. Alle Erkenntnis, der materiellen Objekte wie anderer Subjekte, ist interaktionsvermittelt. Psychologie und Soziologie fließen ineinander. In der pragmatistischen, funktionalistischen Psychologie Deweys schließlich konstituiert die Handlung die Relevanz von Reizen, nicht aber lösen Reize deterministisch bestimmte Handlungen aus.

Meads Handlungstheorie fußt auf diesen Grundannahmen der realistischen Psychologie und der pragmatistischen Philosophie.[17] Eine Umwelt entsteht für

---

16 Meine Ausführungen zum Pragmatismus profitieren von Joas' Untersuchungen zum Pragmatismus als soziologischer Forschungstradition und zur Rezeption des Pragmatismus in der deutschen Philosophie (Joas 1992a). Zum Verständnis von Mead bes. Joas 1980: 7-18; 1985; 1992a: 281-308; 1992b: 187-212.

17 „Es blieb dem Pragmatismus vorbehalten, die weitaus radikalere Position zu beziehen, wonach der Wahrnehmungsgegenstand dem Individuum in der unmittelbaren Erfahrung nicht in einer Bewußtseinsbeziehung (relation of awareness), sondern einfach in einer Verhaltensbeziehung gegenübersteht. Erkennen ist ein Prozeß, in dem man etwas herausfindet, was problematisch ist, nicht ein Prozeß, in dem man mit einer vorhandenen Welt in Beziehung tritt" (Mead 1969: 74). Dazu auch Mead 1968 und insb. 1969: 69-101. Zur Genesis des sozialen Selbst und zur sozialen Kontrolle auch Mead 1980/87.

einen Akteur durch die Selektionsleistung der Aufmerksamkeitszuwendung. Die Umwelt ist kein separates Milieu, sondern das Bewußtsein des Akteurs umreißt und definiert durch beabsichtigtes Verhalten die Objekte der Umwelt. „Zwischen dem lebenden Individuum und seiner Umwelt besteht ein Verhältnis der Relativität, sowohl der Form als auch dem Inhalt nach" (Mead 1969: 82).[18] Neben der erhöhten Aufmerksamkeit für die Umwelt in konfligierenden Handlungssituationen analysiert Mead interpersonale Handlungsprobleme, in denen der Handelnde selbst Reizquelle für seine Interaktionspartner ist. Der Akteur muß auf seine eigenen Handlungen aufmerksam sein, da diese die Fortsetzung der Interaktion mit Alter strukturieren. „Das Individuum ist in einer solchen Handlung ein Selbst, ... weil es seine eigene Reaktion nach der Tendenz anderer, auf seine Handlung zu reagieren, organisiert" (Mead 1969: 88 f.). Das Selbst kann für das Individuum nur dann existieren, wenn es die Rollen der anderen übernimmt. „Das Ziel ... der Handlung liegt also in dem Lebensprozeß der Gruppe und nicht allein in dem der einzelnen Individuen" (Mead 1969: 84). In der symbolischen Interaktion ist nicht allein reflexives Bewußtsein der Handlungssituation notwendig, sondern auch reflexives Selbstbewußtsein, eine reflexive Identität.

Diese Annahme hat Folgen für die Theorie der Persönlichkeit. Das „Hereinholen der weitgespannten Tätigkeit des jeweiligen gesellschaftlichen Ganzen ... in den Erfahrungsbereich eines jeden ... Individuums ist die entscheidende Basis ... für die volle Entwicklung der Identität" (Mead 1968: 197). Mead unterscheidet in seiner Identitätstheorie zwischen „Me" und „I". Mit Me bezeichnet er das sozialisatorische Ergebnis der Verinnerlichung gesellschaftlicher Zwänge und der sozialen Kontrolle, mit I die im Wechselspiel dazu phänomenologisch beobachtbare, spontane und reflexive Leistung der Interpretation und Selektion gegenüber dem Me. Das I tritt als Selbst-Bewußtsein gegenüber dem Rollenspiel des Me auf. Me und I machen zusammen die mit sich selbst identische Person aus. Sie findet ihre höchste Entwicklung darin, daß sie sowohl den Zustand des perfekt angepaßten Rollenspielers Me als auch die Unberechenbarkeit des I überwunden hat und zu einer „identitätsbewußten Identität" wird.[19]

Nach Mead ist menschliches Handeln also durch seinen kreativen und symbolischen Charakter ausgezeichnet. Das gilt sowohl für das handlungspraktische, interaktive Verhältnis zwischen Mensch und natürlicher Umwelt wie für das Interaktionsverhältnis zwischen Menschen. Immer tritt sich der Mensch in den Folgen seines kommunikativen Handelns selbst gegenüber (Mead 1980/1987). Eine wichtige Rolle in diesem Prozeß spielt die Sprache. Handlungsphasen

---

18 Es finden sich hier Parallelen zum systemtheoretischen Umweltbegriff bei Luhmann 1986.
19 Dies ist nicht unähnlich der Freudschen Maxime: „Aus Es werde Ich". Vgl. zum Self in der rational choice Theorie auch Coleman (1990: Kapitel 19).

werden in signifikante Gesten, inbesondere in vokale Gesten[20], transformiert, auf die Ego und Alter durch innere Repräsentanz der sprachlichen Symbole in gleicher Weise reagieren. Über die signifikanten Symbole bilden sich wechselseitige Verhaltenserwartungen heraus. Mit anderen Worten: Charakteristisch für signifikante Symbole ist, „daß der Einzelne auf die von ihm ausgelösten Reize so reagiert wie andere Menschen. Dann wird der Reiz signifikant; dann sagt man etwas aus" (Mead 1968: 107).

In der symbolischen Interaktion konstituieren sich Objekte, personale Identitäten und soziale Gemeinschaften in einem einheitlichen, konstruktivistisch gedachten Vorgang der Schaffung sozialer Wirklichkeit. Auch dann, wenn Alter nicht ein Individuum oder eine Ensemble ist, sondern es sich um Institutionen oder um ganze Gesellschaften handelt, verläuft Symbolische Interaktion mit deren Repräsentanten als „verallgemeinerten Anderen" in strukturell gleicher Weise. Über den Begriff des generalisierten Anderen, aber auch über ethnographische Elemente von Gruppe und Milieu und über die Rolle sprachlicher Symbole, ist die Theorie der Handlung als selbstkontrolliertes Verhalten bei Mead an soziologische Gesellschaftstheorie angebunden.

Mead veranschaulicht die Idee einer kollektiven Erzeugung des Sozialen im gesellschaftlichen Bereich am Beispiel des kindlichen Spiels, insbesondere des organisierten, regelgeleiteten Spiels, in dem das Kind die Rollen generalisierter Anderer (z.B. Eltern, Lehrer, Polizist, Räuber) übernimmt und dabei lernt, sich an vereinbarten Regeln zu orientieren. Im Spiel gelingt soziale Kontrolle und formt sich das Selbst im gesellschaftlichen Kontext. Diese frühe und grundsätzliche Erfahrung läßt sich auf den Umgang mit gesellschaftlichen Problemen hin generalisieren: „Soziale Kontrolle hängt davon ab, in welchem Maße die Individuen einer Gesellschaft fähig sind, die Einstellung der an gemeinsamen Aktivitäten beteiligten anderen zu übernehmen" (Mead 1969: 98).

Die Idee der selbstkontrollierten Handlung und der sozialen Ordnung als kollektive Selbstregulation und Problemlösung verbindet sich mit einer Vorstellung von Demokratie, die aus der Erfahrung von Wissenschaftlergemeinschaften hervorgegangen ist. Politik wird als Gruppenhandeln, nicht als Gegensatz von Individuum und Gesellschaft, verstanden. Die alte soziologische Frage nach der Möglichkeit sozialer Ordnung braucht als Antwort weder eine Gleichartigkeit der Menschen noch einheitliche kulturelle Normen, weder Gesellschaftsverträge noch antagonistisch kooperative Märkte. Es verbinden sich vielmehr vielfältige Individualitäten zwanglos zu gemeinsamen Symbolsystemen und Institutionen. Kommunikativ vermittelte Selbstverwaltung gilt als Idee der Lösung sozialer Probleme. Diese Idee ist gegen die Vertragstheorie des Staates und gegen die utilitaristische Theorie der Ordnungsfunktion des Marktes gerichtet. Nach Mead gehört ihr die Zukunft, in der den Sozialwissenschaf-

---

20 „Das macht die vokale Geste so wichtig: sie ist einer jener gesellschaftlichen Reize, der das sie gebrauchende Individuum auf die gleiche Weise beeinflußt, wie er es beeinflussen würde, wenn er von einem anderen Wesen käme" (Mead 1968: 102).

ten eine hohe Bedeutung zur Verbesserung kollektiven Handelns bei der Diskussion, Erkennung und Lösung gemeinsamer Probleme zukommen wird.

In Vorträgen, Aufsätzen und Rezensionen hat Mead versucht, von der Philosophie des Pragmatismus ausgehend über Individuen, Gruppen und Institutionen hinaus auch die makrostrukturellen Probleme des Wandels von Gegenwartsgesellschaften zu analysieren. Mead überträgt die Idee der gemeinsamen Erzeugung eines sozialen Objektes von kleinen Gruppen kollektiver Akteure auf Organisationen wie den Völkerbund oder den internationalen Gerichtshof, deren Gedeihen als kollektiv erzeugte soziale Objekte davon abhängt, „daß Nationen sich in der auf Zusammenarbeit mit anderen gerichteten Einstellung verwirklichen können" (Mead 1969: 101). Die politisch-ethische Maxime lautet entsprechend: „Wir müssen andere sein, um wir selbst sein zu können" (Mead 1969: 100).

So interessant Meads Abhandlungen zu Problemen der Erziehung, zur Schulbildung, zur Berufsbildung, zu Arbeit oder zu Krieg und Frieden auch sind, es handelt sich um mikrosoziologische, ggf. auch noch um mesosoziologische Untersuchungen dynamischer Prozesse auf der Ebene direkter und indirekter Interaktionen zwischen Personen und Gruppen.[21] Die mikrosoziologische Heuristik sozialen Wandels wird nicht wirklich überschritten, der Anspruch auf Gesellschaftstheorie, der in Analogien angelegt ist, wird empirisch nicht eingelöst. Bis in die Gegenwart hinein ist es dabei geblieben, daß nur wenige pragmatistische und interaktionistische Beiträge den Anschluß an die Gesellschaftstheorie suchen und finden, obwohl Berührungspunkte offensichtlich sind.[22]

Die Kritik an Mead, so Hans Joas in einer zusammenfassenden Würdigung (Joas 1988: 419), greift deshalb in der Regel zwar einseitig, aber nicht zu Unrecht „vornehmlich eine Beschränkung auf Phänomene interpersoneller Unmittelbarkeit an, wirft die Abstraktion von Macht und Herrschaft vor, unterstellt eine Sicht gesamtgesellschaftlicher Zusammenhänge als bloßen Horizont der lebensweltlichen Sozialität und eine völlige Ignoranz gegenüber den Dimensionen gesellschaftlicher Naturbeherrschung oder der Verselbständigung gesellschaftlicher Verhältnisse gegenüber den Handlungen und Orientierungen der Akteure".

---

21 G. H. Mead: Gesammelte Aufsätze. Band 1, hrsg. von H. Joas. Frankfurt 1980, dort S. 419-472 und Band 2, Frankfurt 1983, dort S. 424-482.

22 Von seiten des symbolischen Interaktionismus und des Pragmatismus gibt es kaum produktive Auseinandersetzungen mit gesellschaftstheoretischen Traditionen (das gilt allerdings auch umgekehrt): mit dem klassischen Gedanken der Vertragstheorie der Gesellschaft oder mit der Idee der antagonistischen Vergesellschaftung utilitaristisch handelnder Individuen durch den Markt, mit der Kommunitarismusdebatte, der historischen Figurationssoziologie, der rational choice Theorie oder der vergleichenden Sozialpolitik. Dazu die Kapitel 4.1-4.5; auch Weymann 1995; 1996a; 1996b.

3.3 Die Chicago-Schule der Soziologie

Die mit Pragmatismus und Symbolischem Interaktionismus verbundene Forschungsgeschichte ist umfassend und vielgestaltig. Zu ihr gehören die erfolgreichen Anfänge empirischer Sozialforschung am Department für Soziologie der Universität Chicago, die sogenannte Chicagoer Schule der Soziologie.[23]

Die Chicagoer Schule der Soziologie hat in den zwanziger Jahren eine Reihe interessanter Monographien zu sozialen Problemen in der boomenden Metropole Chicago hervorgebracht, die alle aufs engste mit sozialem Wandel und Modernisierungsfolgen verbunden sind. Die erste und wohl auch die bekannteste dieser klassischen Untersuchungen ist Thomas/Znanieckis „Polish Peasant in Europe and America" (Thomas/Znaniecki 1918-20). Dieser Studie zur Migration polnischer Bauernkinder in die USA folgte eine Vielzahl von Arbeiten zur Entwicklung der großstädtischen Gesellschaft. Sozialer Wandel erscheint hier bereits in der Fassung einer Modernisierung der Moderne. Am Beispiel Chicagos wird nicht die Enttraditionalisierung aus den Fesseln der vorindustriellen Gesellschaft beschrieben und die Durchsetzung der Industriegesellschaft, sondern die rasche weitere Veränderung der modernen Industriegesellschaft selbst. Die Studien konstatieren einen Zerfall der Ortsgemeinden, der Bindungen an die Kirchen, der Selbstregelungsfähigkeit der Familie. Sie beschreiben die Machtlosigkeit von Verwaltung, Polizei und Justiz, unterstreichen die Wirkungsschwäche der modernen, sozialstaatlichen Interventionsinstitutionen Jugendfürsorge, Erziehungsaufsicht, Sozialarbeit. Sie suchen nach Ersatz in Erziehungs- und Bildungsreform, Selbsthilfeeinrichtungen, sozialen Bewegungen, der Schaffung von Kommunikationszentren. Sie setzen in ihrem sozialreformerischen Impetus auf Partizipation und Kooperation zwischen Politik, Praktikern, Wissenschaft und sozialen Bewegungen. Die Megalopolis Chicago gilt als exemplarisch für den Gang der städtischen Zivilisation in der Moderne.

Typisch für die Forschungsmethoden der Chicagoer Soziologie ist, daß die Daten in einer handlungs- und milieutheoretischen Perspektive gewonnen werden, die es erlaubt, den Sinn des Handelns individueller und kollektiver Akteure verstehend zu interpretieren. Die Studien verbinden strukturelle und handlungstheoretische Aspekte über die handlungstheoretische Hermeneutik. Die Strukturanalyse arbeitet mit ökologischen Räumen der Stadt, mit amtlichen Statistiken, mit der dokumentarischen und beschreibenden Darstellung verschiedener Institutionen. Diese strukturellen Umwelten werden jedoch aus handlungstheoretischer Perspektive als natürliche Welten mit ihrer je eigenen Konstruktion der Wirklichkeit analysiert, wobei die Verwobenheit von natürlichen Welten (natural worlds) und natürlicher Lebensgeschichte (natural history) mit Quartieren, Milieus und Institutionen wichtig ist. Die Verfahren der Datensammlung sind häufig rekonstruktiv oder als lange Reihen angelegt. Sie schließen teilnehmende Beobachtung, Autobiographien und Lebensgeschich-

---

23 Zur Chicago-Schule Faris 1970; Bulmer 1984; Kurtz 1984; Strauss 1991a: 3-32; Joas 1988: 417- 446.

ten, Institutionsgeschichten und Institutionsdokumente, amtliche Statistiken, Zeitungsberichte, Dokumente von Vereinen und Verbänden ein. Sogenannte persönliche Dokumente und Autobiographien spielen eine herausgehobene Rolle als Spiegelbild des sozialen Wandels und seiner Verarbeitung.

In Hinblick auf die praktische Verwendbarkeit empirischer Sozialforschung ist festzustellen, daß hier Forscher mit sensibler Beobachtungsgabe und mit der Fähigkeit zur Deutung sozialer Probleme der Gegenwartsgesellschaft an der Arbeit gewesen sind. Neben einer Fülle noch heute interessanten Materials haben sie Modernisierungsdiagnosen hinterlassen, die für die gegenwärtige Großstadtentwicklung und für die verstädterten modernen Gesellschaftsformen immer noch von Wert sind.[24] Lesenswert ist beispielsweise die Monographie von Anderson (1923) über den vagabundierenden Hobo als Nachfolger der Pioniere des Westens und Vorläufer der heutigen Stadtstreicher; die Studie von Shaw und Moore (1931) zur Naturgeschichte der kriminellen Karriere aus der Perspektive einer Autobiographie; Thrashers (1927) plastische Schilderung verschiedener Gangs, der von ihnen beherrschten Quartiere und des Lebens als Mitglied einer Gang; Landescos (1929) Analyse des organisierten Verbrechens und seiner bürgerlichen Unterstützer aus wohllöblichen Kreisen; Cresseys (1932) Studie von Miettänzerinnen und ihrer Karriere am Rande des Rotlichtmilieus; Reckless' (1933) Beschreibung der Amüsierviertel; Zorbaughs (1929) pointierte Kontrastierungen der verschiedenen Chicagoer Quartiere um die Innenstadt, den loop, herum; Wirths Ghetto (Wirth o.J.) oder Hillers (1928) Untersuchung zum Streik in Industriezonen.

Was an diesen Studien bis heute über den Status von Klassikern hinaus fasziniert, ist neben den verschiedenen Aspekten der Stadtentwicklung und der großstädtischen Lebenswelten das Thema scharfen sozialen Wandels, der Gesellschaft und Biographien im Zuge der Modernisierung ergreift. In diesen Untersuchungen wird die Verwobenheit des objektiven Wandels der Sozialstruktur und der Institutionen mit den Lebensverläufen von Individuen und Generationen sowie mit subjektiven Bewältigungstrategien deutlich.[25] Die Publikationen der Chicago-Soziologie spiegeln das Erleben, die Verarbeitung und die Auseinandersetzung mit den Folgen des sozialen Wandels wider. Der soziale Wandel läßt gesonderte soziale Welten in der boomenden, modernen Großstadtgesellschaft entstehen und läßt die Bewohner der unterschiedlichen Lebenswelten in asynchronen sozialen Zeiten leben. Die Freisetzung der Individuen aus ihren Herkunftsmilieus und die damit einhergehende Bindungslosigkeit der Personen führen zu einem Individualisierungsschub, der gesellschaftliche Anomie und personale Desorganisation begünstigt.

---

24 Eine späte Fortsetzung dieser Arbeiten ist Strauss 1968a.
25 Zum Verhältnis von Sozialstruktur, Institutionen und Biographie im sozialen Wandel siehe Weymann/Heinz 1996.

3.4 Lebenswelten, Sozialräume und Milieus

Die Phänomenologie der Lebenswelt des Alltags

Die Idee der natürlichen Welt der Chicagoer Schule ähnelt dem phänomenlogischen Begriff der Lebenswelt des Alltags (Schütz/Luckmann 1979 und 1984).[26] Die Lebenswelt ist der unbefragte Boden der natürlichen Weltanschauung, in die der normale Erwachsene hineingeboren wird. Die natürliche Weltanschauung ist eine Gruppenerfahrung, die die Probe bereits bestanden hat und die deshalb vom Einzelnen nicht mehr überprüft werden muß. Sie ist dem gesunden Menschenverstand schlicht und unproblematisch gegeben, sie enthält wohlumschriebene Objekte und unterstellt bei anderen Menschen ein intersubjektiv gleiches Bewußtsein. Das Vertrauen in die alltägliche Lebenswelt drückt sich in zwei idealen Annahmen über die Konstanz der Welt aus: „Und-so-weiter" und „Ich-kann-immer-wieder" (Schütz/Luckmann 1979: 29). Solange das Neue in den unbestimmten Horizont der alten Erfahrung paßt, bestätigt sie sich. Ist das Neue inkongruent, wird der Horizont breiter und tiefer ausgelegt.

Die Lebenswelt des Alltags ist aufgeschichtet in Erlebnisstile, räumliche und zeitliche Strukturen. Zur zeitlichen Struktur gehören die Weltzeit, die aktuelle, aktualisierbare und potentielle Reichweite in der Zeit, die subjektive Zeit des eigenen Bewußtseinsstromes. Die biographische Artikulation der subjektiven Zeit greift auf kulturelle Segmente der historischen Zeit zurück, um sich auszudrücken.[27] Zur sozialen Struktur der Lebenswelt des Alltags gehört die Intersubjektivität der fraglos gegebenen Welt und ihrer Zeichen als „Appräsentationsbeziehungen" (Schütz 1971). Die Welt des Alltags gilt als von vornherein intersubjektiv, wobei unser Wissen um das Bewußtsein der anderen auf Verweisungen mit Hilfe von Zeichen beruht. Wir idealisieren die Austauschbarkeit der Standpunkte und die Übereinstimmung unserer Relevanzkriterien. Zur Intersubjektivitätsunterstellung gehören vor allem unmittelbare Erfahrungen von face-to-face Begegnungen. In dieser sozialen Umwelt der Wir-Beziehungen bildet sich die Intersubjektivität der Lebenswelt in direkter wechselseitiger Begegnung aus, variierend nach Intimität, Intensität und Erlebnisnähe.

Die Umwelt erweitert sich zur Mitwelt. „Die innerhalb der Umwelt aufgewiesene *Aufschichtung* von Einstellungen mehr minder peripherer Erlebnisnähe setzt sich nun gewissermaßen über die Grenze der Umwelt hinaus jenseits der Leibhaftigkeit und räumlichen Unmittelbarkeit in die *mitweltliche* Situation fort" (Schütz 1960: 197). Zur mittelbaren Erfahrung der sozialen Welt, zur Mitwelt der Ihr-Beziehung, gehören die Zeitgenossen, über die keine unmittelbaren, sondern nur vermittelte Erfahrungen und idealtypische Deutungsschemata verfügbar sind. Die Mitwelt bleibt anonym. Ihr Merkmal ist die Typisie-

---

26 Zur Idee des Alltags und zu einigen Grundbegriffen der Phänomenologie von Alfred Schütz siehe Sprondel/Graathoff 1979.

27 „Typische Biographien bieten sich jedermann in jeder Gesellschaft an. Es ist eine unabänderliche Bedingung eines jeden Lebenslaufs, daß er sich in sozialen Kategorien artikulieren muß" (Schütz/Luckmann 1979: 130).

rung, sind soziale Typen wie Briefträger, Lehrer und Händler etc. (Schütz/ Luckmann 1979: 107).[28] „Dieses Wissen ist immer ein mittelbares, niemals habe ich das alter ego in der Mitwelt als ein Selbst gegeben" (Schütz 1960: 202). Dennoch besteht Gewißheit über die Koexistenz und den gleichzeitigen Ablauf des Bewußtseinserlebnisses in den Ihr-Beziehungen der Mitwelt.

Erfahrungen aus Erlebnissen der Sozialwelt lassen sich in der Erinnerung reproduzieren. Sie nehmen dann den Stellenwert des Geschichtlichen an und gehören zur abgeschlossenen Vorwelt. In der Einstellung zu den Vorfahren der Vorwelt können keine reziproken Beziehungen bestehen. Die zeitgenössische Welt ist mit der Vorwelt aber durch die Überschneidung der Generationen verkettet. Daher ist es „... wahrscheinlich, daß man auch in der natürlichen Einstellung zu vermuten beginnt, daß die Sinnzusammenhänge, in denen die Erfahrungen der Vorfahren standen, von den zeitgenössischen entscheidend abweichen. Der Grund dafür findet sich in der Erfahrung des Unterschieds in der Weltsicht der Generationen" (Schütz/Luckmann 1979: 122).

In einem Aufsatz über den Fremden verdeutlicht Schütz 1944, selbst Emigrant, die Möglichkeiten der Phänomenologie der Lebenswelt des Alltags in ihrer Anwendung auf die Situation des Einwanderers, „der versucht, sein Verhältnis zur Zivilisation und Kultur einer sozialen Gruppe zu bestimmen und sich neu zurechtzufinden" (Schütz 1972: 53). Jeder alltäglich Handelnde organisiert seine Kenntnisse der sozialen Welt in Relevanzbegriffen, um seinen Ausschnitt der aktuellen und potentiellen Reichweite des Handelns zu beherrschen. Das gibt jedermann eine vernünftige Chance, zu verstehen und verstanden zu werden, obwohl das Alltagswissen weder kohärent noch klar und konsistent ist. Es ist ein Wissen vertrauter Rezepte, um mit einem Minimum an Anstrengung und unter Vermeidung unerwünschter Konsequenzen sein Ziel zu erreichen.[29] Erworben wurde es in der gewohnten Lebenswelt der Eltern, Lehrer, Nachbarschaft, kulturellen und nationalen Traditionen etc. Erst wenn die lebensweltlichen Annahmen sich nicht mehr bewähren, tritt eine Krise der Gewißheit ein, die den Fluß der Gewohnheiten unterbricht und das Bewußtsein ändert. Dies ist die typische Situation des Fremden, der sich an die unbekannte Zivilisation und Kultur einer fremden Gruppe annähert.[30] Er legt die neue Umwelt mit den Mitteln des lebensweltlich gewohnten Alltagswissens aus und scheitert. Das mit-

---

28 Die theoretischen Annahmen über die Intersubjektivität der Welt und über die Rolle von Zeichen und Symbolen für die Repräsentation von Gesellschaft (Schütz 1971) ähneln der Theorielogik von Mead und Strauss (vgl. vorhergehendes Kapitel), der Typenbegriff erinnert an Meads generalisierten Anderen. Hier spielt die Bezugnahme auf William James und John Dewey eine Rolle.
29 Zum Motivzusammenhang des Handelns, besonders zum Um-zu und Weil-Motiv, vgl. Schütz 1960: 93-105. Zur Rationalität des Handelns und zum Wählen zwischen Handlungsentwürfen vgl. Schütz 1971: 31-38 und 77-110. Hier bestehen Querverbindungen zur utilitaristischen Theorie und rational choice Theorie (Esser 1991). Zu Querverbindungen mit dem Strukturfunktionalismus vgl. auch Schütz/Parsons 1977.
30 „Der frühere Zuschauer springt sozusagen vom Parkett auf die Bühne ..." (Schütz 1972: 60).

gebrachte, frühere Bild der fremden Gruppe erweist sich als ungeeignet. Das Vertrauen in das „Denken-wie-üblich" wird erschüttert (ebd. 62). Es ist im direkten und im übertragenen Sinne eine neue Sprache zu lernen. Der Weg führt vom passiven Sprachverstehen zur neuen Sprache als eines aktiven Ausdrucksschemas in der neuen Lebenswelt. Die aktive Nutzung der neuen Kultur- und Zivilisationsmuster bleibt für längere Zeit noch ein Feld des Abenteuers. Erst langsam wieder werden „diese Muster und Elemente für den Neuankömmling eine Selbstverständlichkeit, ein unbefragbarer Lebensstil, Obdach und Schutz. Aber dann ist der Fremde kein Fremder mehr, und seine besonderen Probleme wurden gelöst" (Schütz 1972: 69).

Der Begriff der Lebenswelt des Alltags tritt in unterschiedlichen Varianten auf.[31] Seine Bedeutung schillert zwischen einem theoretischen apriori der Normalität (1) und einer empirischen sozialen Organisation des mitmenschlichen Milieus (2), zwischen allgemeinen Vertrautheitsannahmen (1) und konkreten Bekanntheitsunterstellungen (2). Die Studie über den Fremden ist eine phänomenologische Betrachtung des ersten Typus, der vertrauten Normalität der Sozialwelt, ihrer Erschütterung und Wiedergewinnung, die Untersuchungen der Chicago Soziologie hingegen gehören zum zweiten Typus, gelten den bekannten und unbekannten, vielfältigen empirischen sozialen Organisationen der natürlichen Welten einer Großstadt.[32]

Kapitalstruktur und Lebensstile

Ein Meisterstück des zweiten Typus, der empirischen Analyse des Sozialraums als Raum realer Milieus und Lebensstile und des persönlichen Habitus seiner Bewohner, ist Bourdieus Studie über die feinen Unterschiede (Bourdieu 1982). Mit der Modernisierung der Gegenwartsgesellschaft sind die tradierten Begriffe sozialer Ungleichheit zu überdenken. Insbesondere betrifft dies den Gegensatz von Klasse und Stand, der bereits ein Thema Max Webers war (Bourdieu 1985) und den Habitus als Vermittler zwischen Struktur und Praxis der Lebensstile (Bourdieu 1970).

---

31 Zu den Varianten des Lebensweltbegriffs und insbesondere zur Absetzung der Lebenswelt von common sense und Milieu vgl. Graathoff 1989. Zur Auslegung des Alltags Soeffner 1989.
32 Zu unterscheiden sind ebenfalls die Konstruktionen des alltäglichen und des wissenschaftlichen Denkens, der wissenschaftlichen Interpretation und des Alltagsverständnisses menschlichen Handelns, also die Differenz zwischen der Sozialwelt als natürlicher Einstellung und der Sozialwelt des Sozialwissenschaftlers. „Grundsätzlich kann gesagt werden, daß die Sozialwissenschaften dieselbe Einstellung zur Sozialwelt haben, wie der Beobachter der Mitwelt. ... Von einem solchen Beobachter unterscheidet sie aber vor allem der Umstand, daß der Sozialwissenschaft als solcher wesensnotwendig keine Umwelt vorgegeben ist" (Schütz 1960: 253). Daraus folgt: „Die Konstruktionen, die der Sozialwissenschaftler benutzt, sind daher sozusagen Konstruktionen zweiten Grades" (Schütz 1971: 7).

Der Sozialraum wird durch die Unterschiede an verfügbarem Kapital definiert, das sich aus ökonomischem, sozialem und kulturellem Kapital zusammensetzt. Herkunft und Sozialisation bestimmen Größe und Qualität der verfügbaren Kapitalsorten, ihr Konsum bestimmt die Symbolik der Lebensstile im sozialen Raum. Güterproduktion und Geschmacksproduktion sind also aufeinander abgestimmt. Die Verfeinerung und Stilisierung der Codes des kulturellen Kapitals lassen sich vor allem die besseren Kreise angelegen sein: Soziale Ungleichheit wird als ästhetisches Kriterium verfaßt. In der herrschenden Klasse spielen sich die Kämpfe um den Rang und die Durchsetzung der Stile ab.

Es gibt eine Vielfalt von Arten des Sich-Unterscheidens: Bildungstitel, Wohnung, Kleidung, Musik, Getränke und Speisen, Kunst, Sport, Freizeit und Urlaub. Sie lassen sich in die drei elementaren Dimensionen Nahrung, Kultur und Repräsentation gliedern. Der Vorsprung der oberen Klassen wird durch Sprache, Manieren, Konventionen, durch Habitus gewahrt. Kultur ist ein schwer erwerbbares soziales Kapital, wobei das ererbte und ansozialisierte Anfangskapital einen starken Prägungseffekt auf den weiteren Lebensverlauf hat, der, wenn er fehlt, durch späteres Lernen nur schwer aufzuholen ist. Innerhalb der verschiedenen Klassen bestehen nicht nur Homologien in der Kapitalstruktur und im Kapitalvolumen, sondern auch Homologien der Netzwerke, der Freundschaften und der Liebe. Wahlverwandtschaften sind gute Indikatoren der Homologien der Sozialräume.

Im Zuge des sozialen Wandels ändern sich in kurzer oder längerer zeitlicher Entwicklung die Zusammensetzung von Kapitalstruktur und Kapitalvolumen der verschiedenen sozialen Klassen. Neben aufsteigenden Klassen (z.B. freie Berufe, Wirtschaft, Wissenschaft) finden sich absteigende Klassen (Kleinbürgertum und Landwirte). Weiterhin lassen sich Verschiebungen im relativen Gewicht des ökonomischen, kulturellen und sozialen Kapitals insgesamt und Veränderungen der Kapitalstruktur einzelner Klassen in jeweils besonderer Weise beobachten. Ein markantes Beispiel ist die Inflation des Bildungskapitals mit der Folge eines abnehmenden Tauschwertes von Bildung, verursacht durch geringere Knappheit. Zwei Entwicklungen laufen hier gegeneinander. Während die Wertschätzung des kulturellen Kapitals Bildung sich vom Adelsprädikat zum Berechtigungsschein wandelte und zum beruflichen Anspruch instrumentalisierte, verschlechterte sich zugleich die Marktlage der instrumentalisierten Zertifikate zum Nachteil der neuen, zu spät gekommenen Bildungseinsteiger.[33]

Die Folge dieser Transformation des Sozialraumes ist der Nichtzutritt zu den gewünschten Lebensstilen, eine „Desillusionierung, die der Arbeitsunlust, dem Arbeitsverdruß zugrunde liegen und den mannigfachen Manifestationen der

---

33 „Die bloße Tatsache, im weiterführenden Schulwesen Fuß gefaßt zu haben, läßt die neu aufgerückten Klassen von diesem erwarten, was es früher, als sie noch praktisch ausgeschlossen waren, auch erfüllte. Doch häufig genug, und manchmal auch rascher als gedacht, werden diese Hoffnungen und Erwartungen ... Lügen gestraft" (Bourdieu 1982: 242).

Ablehnung gesellschaftlicher Zweckbestimmung, der Wurzel aller für die 'Gegenkultur' der Heranwachsenden konstitutiven Fluchtbewegungen und Verweigerungsphänomene" (Bourdieu 1982: 242). Auswege sind für die Tüchtigeren der Zuspätgekommenen die expandierenden Branchen Wissenschaft, Kunst, Medien, vor allem auch die helfenden Berufe. Die weniger glücklichen Absolventen des reformierten, durchlässigen und expandierten Bildungssystems werden den Eintritt in die erstrebten Lebensstile und den entsprechenden Habitus nicht erreichen. Statt dessen erwartet sie eine verschwimmende Erwartungshaltung, eine Verunklarung der Unterschiede im sozialen Raum, eine Diffusität der angenommenen Möglichkeiten, die einhergehen mit dem Verlust des Gespürs für Grenzen und Hierarchien.[34] Die Relegierten bemerken jedoch ihre eigene Relegation nicht mehr, weil sie - im Unterschied zu früher - die harten Frustrationen des Scheiterns im Bildungssystem selbst nicht mehr erfahren. Der Preis des sozialen Wandels ist eine illusorische Einstellung auf Möglichkeiten, die faktisch verwehrt bleiben: „... diese Allodoxia (ist) ... der Grund dafür, daß sie sich gegenüber der Anerkennung der objektiven Wahrheit ihrer Stellung und ihrer Titel sperren" (Bourdieu 1982: 258).[35]

Die Erlebnisgesellschaft Westdeutschlands

Die Untersuchungen Bourdieus zu Lebensstilen und Habitus im Sozialraum haben viele Nachfolger[36] gefunden, unter denen eine Studie zur „Erlebnisgesellschaft" Zeitgeist und Milieus der ausgehenden Bundesrepublik der achtziger Jahre besonders gut spiegelt (Schulze 1992). Schulze entfaltet in dieser Studie ein Genrebild der alten Bundesrepublik in drei alltagsästhetischen Schemata - Hochkulturschema, Trivialschema und Spannungsschema - und in fünf Milieubeschreibungen: Niveaumilieu, Harmoniemilieu, Integrationsmilieu, Selbstverwirklichungsmilieu, Unterhaltungsmilieu. Zu den verschiedenen Milieus gehören je besondere Erlebnismärkte und eine Szenestruktur in den Großstädten.

Bei Schulze hat das Gewicht des sozialen und kulturellen Kapitals innerhalb der Kapitalstruktur eine dominante Stellung gewonnen. Die Studie behauptet

---

34 „Während das ältere System mit den klar festgelegten Gliederungen die Verinnerlichung schulischer Unterteilungen beförderte, die selbst eindeutig sozialen Unterteilungen entsprachen, werden durch das aktuelle, auf verschwommenen und verworrenen Gliederungsprinzipien begründete System ... gleichermaßen verschwommene und verworrene Erwartungen und Hoffnungen ... begünstigt und ernährt" (Bourdieu 1982: 258). Zur Unübersichtlichkeit sozialer Ungleichheit und zur Ausdifferenzierung von Lebenslagen und Lebensstilen, insbesondere zur Verzeitlichung sozialer Ungleichheit Berger/Hradil 1990.
35 Den professoralen Sozialraum im Bildungswesen, Lebensstile und Habitus im Bereich der Hochschulen, die Entwicklung der Kapitalarten im Hochschulbereich und den Wandel der Körperschaften beschreibt Bourdieu sehr schön in „homo academicus". Ganz im Sinne von Schütz (vgl. vorhergehende Fußnote) geht es dabei nicht um das empirische, sondern um das epistemische Individuum (Bourdieu 1988).
36 Beispielsweise Lüdtke 1989 und Vester u.a. 1993.

die Mutation der Waren und Dienstleistungen vom Gebrauchswert zum Erlebnisobjekt. Anders als bei Bourdieu sind hier nicht die feinen Unterschiede in einer verdeckten, aber immer noch harten sozialen Ungleichheit mit verschwommener Hierarchie das Kennzeichen der modernen Gesellschaft, sondern es ist die neue Sozialpychologie der Möglichkeit freier Disposition über das Leben. Das Leben wird für die Masse zum Erlebnisobjekt und damit zu einer Last neuer Art. Die Probleme der Erlebnisgesellschaft lauten: Was will ich eigentlich, und wie gehe ich mit der aus Überfülle resultierenden Langeweile um?

In der Erlebnisgesellschaft ist Bourdieus Sozialraum der feiner Unterschiede und Lebensstile zum Unterhaltungsproblem geworden, und der Habitus wird zur Ausdrucksweise des Unterhaltungsproblems unter dem Imperativ „Erlebe Dein Leben" (ebd.: 34). Immer mehr Bürger mit immer größeren Budgets beschäftigen sich in immer mehr Alltagsbereichen und unter immer zentralerer psychischer Bedeutung mit der Gestaltung des Lebens als Erlebnis. Lebenslust wird zum Massenproblem. „Das Privileg der Unterprivilegierten besteht in der Faszination der handgreiflichen Erfolgschance, das Problem der Privilegierten in der Langeweile von Menschen, die nicht recht wissen, was sie wollen" (ebd.: 61).

Schulze rekonstruiert einen sozialen Wandel der bundesdeutschen Gesellschaft in drei großen Perioden. Die Nachkriegszeit bis Mitte der sechziger Jahre wird durch die Restauration der Industriegesellschaft mit einer sozialkulturellen Segmentierung der Milieus bestimmt, die sich noch aus der Stellung im Produktionsprozeß herleitet. „Soziologisch gesehen stand die Nachkriegsgesellschaft dem 19. Jahrhundert näher als dem Jahre 1968" (ebd.: 532). Die zweite Periode der bundesdeutschen Geschichte ist durch einen Kulturkonflikt bestimmt, der die traditionelle vertikale Schichtung sozialer Milieus „unversehens ihrer hierarchischen Eindeutigkeit beraubt" (ebd.: 536). Unter den neuen Bedingungen werden die zentralen existentiellen Probleme nicht mehr im Überleben, sondern im Erleben gesehen, wobei die jungen Gebildeten den sozialen Wandel möglich machten. Die Erlebnisgesellschaft schließt als dritte Periode den sozialen Wandel krönend ab. Mit der Durchsetzung der Erlebnisorientierung stehen die existentiellen Anschauungsweisen der Milieus homolog zu ihrer psychophysischen Semantik: „Wo Erlebnisse zum beherrschenden Thema werden, beginnt man, sich vor allem mit sich selbst zu beschäftigen" (ebd.: 541).[37]

---

37 Abgesehen von der verdienstvollen Übernahme und Weiterentwicklung der Bourdieuschen Untersuchungen des Sozialraumes in Frankreich und der Anwendung des Konzepts auf Geschichte und Gegenwart der Bundesrepublik bis zur Wiedervereinigung steht diese Publikation der Nachkriegszeit exemplarisch für den partiellen Realitätsverlust sozialwissenschaftlicher Forschung. Man kann der Erlebnisgesellschaft getrost einen bleibenden Wert als zeithistorisches Dokument des hedonistisch-surrealistischen Lebensgefühls der alten Bundesrepublik zusprechen, das blind war

Entstehung und Niedergang von Institutionen

Theoretische und empirische Untersuchungen, die mit dem Konzept der natürlichen Lebenswelten des Alltags arbeiten, liefern interessante Beiträge zur sozialwissenschaftlichen Analyse sozialen Wandels. Im Unterschied zur symbolisch-interaktionistischen Theateranalogie und auch zum Pragmatismus, vor allem in der Deutung des interpretativen Paradigmas, sind diese Studien nicht auf die Mikroebene des Sozialen begrenzt. Die von Joas kritisierte Beschränkung auf Phänomene interpersoneller Unmittelbarkeit, die Abstraktion von Macht und Herrschaft, die reduzierte Sicht gesamtgesellschaftlicher Zusammenhänge als bloßer Horizont der lebensweltlichen Sozialität und die Ignoranz gegenüber gesellschaftlicher Naturbeherrschung oder der Verselbständigung gesellschaftlicher Verhältnisse gegenüber den Handlungen und Orientierungen der Akteure sind nicht zwingend.[38]

Das phänomenologische Konzept der gesellschaftlichen Konstruktion der Wirklichkeit verknüpft die Mikro- und die Makroperspektive der Sozialwissenschaften, indem sie Gesellschaft als Lebenswelt des Alltags versteht. Gesellschaft ist nicht Vertragsverband der Staatsbürger oder das Ergebnis antagonistischer Kooperation von Marktteilnehmern.[39] Sie ist zu Wirklichkeit geronnenes Alltagswissen, eine aus sozialem Handeln hervorgegangene Bedeutungs- und Sinnstruktur (Berger/Luckmann 1969). Gesellschaft ist Objektivation subjektiv sinnvollen Handelns. Die Alltagswirklichkeit geht aus der Intersubjektivität der Interaktion hervor, in der Hier und Jetzt in der Reziprozität zusammenfallen. Institutionen und Sprache objektivieren übersubjektiven Sinn und Bedeutung als Gebäude symbolischer Vorstellungen, und die Überschneidung der Wissensvorräte der Individuen erfolgt durch institutionell geordnete Zumessung aus dem gesellschaftlichen Wissensvorrat. Über Institutionen und Sprache verläßt die Theorie der Lebenswelt des Alltags die mikrosoziologische Sphäre unmittelbarer Konstruktion sozialer Wirklichkeit in direkter Interaktion in Richtung institutionellen und gesellschaftlichen Wandels.

Institutionen dienen der Entlastung des weltoffenen, mit natürlicher Ausstattung und Instinkten unzureichend versehenen Menschen, der in der Lage, aber auch gezwungen ist, seine innere und äußere Natur selbst herzustellen. Institutionen schaffen als reziproke Habitualisierungen Verhaltenssicherheit, sie helfen Kraft zu sparen durch Gewöhnung und wechselseitige Typisierung der Kommunikation. An Dritte und an die nächste Generation werden erfolgreiche Institutionen als objektiv Gegebenes, nicht mehr als Vereinbartes, weitergegeben. Sie bedürfen deshalb mit ihrer Alterung zunehmend einer expliziten Legi-

---

für die heraufziehende massive Wiederkehr der sozialen Frage im nationalen und internationalen Rahmen.

38 So nimmt Esser, der den Rückschritt der Sozialwissenschaften auf die Kleinmilieus der Lebenswelten im Rahmen des interpretativen Paradigmas scharf kritisiert, Alfred Schütz ausdrücklich von dieser Kritik aus (Esser 1991: 102). Zur Kritik am rational choice Ansatz von Esser vgl. wiederum Srubar 1992.

39 Hierzu Kapitel 4 dieses Bandes.

timierung durch Spezialisten, durch Sachverständige für Weltordnung (Berger/ Luckmann 1969). Diese erneuern Bedeutung, Sinn und Grund der Institutionen. Geschieht dies nicht, so setzt nicht nur eine Sedimentierung der Institution, sondern eine Entfremdung von ihr ein.

Die Internalisierung der objektiven Wirklichkeit als subjektive Wirklichkeit der Personen in der lebenslangen Sozialisierung sichert das Verstehen und die Übernahme der bestehenden Welt neu, führt zur anerkannten und legitimen Teilhaberschaft an der Gesellschaft, wirkt der Distanzierung und Individualisierung entgegen. Sedimentierte Verdinglichung, Entfremdung, die Vielfalt der Subsinnwelten und die Abweichler in einer Gesellschaft sind und bleiben jedoch ein Dauerproblem für die Institutionen einer Gesellschaft. Vor allem die historische Pluralisierung der urbanen Gesellschaft, hohe Arbeitsteilung, kulturelle Differenzierung und ökonomischer Überschuß begünstigen einen sozialen Wandel, der zu schnellen und tiefgreifenden Innovationen und zu heftigen Gegenreaktionen führt. Dann beschleunigen Krisen die Entdinglichung oder den Untergang der Institutionen einer Gesellschaft.

3.5 Gemeinschaft, Kommunitarismus und Zivilisationskonflikt

Der Zerfall von historisch über lange Zeiträume tradierten, homogenen Lebenswelten des Alltags, ihre Substitution durch neue, plurale natürliche Welten der Großstädte und durch neue Institutionen in Staat und Gesellschaft gilt vielen Studien als exemplarisch für den Gang der modernen, städtischen Zivilisation. Die Folge des sozialen Wandels ist ein Individualisierungschub, eine Freisetzung der Individuen aus traditionalen Bindungen und ihre Inklusion in Recht und Wirtschaft einer modernen Gesellschaft der Freien und Gleichen, der Marktteilnehmer und Staatsbürger. Tönnies beschreibt den beobachteten sozialen Wandel als eine Substitution echten Zusammenlebens in Gemeinschaft durch die Aggregate und Artefakte der Gesellschaft (Tönnies 1979: 4).[40]

Gemeinschaft und Gesellschaft

Die Differenz von Gemeinschaft und Gesellschaft definiert Tönnies wie folgt: „Die Theorie der *Gemeinschaft* geht ... von der vollkommenen Einheit menschlicher Willen als einem ursprünglichen oder natürlichen Zustande aus, welcher trotz der empirischen Trennung und durch dieselbe hindurch, sich erhalte, je nach der notwendigen und gegebenen Beschaffenheit der Verhältnisse zwischen *verschieden bedingten* Individuen mannigfach gestaltet" (Tönnies 1979: 7). Die Gemeinschaft hat ihren Ursprung in der Mutter-Kind Beziehung, in der Beziehung der Gatten und in der Geschwisterbeziehung. Andere Gemeinschaftsverhältnisse knüpfen daran an: Familie und Großfamilie, die Hausge-

---

40 Zu den ambivalenten Folgen der Individualisierung Beck 1986 und Weymann 1989a.

meinschaft, das Dorf, die Gemeinde, Freundschaften, Gilden, Genossenschaften und Religionsgemeinschaften. Grundlage von Gemeinschaft ist ein Leben auf der Basis von Verwandtschaft, Ortsansässigkeit und geistiger Nähe, ist der „Genuß gemeinsamer Güter" (ebd.: 20).

Die Theorie der *Gesellschaft* hingegen „konstruiert einen Kreis von Menschen, welche, wie in Gemeinschaft, auf friedliche Art nebeneinander leben und wohnen, aber nicht wesentlich verbunden, sondern wesentlich getrennt sind, und während dort verbunden bleibend trotz aller Trennungen, hier getrennt bleiben trotz aller Verbundenheiten" (Tönnies 1979: 34). Gesellschaften sind hochgradig arbeitsteilig und kulturell differenziert, ihre Bürger sind freie und individualisierte Personen. In Gesellschaft ist jeder für sich allein und im Zustand der Spannung gegen alle. Die arbeitsteilige Tätigkeit erzwingt den Austausch der Überschüsse an Gütern und Dienstleistungen untereinander, wobei der Wert der Gegenleistung auf dem als gleich anerkannten Tauschwert beruht. Geld ist der Repräsentant des Tauschwertes, der Kontrakt ist seine rechtliche Grundlage. Die Gesellschaft ist also arbeitsteilige Tausch- und Vertragsgesellschaft ihrer Bürger. In ihr bleibt jeder frei und ist doch zugleich mit allen anderen in gewählten Abhängigkeiten verbunden. Gesellschaft ist abstrakte wirtschaftliche und rechtliche Vernunft, ein „übersinnlicher Zustand" (ebd.: 42).

Tönnies Begriff der Gemeinschaft entspringt einer anderen theoretischen Logik als Schütz' Begriff der Lebenswelt. Der Gemeinschaftsbegriff betont den theoretischen und den historischen Gegensatz von Gemeinschaft und Gesellschaft, den Gegensatz von tradierten, unmittelbaren Wir-Beziehungen zur formalen Gesellschaft der Marktteilnehmer und Staatsbürger. Er unterstreicht das Spannungsverhältnis von Gemeinschaft und Gesellschaft, indem er die gesellschaftliche Transformation und Auflösung von Gemeinschaften im Zuge des sozialen Wandels behauptet. In dieser Annahme befindet er sich in Übereinstimmung mit Durkheim.[41] Der Begriff der Lebenswelt des Alltags hingegen umschließt sowohl die Mikro- als auch die Makroebene der sozialen Wirklichkeit. Um noch einmal Schütz' Formulierungen zu benutzen: Die Lebenswelt überschreitet die Umwelt der Wir-Beziehungen in Richtung auf die Mitwelt der Ihr-Beziehungen der Zeitgenossen. Die Begriffe Gemeinschaft und Gesellschaft beschreiben zwei rivalisierende Typen sozialer Formation in historischer Abfolge, der Begriff der Lebenswelt des Alltags begründet hingegen einen einheitlichen Zugang zur Phänomenologie sozialer Wirklichkeit als Sinnhorizont.

---

41 Durkheim unterscheidet zwischen mechanischer und organischer Solidarität. Erstere beruht auf gemeinsamen religiösen Überzeugungen und auf starken und bestimmten Gefühlen ähnlicher Persönlichkeiten, die ein Kollektivbewußtsein eint; letzteres ruht auf einem historischen Prozeß wechselseitiger Abhängigkeit von Individuen in einer modernen Gesellschaft mit ausgeprägter Teilung der sozialen Arbeit. Durkheims These ist, daß die ältere mechanische Solidarität schrittweise durch die jüngere organische Solidarität abgelöst wird. Er versucht, diesen historischen Prozeß an der Substitution von Strafrecht durch Zivilrecht nachzuweisen (Durkheim 1977).

Die Existenz sozialen Wandels ist in Gemeinschaft und Gesellschaft gleichermaßen augenfällig. Liebesbeziehungen werden eingegangen, Kinder kommen auf die Welt, Ehen scheitern, Freundschaften gehen in die Brüche und werden neu gegründet, Nachbarschaften, Wohngemeinschaften und Vereine aller Arten ändern ihre Zusammensetzung, zahllose wichtige und unwichtige soziale Bewegungen gedeihen mit ihren Zielen oder auch nicht, kleine und große Religionsgemeinschaften blühen auf oder vergehen. In Gemeinschaften ist offensichtlich alles immer in Bewegung. Aber auch in der Gesellschaft bleibt wenig unverändert: Die Wirtschaft unterliegt schnellen Konjunkturen und langsamen Zyklen; einzelne Branchen, Berufe, Firmen und Betriebe entstehen und verschwinden; die Gesetzesmühlen von Gesetzgebern und Gerichten arbeiten alle Tage an der immer schnelleren und feinsinnigeren Modifikation der Rechtsgrundlagen der Gesellschaft; Wissenschaft und technischer Fortschritt verändern das Gesicht der Erde im Großen und im Kleinen; Werte, Normen und Kultur von gestern sind nicht mehr die von heute. Auch in Gesellschaften ist alles in Fluß. Aber, während wir in Gemeinschaften Ursachen und Wirkungen der Dynamiken sozialen Wandels oft ohne weiteres beobachten und beschreiben können und uns auch (vielleicht irrtümlich) gewiß sind, selbst verzwickte Wechselwirkungen zu durchschauen, ist die Dynamik sozialen Wandels in Gesellschaften nur punktuell und meistens auch nur aus zweiter Hand mit Hilfe von Experten zu beobachten und zu beschreiben.[42]

Gemeinschaften haben den Vorzug, exemplarische natürliche Lebenswelten des Alltags zu sein, in denen wir uns mit Gewißheit auskennen oder auszukennen glauben. Dies ist in modernen, komplexen Gesellschaften nur punktuell und historisch immer weniger der Fall. Folglich fühlen wir uns in Gemeinschaften mehr als in der Gesellschaft als erfolgreiche Betreiber unserer ureigenen Angelegenheiten, als Herren unseres Geschicks im vertrauten Beziehungsgeflecht. Wir können das Wechselverhältnis, in dem wir mit anderen stehen, in mehr oder weniger großem Umfang in unserem Sinne beeinflussen und gestalten. Wir wissen, daß wir die sozialen Verhältnisse, in denen wir uns bewegen, im Verein mit anderen konstruiert haben und weiterhin immer neu konstruieren. Und wir sind uns unserer sozialen Expertise in diesen Verhältnissen ziemlich sicher. In Gemeinschaften wird sozialer Wandel in der Regel richtig beobachtet, verstanden, beeinflußt oder durch Anpassung bewältigt.

---

42 Eine schöne Formulierung für dieses Problem fand Max Weber in seinem Vortrag Wissenschaft als Beruf: „Machen wir uns zunächst klar, was denn eigentlich diese intellektualistische Rationalisierung durch Wissenschaft und wissenschaftlich orientierte Technik praktisch bedeutet. Etwa, daß wir heute, jeder z.B. der hier im Saale sitzt, eine größere Kenntnis der Lebensbedingungen hat, unter denen er existiert, als ein Indianer oder ein Hottentotte? Schwerlich. Wer von uns auf der Straßenbahn fährt, hat - wenn er nicht Fachphysiker ist - keine Ahnung, wie sie das macht, sich in Bewegung zu setzen. Er braucht auch nichts davon zu wissen. Es genügt ihm, daß er auf das Verhalten des Straßenbahnwagens 'rechnen' kann ..." (Weber 1985: 593).

Kommunitarismus versus Liberalismus

In der Kommunitarismusdebatte geht es, ganz in der Tradition der tönniesschen Unterscheidung von Gemeinschaft und Gesellschaft, um die Rückbesinnung auf die Rolle der in einer Gesellschaft existierenden Gemeinschaften und darüber hinaus um die gemeinschaftlichen Grundlagen der liberalen, individualisierten Staats- und Marktgesellschaften des Westens. Die These des Kommunitarismus ist, daß die gemeinschaftlichen Grundlagen moderner, liberaler Gesellschaften der Staatsbürger (citoyen) und Marktakteure (bourgeois) bedroht sind, daß die moderne Gesellschaft ihrer Gemeinschaften jedoch bedarf, ja daß sie selbst eine Gemeinschaft besonderer Art ist.

Gegen den vorherrschenden Liberalismus der amerikanischen und europäischen Gegenwartsgesellschaft will der Kommunitarismus die Rückbindung von Gesellschaften an Wertegemeinschaften erneuern. Zur Wertegemeinschaft liberaler Gegenwartsgesellschaften gehören seine jüdischen, christlichen, griechischen und römischen Quellen, Renaissance und Humanismus, aber auch die Fortschrittsutopien des utopischen Marxismus wie des bürgerlichen Positivismus. Der schwindende Einfluß der Traditionen und Utopien hat die Zukunftsgewißheit und den selbstverständlichen Anspruch auf weltweite Universalität, den die westliche Gesellschaft der Neuzeit in ihrer marxistischen wie in ihrer bürgerlichen Tradition gleichermaßen stellte, zweifelhaft werden lassen. Die Zweifel zeigen sich in wiederkehrenden Fragen nach der Natur des Menschen und in unterschiedlichen sozialen Bewegungen, die sich kritisch mit dem universalistischen Modell liberaler Vergesellschaftung rationaler und freier Individuen über Struktur und Dynamik von Recht und Markt auseinandersetzen.

Die kommunitaristischen Einwände gegen das liberalistische Modell erinnern nachdrücklich an diese gemeinschaftlichen Grundlagen der modernen, liberalen westlichen Gesellschaft (Honneth 1993; Zahlmann 1992). Der Mensch ist kein abstraktes Individuum, das mit anderen Individuen über Markt und Recht hinreichend verbunden ist, sondern er ist immer an eine bestimmte Gemeinschaft gebunden und durch deren Werte geprägt.[43] Zu den gemeinschaftsgebundenen Werten, die das liberale westliche Individuum prägen, gehört auch der hohe Wert individueller Freiheit. Es handelt sich dabei nur scheinbar um einen universalistischen Wert. Tatsächlich aber sehen nur Gesellschaften der westlichen Wertegemeinschaft Freiheit als obersten Wert an. Die Vertragstheorie der Gesellschaft, die Vorstellung des Vertragsschlusses freier Individuen, ruht also bereits auf einem gemeinschaftlichen Wertekonsens. Sie fußt auf der Gemeinschaftsethik des Liberalismus (Sandel 1993). Der Liberalismus ignoriert diese Tatsache, anstatt seine Gemeinschaftsgrundlagen zu schützen. So kommt es, daß die Orientierung am Gemeinschaftsgut der individuellen Freiheit zwar noch selbstverständlicher Wertekonsens in westlichen Gesellschaften ist, daß aber

---

43 Zur Anthropologie Honneth/Joas 1980.

viele andere Werte, auf denen die westlichen Gesellschaften ebenfalls ruhen, bereits umstritten sind oder zerfallen (Taylor 1993).[44]

Rainer Forst (1993) faßt die kommunitaristischen Argumente in vier Punkten zusammen. Erstens: Das freie, isolierte Individuum des Liberalismus ist kein Abstraktum, sondern ein historisches Produkt. Es ist das Subjekt des Bürgertums, dessen Ungebundenheit durch den Vorrang der Freiheitsrechte vor den Pflichten des Gemeinwesens abgesichert wird. Zweitens: Die Neutralität liberaler Prinzipien gegenüber ethischen Überzeugungen beruht nicht auf unparteiischer Moral und formalem Recht, sondern selbst auf einem ethischen Konsens. Es ist der ethische Konsens von Aufklärung und Bürgertum. Der Liberalismus ist nur eine bestimmte, partikulare Version des ethisch Guten. Drittens: Es bleibt deshalb das Problem ungelöst, wie sich der Universalismus der allgemeinen Freiheitsrechte von Personen als Norm gegenseitiger Achtung und Kern der Moral mit unterschiedlichen Ethiken verbinden läßt. Daran schließen sich viertens einige Fragen an: Wird politische Gemeinschaft über rechtlichen Interessenausgleich oder über ethische Verständigungen integriert? Genügt die Trennung von Staatsbürger (citoyen) und Privatperson (homme), um den Burgfrieden in pluralistischen Gesellschaften herzustellen? Oder bedarf der liberale Staat einer ethisch begründeten gemeinsamen Lebensweise, beruht also Bürgerschaft auf kultureller Integration, und ist die Gesellschaft ein sittliches Ganzes? Oder reicht es, die Vielfalt ethischer Gemeinschaften der Bürger durch die gemeinsame Staatsbürgerschaft miteinander zu versöhnen?

Unmittelbarer Auslöser der sozial- und politikwissenschaftlichen kommunitaristischen Auseinandersetzung mit dem Modell der liberalen Gesellschaft war Rawls Theorie der Gerechtigkeit (Rawls 1975; 1992; 1998). Diese Theorie der gerechten Gesellschaft beruft sich auf die alte Idee des Gesellschaftsvertrages. Rawls schlägt das Gedankenexperiment einer idealtypisch gerechten Gesellschaft vor, wie sie zwischen gleichen, freien und rationalen Bürgern geschlossen werden würde, wenn jeder der vertragschließenden Parteien zum Zeitpunkt des Vertragsabschlusses noch in Unkenntnis über seinen zukünftigen Platz in der neuen Gesellschaftsordnung wäre. Rationale Individuen würden dann im eigenen Interesse ganz utilitaristisch einen Gesellschaftsvertrag beschließen, der ihnen unter Verzicht auf extreme Chancen möglichst wenig potentielle Nachteile bringt, da sie ihren eigenen zukünftigen Platz nicht kennen. Die grenzenlose Entfaltungsmöglichkeit des menschlichen Utilitarismus wird im eigenen Interesse durch Vertrag beschränkt. Der Gesellschaftsvertrag geht folglich dem utilitaristischen Prinzip voraus.

Das Interesse des Kommunitarismus gilt dem Spannungsverhältnis zwischen diesem liberalistischen Gesellschaftsmodell mit seiner universalistischen Moral, Rechtsprinzipien und utilitaristischem Kalkül einerseits und den zahllosen partikularen ethischen und politischen Lebenswelten der Gemeinschaften ande-

---

44 Die sichtbarste Mobilisierung der versteckten Gemeinschaftsprinzipien erfolgt heute noch durch Patriotismus und Verteidigung (MacIntyre 1993).

rerseits. Die These lautet, daß der soziale Wandel heute eine zerstörerische Kraft dadurch gewinnt, daß die historisch überkommenen, lebensweltlichen Gemeinschaftsgrundlagen, auf denen die westliche liberale Gesellschaft ruht, zerfallen, während die Modernisierungsdynamik der extremen Individualisierung in Markt- und Rechtsbeziehungen immer noch weiter fortschreitet.[45]

Der Kommunitarismus bezichtigt den Liberalismus, einem Individualismus zu huldigen, der keinen gesellschaftlichen Konsens über das Gute mehr kennt. Gesellschaft wird nur noch über Nützlichkeitserwägungen und formales Recht zusammengehalten. Sie besteht immer mehr aus Personen ohne Geschichte, ohne Ziel und Bindung, aus einer Gesellschaft von Fremden. Der Liberalismus zerstört damit die gemeinschaftlichen Grundlagen, von denen er lebt, den kulturellen Konsens der bürgerlichen Gesellschaft. Denn nicht Marktfreundschaften und Vertragsbeziehungen verbinden Menschen, sondern lebendige Sinngemeinschaften. Der Liberalismus entfremdet Menschen von ihren Gemeinschaften und von sich selbst.

Der Liberalismus sieht darin kein wirkliches Problem, der Kommunitarismus hingegen benennt den Preis: es ist der Gemeinschaftsverlust in der Familie, unter Freunden, in der Nachbarschaft, zwischen Berufskollegen und Staatsbürgern. Wie lange wird der Minimalkonsens der westlichen Zivilisation noch halten in einer Gesellschaft, die immer mehr transgressive, gemeinschaftsentfremdete Ichs erzeugt, atomistische Individuen, die vor allem das Recht auf das Verlassen von Gemeinschaften und Zusammenschlüssen nutzen? Wie lange wird eine Gesellschaft der Trittbrettfahrer halten, die eine zunehmende Zahl von Vereinigungen gefährden? Kann der Staat diesem Trend entgegenwirken, indem er zugleich Freiheit garantiert und Schädigungen unterbindet? Wie lassen sich die liberalen Garantien der Freiheit des Erfolgsstrebens dauerhaft mit dem notwendigen Erhalt von Sinngemeinschaften verbinden? Wird die Dynamik der rechtlichen und ökonomischen Modernisierung die Gemeinschaften überfordern und zerstören? Und wird mit dem Zerfall der Gemeinschaften auch der liberale Staat die zivilisatorischen Grundlagen einbüßen, auf denen er ruht?

In der politisch-praktischen Sphäre sieht Michael Walzer (1993b) das Spannungsverhältnis zwischen Liberalismus und Kommunitarismus am klarsten in der Differenz der Positionen von Liberalismus und Sozialdemokratie verkörpert. In seiner Antwort auf die aufgeworfenen theoretischen und politischen Fragen entwickelt Walzer (1994) einen Vorschlag zur Lösung des Dilemmas, der Elemente des liberalen Universalismus und Konzepte partikularer Wertegemeinschaften umfaßt. Der Vorschlag fußt auf einer revidierten Theorie der

---

45 Die „Dimensionen der Anerkennung und der Rechtfertigung (von Werten und Normen) nicht miteinander zu vermischen, ermöglicht die Konflikte, die sich aus ihrer Überlappung ergeben, besser zu verstehen; dies ist die weitreichendste Lehre, die aus dem Gesamtkomplex der Debatte zwischen Liberalen und Kommunitaristen gezogen werden muß" (Forst 1993: 212). Vgl. auch Habermas' These von der Kolonialisierung der Lebenswelten (Habermas 1981: 171-293).

Güter. Das universale Fundament der liberalen westlichen Gesellschaft sind Arbeitsteilung und Distribution. Arbeitsteilung und Distribution führen die Menschen zusammen. Getauscht werden Güter mit äquivalentem Wert. Für die Wertäquivalenz gibt es aber keinen universalistischen Maßstab. Der Wert der Güter richtet sich nach verschiedenen Wertsphären. Die Wertsphären von Geld, Titeln, Berufen, Bildungszertifikaten, Macht, Schönheit, Liebe sind nicht identisch. Es herrscht eine relative Autonomie der verschiedenen Gütersphären. Es läßt sich folglich auch nicht universell oder nach dem Maße einer einzigen Wertsphäre entscheiden, ob die Verteilung von Gütern gerecht oder ungerecht ist. Diese Entscheidung ist an die jeweilige Wertesphäre gebunden.

Innerhalb der verschiedenen Sphären entstehen Monopole, um die die Eliten kämpfen. Die dadurch gegebene Ungleichheit innerhalb von Sphären wie Geld, Besitz, Status gilt als anstößiges Gerechtigkeitsproblem. Die radikale Lösung betreibt die Abschaffung der Monopole und die Einführung der Gleichheit durch Reform oder Revolution. Historisch hat dieses Verfahren jedoch immer damit geendet, daß die Kämpfer für radikale Gleichheit nach ihrem Sieg als erstes ein neues Monopol für sich selbst beanspruchten. Sinnvoller ist es deshalb, den Gedanken einfacher Gleichheit aufgeben, und Gerechtigkeit als komplexe Gleichheit zu definieren. Denn Monopole in Sphären sind dann kein gravierendes Gerechtigkeitsproblem mehr, wenn es eine große Vielzahl von Sphären gibt und einzelne Sphären keine Dominanz über andere Sphären ausüben. Eine Gesellschaft komplexer Verschiedenheit ist zugleich eine Gesellschaft komplexer Gleichheit.

Die Vielfalt der Gütersphären und die Bildung von Monopolen in einzelnen Sphären sind deshalb nicht das entscheidende Problem moderner, liberaler Gesellschaften. Das entscheidende Problem besteht vielmehr darin, daß Gütersphären *nicht* autonom sind, daß einzelne Sphären andere Sphären beherrschen: wenn also Religion und Adel Macht usurpiert, Bildung von Geldbesitz abhängt, Gelderwerb politischen Einfluß voraussetzt etc. In modernen, liberalen westlichen Gesellschaften wird solche Dominanz einer Sphäre über andere Sphären als ungerecht empfunden. Sicherheit und Wohlfahrt, Geld und Waren, Ämter, Arbeit, Erziehung und Bildung, Verwandtschaft, Religion und Macht sollten Sphären mit eigenen Gerechtigkeitsvorstellungen sein, die keine Dominanz über andere Sphären ausüben dürfen.[46]

Nicht das revolutionäre Aufbrechen von Monopolen innerhalb der einzelnen Sphären, sondern vielmehr die Sicherung der unabhängigen Vielfalt der Sphären voneinander ist das Problem moderner Gesellschaften - so die These des Kommunitarismus. Diese These übersieht allerdings ein entscheidendes Problem: die unauflösbare Verflechtung der hier getrennten Sphären der Gerechtigkeit in einer weltweit operierenden Marktgesellschaft und den damit einhergehenden Anspruch auf universal gültige (Selbst-)Bindungen und rechtliche

---

46 Walzer argumentiert auf der Ebene des Nationalstaates, weil alternative Güterregelungen nicht bestehen.

Normen. Das Thema Austausch und Konflikt zwischen den getrennt gedachten Sphären kommt für die Verhältnisse der Weltgesellschaft zu kurz.

Der Kommunitarismus versteht sich nicht nur als sozialwissenschaftliche Theorie und akademische Diskursgemeinschaft in der Kritik am Liberalismus, sondern auch als politische Bewegung.[47] Die Kommunitarier fordern eine moralische Erneuerung, soziale Verantwortung, Gemeinsinn und Begrenzung der Interessenverbände. Dem Zerfall der liberalen Gesellschaft ist Einhalt zu gebieten. Die Zeit ist reif für eine Erneuerung, in der der Akzent wieder auf das „Wir" gelegt wird.[48]

Hochgradiges Anspruchsdenken und Rechtsgewißheit haben das Verantwortungsgefühl gegen die Gemeinschaft ersetzt. Persönliche Interessen werden zu Verfassungsrechten erhoben und jede Nichterfüllung von Wünschen als Verletzung der Verfassung angesehen. Dabei wird übersehen, daß die Inanspruchnahme von Rechten immer zugleich die Schmälerung von Rechten anderer bedeutet, ohne für die Folgen zu haften. Übersehen wird auch, daß Gesellschaften von funktionierenden Gemeinschaften leben, in denen alltäglich Sozialverhalten gelehrt wird. Zu ihnen gehört allen voran die Familie, die ihren Kindern Gemeinsinn vermittelt. Doch die Gesellschaft wertet Familie und Kinder in Relation zum wirtschaftlichen Erfolg ab. Familie und Arbeit müssen gleichgewichtiger sein und besser vereinbar werden, was ein anderes, faires Geschlechterverhältnis erfordert. Zu den moralischen Gemeinschaften gehört auch die Schule, die nicht nur Lehranstalt, sondern auch Erfahrungsraum von Gemeinschaft ist. Die in lebensweltlichen Gemeinschaften zu lernende Fähigkeit der Triebkontrolle und des Befriedigungsaufschubs ist in komplexen Gesellschaften wichtiger denn je. Schule kann aber nur im Zusammenspiel mit funktionierenden Familien Erfolg haben.

Lange Zeit galt der Zerfall der Gemeinschaften einseitig als etwas Befreiendes. Das ist vorbei, denn die Gesellschaft verliert sichtbar die Grundlagen gedeihlichen Zusammenlebens. Eine sich ausbreitende Ego-Mentalität zerstört die soziale Umwelt. Gemeinschaften muß man schützen und pflegen wie die ökologische Umwelt. In Gemeinschaft ist zu investieren. Den Verfall natürlicher Gemeinschaften können Polizei, Versicherungen und bezahlte Helfer nicht kompensieren, ganz abgesehen davon, daß diese Agenturen unbezahlbar werden. Auch ein Zuviel an Multikulturalismus und eine auf Klientelpflege und Ämterpatronage abgestellte Parteienlandschaft spalten die Gesellschaft in feindliche Stämme.

---

47 „Worum geht es den Kommunitariern? Um die Rekonstruktion der Gemeinschaft, der *Community*, um die Wiederherstellung der Bürgertugenden, um ein neues Verantwortungsbewußtsein der Menschen, um die Stärkung der moralischen Grundlagen unserer Gesellschaft" (Etzioni 1995: IX). Vgl. auch die Publikationen zur bewußten Gestaltung einer Verantwortungsgesellschaft (Etzioni 1991; 1997).

48 Dies gilt nur für die überindividualisierten liberalen westlichen Gesellschaften. Die Mehrzahl der Gesellschaften dieser Welt hat hingegen einen Mangel an liberaler Freiheit, die erst noch durchgesetzt werden muß.

Mit amerikanischem Pathos im Vertrauen auf die Erneuerungskraft einer civil society freier Bürger fordert Etzioni deshalb: „Daher brauchen wir mehr als nur hehre Absichten, gute Ideen oder kluge Reformvorschläge, wenn wir der zunehmenden Dominanz der Lobbys wehren und uns allen die Regierung dieses Landes zurückgeben wollen. Wir brauchen eine neue politische Kraft, die stark genug ist, große Widerstände zu überwinden und das politische System grundlegend zu verändern" (Etzioni 1995: 261). Diese Kraft soll aus der neoprogressiven, kommunitaristischen Bewegung kommen.[49]

Der Zusammenstoß der Zivilisationen

Die westliche Welt gefährdet ihre Grundlagen aber nicht nur nach innen durch die individualisierende Dynamik der liberalen Rechts- und Marktgesellschaft auf Kosten ihrer Wertegemeinschaften, sie befindet sich auch nach außen hin im Spannungszustand mit anderen Wertegemeinschaften dieser Erde. Nicht mehr die die Neuzeit bestimmenden nationalen und imperialen Machtkonflikte, Wirtschaftskonflikte oder ideologischen Konflikte werden das 21. Jahrhundert beherrschen, sondern Zusammenstöße zwischen den großen Zivilisationen, zwischen den kulturellen Wertegemeinschaften der Erde: China, Japan, westliche, hinduistische, islamische, lateinamerikanische und afrikanische Zivilisation. Diese Wendung des alten, Tönniesschen Gemeinschaftsgedankens und des Kommunitarismus in eine die Gesellschaften der Welt übergreifende Makroperspektive ist eine vieldiskutierte These von Samuel Huntington (Huntington 1996).

Unbeschadet ihrer umstrittenen empirischen Gültigkeit zeigt diese These die makrotheoretische Reichweite des lebensweltlichen Gemeinschaftskonzepts, das im allgemeinen zu Recht als eine Mikro- und Mesoperspektive auf die soziale Wirklichkeit angesehen wird. Sie zeigt, welche Beiträge zu einer Theorie sozialen Wandels auch auf der Makroebene vom Verständnis für die Konstitutionsprozesse von Gemeinschaften geleistet werden können.

Über die Macht des Westens, so Huntington, herrschen zwei völlig unvereinbare Vorstellungen: die Annahme einer totalen und schamlosen Dominanz in finanzieller, wirtschaftlicher, wissenschaftlich-technischer, militärischer, sozialpolitischer Hinsicht, und die Annahme eines Niedergangs der westlichen Zivilisationen mit Zerfall ihrer Leistungskraft und Werte nach innen und mit einem

---

49 Bei aller Zustimmung für die Beobachtungen der Kommunitaristen und bei allem Verständnis für die geforderten Konsequenzen muß daran erinnert werden, daß normativ geprägte Gemeinschaften als dominierendes Strukturelement von Gesellschaft in der Geschichte nicht nur zwangsläufig als Folge von Modernisierungsprozessen, sondern in der Regel auch gerne aufgegeben worden sind. Die Beobachtung sehr stark normativ geprägter religiöser und politischer Gemeinschaften liefert auch heute noch eine Warnung vor einem zu starken Gegenausschlag des Pendels von der utilitaristischen zur normativen Gesellschaft. Es kommt auf das relative Kräfteverhältnis an, das immer wieder einmal neu zu bestimmen ist. Nur insoweit stimmt das kommunitaristische Programm.

Rückgang der Wettbewerbsfähigkeit nach außen. Wie Huntington in Zahlenvergleichen veranschaulicht, gibt es Grund zu beiden Überzeugungen. Die These von der Dominanz findet ihre Bestätigung durch den rückwärtsgewendeten Blick auf die Erfolgsgeschichte der westlichen Zivilisation im 19. und beginnenden 20. Jahrhundert. Die These vom Untergang findet ihre empirische Bestätigung beim Blick auf die letzten Jahrzehnte und auf die absehbare Zeit der nächsten Zukunft. Auf nahezu allen Gebieten - Landfläche, Bevölkerungsumfang, industrielle und gesamtwirtschaftliche Leistungskraft, militärisches Potential - fallen die Staaten der westlichen Zivilisation mit wachsender Geschwindigkeit im weltweiten Vergleich zurück. Doch dieser Vorgang vollzieht sich fast ebenso langsam wie der historische Aufstieg des Okzidents und ist deshalb punktuell kaum zu beobachten. Erst lange Zeitreihen geben das richtige Bild der abnehmenden relativen Stärke wieder.[50]

Huntington betont die Parallele zwischen der Entwicklung der objektiven Indikatoren der Leistungsfähigkeit von Nationen und der Entfaltung der Stärke ihrer Kultur und Zivilisation. „Die Verteilung von Kulturen spiegelt die Verteilung von Macht in der Welt wider. Der Handel mag der Flagge folgen oder auch nicht - Kultur folgt immer der Macht" (Huntington 1996: 136). Indigenisierung nennt er die kulturelle Renaissance der ehedem unterlegenen Zivilisationen: Die willige und erfolgreiche Bereitschaft zur Kopie der herrschenden europäischen Kultur verwandelt sich in eine Wiederentdeckung der eigenen Wurzeln und in eine scharfe Kritik und auch Ablehnung der Kultur der niedergehenden Zivilisation Europas und Nordamerikas. Obwohl der heutige Niedergang - wie der frühere Aufstieg - sich über lange Zeiträume erstrecken wird, ist es notwendig geworden, den neuen Verhältnissen ins Auge zu sehen, unter denen kulturelle und zivilisatorische Vielfalt und eine scharfe Konkurrenz den Glauben an die globale Relevanz und Dominanz der westlichen Kultur zunichte machen werden. Im Kampf der Kulturen werden Europa und Amerika vereint marschieren müssen, wenn sie nicht geschlagen werden wollen, und es müssen sich die Hochkulturen insgesamt miteinander gegen die aufziehende Barbarei verbünden.

Huntingtons These ist unter dem Gesichtspunkt abnehmender, relativer Stärke der westlichen Nationen im internationalen Wettbewerb nicht strittig. Strittig ist die Behauptung, daß die Welt in große, in sich homogene und im Kontrast zueinander heterogene Zivilisationen zusammengefaßt werden kann, und daß aus der Konkurrenz der großen Zivilisationen die Kriege des 21. Jahrhunderts erwachsen werden. So sieht z.B. Geertz anstelle der großen, homogenen Zivilisationen eine Vielfalt von unterschiedlich verteilten Erfahrungen, eine Welt in

---

50 Über einen langen historischen Zeitraum gesehen, sind folgende Phasen im Verhältnis der Zivilisationen zu erkennen: eine erste Phase der Trennung der Zivilisationen auf der Welt ohne eindeutig überlegene Stärke der westlichen Zivilisation; eine zweite Periode der kolonialen, imperialen, wirtschaftlich und zivilisatorischen Dominanz des Westens; eine dritte, gegenwärtige Periode mit einem Konkurrenzverhältnis der Zivilisationen unter abnehmender Stärke der westlichen Zivilisation.

Stücken (Geertz 1996). Das Problem einer Welt in Stücken ist nicht der Zusammenstoß der großen Zivilisationsblöcke, sondern es ist der praktische politische Umgang mit der kulturellen Vielfalt. Unterschiedliche zivilisatorische Erfahrungen sind zu einem praktischen politischen Problem zu machen, damit sie durch rationalen Ausgleich gelöst werden können.[51]

Die neue Aufgabe erinnert an das alte Problem des Liberalismus, aus der Vielfalt der freien Individuen funktionierende Gesellschaften durch antagonistische Kooperation über Markt und Gesellschaftsvertrag zu bilden, und an die historische Rolle der Sozialdemokratie mit ihrem Sinn für ausgleichende Gerechtigkeit. Für diese beiden so typisch europäischen theoretischen und politischen Traditionen stellen sich die Aufgaben diesmal im Weltmaßstab. Geertz' Beispiele sind das Auseinanderfallen von Zivilisationen und Nationen wie Kanada, Jugoslawien oder Sri Lanka. Hier bedarf es neuer Lösungen, die nicht auf der Einheit von Kultur und Nation beruhen. Aber wie konstituieren sich Länder, die keine Nation sind? Gibt es Kulturen ohne Homogenität durch Konsens? Es ist die Aufgabe der Gegenwart, Lösungen für solche politischen Fragen zu finden.

„Herauszufinden, was das sein könnte, setzt zweierlei voraus: zum einen einen Gebrauch von Begriffen wie 'Nation', 'Staat', 'Volk' und Gesellschaft, der diese abgegriffenen Prägungen der politischen Analyse nicht unter ein gemeinsames und blind reproduzierbares Muster subsumiert; zum anderen einen Umgang mit Konzepten wie 'Identität', 'Tradition', 'Zugehörigkeit' und 'Zusammenhalt', der dieses kaum weniger abgedroschene Vokabular kultureller Beschreibung nicht auf ein schablonenhaftes Verständnis von Uniformität und gleicher Mentalität reduziert" (Geertz 1996: 35). Es besteht die „moralische Pflicht zu hoffen" (Geertz 1996: 90), auch wenn eine neue Synthese von Zivilisation und Nation noch nicht in Sicht ist. Geertz' Petitum ist ein an den Kommunitarismus gemahnender Aufruf zur moralischen Erneuerung.

Huntingtons These ist auf die als gefährdet angesehene Weltrolle der Vereinigten Staaten gemünzt (vgl. auch Kennedy 1991). Sie schließt an die europäischen kulturpessimistischen Theorien der letzten Jahrhundertwende an. Seine These erinnert an Spenglers Diktum vom Untergang des Abendlandes (Spengler 1991). In den Jahren vor Beginn des 1. Weltkrieges sah Spengler die abendländische Kultur in ihre Endphase eintreten. Er bezeichnete diese als Zivilisationsphase. Die Zivilisationsphase ist die Untergangsperiode der Kultur. Nun, da der mit dem ersten Weltkrieg begonnene, relative Niedergang Europas im weltweiten Wettbewerb eine für alle seine Bürger nicht zu übersehende Tatsache geworden ist, hält sich in Europa die literarische und wissenschaftliche Dramaturgie in moderaten Formen. Die starken Thesen kommen heute aus den USA, aus einer Nation, die ihren relativen Bedeutungsrückgang erst jetzt wahrzunehmen beginnt, da er weit später einsetzte.

---

51 Diese Position von Geertz entspricht seiner anthropologisch geprägten, kommunitaristischen Ökonomie (Geertz/Geertz/Rosen 1979).

Bei Huntington scheint das Hobbessche Weltbild des Krieges aller gegen alle wieder auf. Diesmal hat der Krieg aller gegen alle die lokalen, nationalen und europäischen Grenzen gesprengt und Weltmaßstab erreicht.

3.6 Lebenswelten im gesellschaftlichen Umbruch Ostdeutschlands

In der Einleitung zu diesem Band hatten wir angekündigt, daß die vorgestellten Theorien sozialen Wandels fallweise auf das Transformationsgeschehen in Ostdeutschland bezogen werden sollen. An diesem exemplarischen Fall sozialen Wandels müßten die praktischen Anwendungsmöglichkeiten der vorgestellten Theorien deutlich werden.

Selten, vielleicht auch niemals zuvor, ist ein dramatischer historischer Prozeß sozialen Wandels so vielfältig und systematisch sorgfältig von den Sozialwissenschaften beobachtet, beschrieben und analysiert worden wie der Zusammenbruch der sozialistischen Länder im Jahre 1989 und deren nachfolgende Transformation.[52] Sozial- und Politikwissenschaftler haben diesen Vorgang auch als Experiment, als einen sozialen Großversuch bezeichnet.[53]

Wir beschränken uns auf drei Studien, in denen es um soziale Milieus im gesellschaftlichen Strukturwandel geht (Vester u.a. 1993), um Modernisierungsunterschiede der Arbeiterschaft in Ost und West (Alheit u.a. 1998) und um den Strukturwandel von Jugend und Familie auf dem Lande, um die letzte bäuerliche Generation Mecklenburg-Vorpommerns (Meier/Müller 1997).[54]

Angleichung und Deklassierung von Milieus

Die Studie von Vester u.a. (1993) macht den Versuch, die Landkarte sozialer Milieus und Mentalitäten zu erforschen, wobei sie sich in ihrem Entstehungsprozeß zunächst nur den westdeutschen Verhältnissen zuwandte. Erst mit dem

---

52 Im Laufe der neunziger Jahre wurde die der Transformation in den neuen Bundesländern und in Osteuropa gewidmete sozialwissenschaftliche Literatur unübersehbar und nicht mehr vollständig rezipierbar. Einen guten Überblick über Buchveröffentlichungen zur Transformation in Osteuropa und Ostdeutschland geben die Rezensionen des Sonderheftes 4 der Soziologischen Revue (Hodenius/Schmidt 1996) und ergänzend auch das Heft 4/1997 der Kölner Zeitschrift für Soziologie und Sozialpsychologie. Eine Übersicht über Beiträge in deutschen soziologischen Fachzeitschriften gibt Pollack (1996). Hingewiesen sei insbesondere auch auf die zahlreichen Bände, die die Kommission für sozialen und politischen Wandel in Ostdeutschland (KSPW) bei Leske + Budrich herausgegeben hat.
53 So lauten der Titel des Buches und des Einführungstextes von Giesen/Leggewie 1991.
54 Einen der ersten und bis heute lesenswerten Versuche zur Beschreibung von Typologien der Erklärung des Zusammenbruchs unternehmen Joas und Kohli 1993. Lesenswerte literarische Studien des Umbruchs der Lebenswelten bieten die Bände von Scherzer (1997a; 1997b).

Zusammenbruch der DDR wurden auch ostdeutsche Milieus und Mentalitäten in einem Exkurs in diese Untersuchung einbezogen.

Theoretisch knüpft die Studie an Konzepte historisch arbeitender Klassiker an, in deren Gesellschaftstheorien eine Konfiguration unterschiedlicher sozialer Dimensionen sowie der subjektive Sinn des Handelns individueller und kollektiver Akteure zum Tragen kommt (u.a. Weber, Sombart, Durkheim). Vor allem aber macht die Untersuchung Gebrauch von den Anregungen, die Bourdieus Analyse der feinen Unterschiede gegeben hat.

Anders als in klassen- oder schichttheoretisch angeleiteten Studien werden die unterschiedlichen Milieus in der „pluralisierten Klassengesellschaft" nicht nur hierarchisch verortet (Arbeiterklasse, Mittelklasse, Oberklasse), sondern zugleich in einem voranschreitenden Modernisierungsstrom der Gesellschaft plaziert (modernisiert, teilmodernisiert, traditionell). Es entsteht auf diese Weise ein Neun-Felder-Schema von Milieus, die gleichzeitig in hierarchischer Manier und nach ihrer Einbindung in den Modernisierungsprozeß geordnet sind. Die Oberklasse weist (in Richtung abnehmender Modernisierung) das alternative, das technokratisch-liberale und das konservativ-gehobene Milieu auf, die Mittelklasse das hedonistische Milieu, das aufstiegsorientierte und das kleinbürgerliche Milieu, die Arbeiterklasse das neue Arbeitnehmermilieu, das traditionslose und das traditionelle Arbeitermilieu.

Im Zuge der Modernisierung haben in Deutschland in allen Milieus die „Potentiale von Toleranz, sozialer Gerechtigkeit und demokratischer Selbsttätigkeit" (Vester u.a. 1993: 25) zugenommen. Jedoch gerät in der politischen und ökonomischen Strukturkrise das Gleichgewicht der Systemintegration, das als Verteilungsgerechtigkeit und politische Mitwirkung definiert wird, unter Druck. Nach Zeiten der sozialen Öffnung verschärft sich die Konkurrenz zwischen den Milieus wieder und es kommt vermehrt zu sozialen Schließungsprozessen und damit auch vermehrt zu enttäuschter Apathie und zu enttäuschter Aggression: Dies gilt sowohl für das untere wie für das obere Ende der sozialen Hierarchie. Das meritokratische Prinzip wird in Frage gestellt.

Die Wiedervereinigung kam also zu einem historischen Zeitpunkt, an dem in Westdeutschland die soziale Ungleichheit und die daraus hervorgehenden Spannungen zwischen den Milieus und Mentalitäten wieder wuchsen. Die Frage muß deshalb lauten, ob die in Ostdeutschland bestehenden Milieustrukturen die bereits beobachtbaren Probleme noch vergrößern oder aber abmindern werden.

Ein wesentlicher Unterschied zwischen den Milieustrukturen und Mentalitäten in West und Ost ist, daß die westliche Milieustruktur wesentlich differenzierter ist als die östliche. Während die westliche über eine breite Mitte in hierarchischer Sicht und in der Teilnahme am Modernisierungsprozeß verfügt, dominierten in der DDR obere Leitungsklasse und Arbeitermilieu alle anderen Milieus. Es fehlte weitgehend das Mittelfeld zwischen modernisierten und traditionalen Milieus und Mentalitäten. Die Studie schließt daraus, daß oben eine Verkleinerung der Eliten durch Rotation und Deklassierung, unten eine Verkleinerung durch Abwanderung, Aufstieg und Ruhestand und in der Mitte ein nachholendes Wachstum des Aufsteigermilieus von Angestellten und neuen Dienstleistungsberufen das Bild bestimmen wird. „Auf die Erwerbs- und Sozialstrukturen wirkt dies als Potenzierung sozialer Ungleichheiten" (Vester u.a. 1993: 65).

In den Begriffen Bourdieus werden alle drei Kapitalarten entwertet: das ökonomische Kapital durch die Deindustrialisierung, die nicht ausreichend durch das Wachstum anderer Sektoren aufgefangen wird; das kulturelle Kapital durch die Umstellung des Bildungswesens und der Qualifikationsanforderungen; und das soziale Kapital durch Verfall der Netzwerke und korporativen Akteure. Gleichzeitig entstehen aber auch neue regionale und soziale Bewegungen, die zu neuen Vergemeinschaftungen, Milieus und Mentalitäten, auch zu Gegenmächten, führen.

Die gebrochene Modernisierung des Arbeitermilieus

Als gebrochene Modernisierung beschreiben Alheit u.a. ihre Beobachtungen von Werftarbeitermilieus in Rostock und Bremen (Alheit u.a. 1998). Studienobjekt sind die Rostocker Neptunwerft und die Bremer AG Weser in den fünfziger Jahren. Die Untersuchung zielt jedoch auf allgemein gültige Aussagen über den Wandel des proletarischen Milieus in der DDR (und in Westdeutschland) im Rahmen schneller institutioneller gesellschaftlicher Veränderungen, und sie interessiert sich für die Rückwirkungen von Trägheitselementen der Milieus auf die institutionellen Modernisierungsmöglichkeiten der bislang getrennten und jetzt vereinigten Gesellschaften.

Vom theoretischen Konzept her wird in dieser Studie wiederum mit dem Milieu-, Lebensstil- und Habituskonzept Bourdieus gearbeitet, wobei auch Anleihen bei Vesters Strukturmodell sozialer Milieus im gesellschaftlichen Strukturwandel Westdeutschlands genommen werden. Eine Besonderheit dieser Untersuchung liegt aber nicht nur im Ost- und Westvergleich, sondern auch darin, daß sie das Konzept der Außen- und Innenräume von Milieus um Typologien von Milieubiographien idealtypischer Akteure ergänzt. Die Untersuchung beschreibt also den strukturellen Wandel des Außenraumes der Institution Werft ebenso wie das außerbetriebliche Milieu der Lebenswelt des Alltags und verortet in diesen beiden Kontexten mehrere idealtypische biographische Akteure: Protagonisten des Wandels, Integrierte, Randständige u.a.m.[55]

Die These dieser, in den Jahren nach der Wiedervereinigung durchgeführten Untersuchung lautet, daß es im Westen zu einer Etatisierung des proletarischen

---

55 Diese Studie würde sich deshalb auch als Beispiel zum fünften Abschnitt (5.5.) Lebensverläufe vor und nach der Wende eignen, jedoch dominiert das Milieukonzept theoretisch und vom Material her die idealtypischen Biographien.

Milieus gekommen sei, im Osten hingegen zur Durchsetzung anti-etatistischer Gestaltungselemente. Das westdeutsche Proletariat verlor seine kulturelle und politische Eigenständigkeit. Im Zuge der Sozialdemokratisierung der Politik mit ihrem Ausbau des Sozialstaates und der Bildungsexpansion öffnete sich der soziale Raum in Richtung auf die breiten, kleinbürgerlichen und bürgerlichen Mittelschichten. Die Akteure aus dem ehemaligen proletarischen Milieu blieben jedoch in ihren mentalen Dispositionen zu einem großen Teil strukturkonservativ trotz aller institutionellen Veränderungen, die die westliche Gesellschaft durchmachte. In der Arbeiterschaft der DDR hingegen wirkte die politisch gewollte Bewahrung des klassischen Arbeitermilieus unter den gegebenen Spielräumen auf betrieblicher Ebene direkt dem ansonsten politisch geforderten gesellschaftlichen Veränderungsdruck mit seinen starken Traditionalismen entgegen und behinderte die Modernisierung der wirtschaftlichen Leistungsfähigkeit. In Ost und West entwickelt sich deshalb - wenn auch aus unterschiedlichen Gründen - ein Spannungszustand zwischen ökonomischem, politischem und institutionellem Wandel einerseits und den Beharrungskräften des inneren Milieus und eines Teils der Akteurstypologien biographischer Lebensentwürfe andererseits.

Auch in anderen Studien und in den gegenwärtigen öffentlichen Diskussionen um Fortgang und Stillstand der Wiedervereinigung wird ein Spannungsverhältnis zwischen forcierter institutioneller Modernisierung einerseits und einem Widerstand innerer Milieus von Bevölkerungsgruppen andererseits beobachtet. Die Werftarbeiterstudie mit ihrem Rückblick auf das Arbeitermilieu der fünfziger Jahre bezeichnet die historischen Ergebnisse dieses Spannungsverhältnisses zwischen Strukturwandel und Milieu als gebrochene Modernisierung.

Das Verschwinden der bäuerlich-ländlichen Lebensform

Unter den Lebenslagen und Mentalitäten, die einer besonders drastischen Modernisierung unterworfen wurden, ragen die ländlichen Erwerbs- und Lebensweisen heraus. In einer Studie zu den Veränderungen im ländlichen Raum Mecklenburg-Vorpommerns erinnern Meier und Müller daran, daß noch zu Beginn dieses Jahrhunderts die Lebensform der bäuerlichen Landbevölkerung ein Drittel der Gesamtbevölkerung umfaßte, während gegenwärtig nur noch etwa drei Prozent der Bevölkerung ihre Existenzgrundlage und Lebensform in der Landwirtschaft haben (Meier/Müller 1997). „Dabei handelt es sich um einen Vorgang von historischer Bedeutung, denn mit dem nahezu vollständigen Verschwinden einer Wirtschafts- und Lebensform, die früher über endlos lange geschichtliche Zeiträume und selbst noch in unserem Jahrhundert signifikant das Dasein von klar definierbaren, großen sozialen Schichten oder gar Klassen bestimmte ... geht ... wahrhaft eine Epoche zu Ende" (Meier/Müller 1997: 17).

Der Begriff der Transformation wird nach Meinung der Autoren diesem Prozeß nicht gerecht. Sie ziehen den Begriff der Revolution vor. Wichtig ist hierbei, daß es sich um eine revolutionäre Veränderung sowohl der Produktions- bzw.

Erwerbsweise als auch der Lebensweise und der Kultur der Landbevölkerung handelt. Die Abschaffung dieser Wirtschafts- und Lebensform wurde zwar bereits durch die Enteignungen und Zwangskollektivierungen der DDR betrieben, jedoch handelte es sich dabei um eine selektive Modernisierung, die noch mit vormodernen ständischen Elementen vermischt war. Erst die durchgreifende kapitalistische Modernisierung hat die traditionelle ländliche Lebensform wirklich bis auf Restbestände beseitigt.[56] Die ländliche Lebensform ist heute nur noch wenig durch patriarchalische Familienwirtschaften geprägt.

Die sozialstrukturelle Modernisierung der Lebenslagen und der soziale Wandel der Lebensformen stoßen innerhalb der Familien sichtbar aufeinander. Hier sind die Strukturveränderungen der Erwerbsformen subjektiv sinnhaft zu verarbeiten, nicht zuletzt im Umgang der Generationen miteinander. Denn die Lebensweise des Alltags ist in die unmittelbaren sozialen Beziehungen von Individuen und Gruppen eingebettet. Familienökonomie, familiäre Beziehungen nach innen und außen und individuelle Lebensläufe greifen ineinander. Trotz einem auch unter ökonomischem Druck insgesamt guten Verhältnis zwischen den Generationen werden die Unterschiede zwischen den Generationen in deren Rangordnung der Relevanz der strukturellen Veränderungen (z.B. Beruf, Lebensstandard, Politik, Freiheiten, soziale Kontakte) und in deren Bewertung sichtbar. Jugendliche beurteilen die neuen gesellschaftlichen Verhältnisse nicht nur insgesamt positiver als ihre Eltern, sie heben auch andere Dinge als wichtig hervor.[57] Praktisch wirksam werden solche Generationsunterschiede beispielsweise im Umgang mit den sich ändernden Optionen und Restriktionen beim Übergang der Jugendlichen aus Familie und Schule in berufliche Ausbildung, Beruf und eigenes Leben.

---

56 Dies zeigt sich auch im Vergleich mit der Agrarrevolution in Iowa (USA), die zeitgleich von einer kooperierenden Forschergruppe um Elder und Conger untersucht wurde.

57 Mit dem Thema Generationsverhältnisse und Lebenslauf nimmt die Untersuchung von Lebenslagen und Lebensformen, Milieus und Mentalitäten bei Meier und Müller eine Richtung, der wir unter dem Kapitel 5, mit Beispielen in Kapitel 5.5, weiter nachgehen. Als Literatur zu Lebensverhältnissen, sozialen Lagen und politischen Einstellungen wird ergänzend empfohlen Bertram 1995, zur psychosozialen Bewältigung Schwarzer/Jerusalem 1994.

4. Die Modernisierung der Gesellschaft

Wie wir gesehen haben, liegt nicht wenigen soziologischen Theorien die Idee der Erschaffung der Gesellschaft aus verständigungsorientiertem sozialen Handeln zugrunde, verbunden mit der Vorstellung, daß die Soziologie am Wachstum der sozialen Harmonie mitarbeitet. Diese konsensualistische Idee des Sozialen findet sich in der interpretativen Theorietradition, die soziales Handeln als Konstruktion geteilter sozialer Wirklichkeit begreift, in der Phänomenologie der Lebenswelt des Alltags mit der Annahme intersubjektiver Sinnwelten und im Konzept von Wertegemeinschaften als Grundlage der Gesellschaft.

Das einführende Kapitel hatte gezeigt, daß auch die ältere, geschichtsphilosophische Theorie der Gesellschaft die Vorstellung häuslicher und sozialer Harmonie kennt, an deren Fortschritt die Soziologie als Wissenschaft der modernen Gesellschaft einen entscheidenden Anteil hat.[1] Hier geht die soziologische Prämisse des harmonischen Konsenses der Gesellschaft auf Comte zurück (Comte 1974: 14). Sein aufklärerisches Konzept des positiven, wissenschaftlichen Zeitalters ist die älteste Quelle dieses soziologischen Gesellschafts- und Selbstverständnisses. Seit Comtes Betrachtungen über die Notwendigkeit und Zweckmäßigkeit der Soziologie aufgrund einer Untersuchung der gegenwärtigen sozialen Zustände ist die Soziologie vom Ideal sozialer Harmonie in Gemeinschaft und Gesellschaft immer wieder fasziniert.

Die Vorstellung einer möglichen Konstruktion harmonischer Gesellschaft und Geschichte findet sich also sowohl in interpretativen Theorien wie auch in geschichtsphilosophischen Traditionen.[2] Aber nicht alle sozialwissenschaftlichen

---

1 Im Zauberberg widmet Thomas Mann der soziologischen Utopie einige ironische Anmerkungen in Gestalt ihres Protagonisten Settembrini, dessen „Bund zur Organisation des Fortschritts" das Glück der Menschheit herbeiführen und das menschliche Leiden ausmerzen wird - mit Hilfe einer „Soziologischen Pathologie" aller Leiden im Umfang von 20 enzyklopädischen Bänden (Mann 1956: 226). Den progressiven Protagonisten der Aufklärung selbst läßt Mann im 1. Weltkrieg als nationalistischen Ideologen enden.

2 Ein gutes Beispiel für deren Amalgamierung ist Alheits Abhandlung zur zivilen Kultur (Alheit 1994): „Denn nur wenn die 'einfache Kultur' ein Gestaltungspotential besitzt, wenn Menschen - und zwar alle Menschen einer Gesellschaft - Subjekte ihres Lebens sein können, ist Barbarei ausgeschlossen. Die Idee einer humaneren Gesellschaft, die dabei entsteht, ist kein normatives Konstrukt und schon gar keine Parteiideologie" (ebd.: 11). Bei Alheit bildet die aggregierte marginalisierte Dienstleistungsintelligenz die historische Speerspitze der Befreiung der Alltagssubjekte. Sie formt ein neues sozial-moralisches Kräftefeld und ersetzt den verlorengegangenen Hoffnungsträger Proletariat (ebd.: 105). Dieser schönen Idee stehen die empirischen Subjekte in der bisherigen Menschheitsgeschichte entgegen. Und nota bene: Aus der

Theorietraditionen teilen das Konzept einer dem Fortschritt, der Vernunft und der Harmonie der Gesellschaft verpflichteten Moderne.[3] Einige Gesellschaftstheorien sind vielmehr von tiefer Skepsis geprägt. Sie gehen zurück auf die Befassung mit der für die soziale Harmonie durchaus auch abträglichen Folgen des Fortschritts im Übergang von der mittelalterlichen zur modernen Gesellschaft. Das früheste Exempel ist Machiavellis Il Principe.

Die bürgerliche Fürstenherrschaft

In Machiavellis Ratschlägen an den Fürsten Lorenzo di Medici (Machiavelli 1986) wird zu Beginn die Differenz zwischen der klassischen Fürstenherrschaft durch Erbschaft, Tradition oder Krieg und den aufkommenden Republiken mit ihrer bürgerlicher Fürstenherrschaft herausgearbeitet. Mit seinen guten Ratschlägen zu den neuen Verhältnissen versucht der verbannte Machiavelli, seines Fürsten Gunst zu gewinnen. Die bürgerliche Fürstenherrschaft, zu der man durch das Volk oder mit Hilfe der Großen in der Gesellschaft gelangt, beherbergt bereits stärkere Elemente der Demokratie. Die bürgerliche Herrschaft ist deshalb mit dem Nachteil verbunden, daß sie von der Zustimmung der Masse der Gleichen und Freien abhängig ist, die der Herrscher hier als Verbündete wie als Gegner in Rechnung stellen muß. Wer durch die Gunst des Volkes zur Herrschaft aufsteigt, ist „gezwungen, immer mit demselben Volk zusammenzuleben" (Machiavelli 1986: 77) und muß sich deshalb dessen Freundschaft erhalten. Während das Volk bei glücklichen Fügungen jubelt, wird es den Herrscher in der Krise verlassen. Nicht selten wird ihm auch von der Bürokratie die Herrschaft streitig gemacht. Die bürgerliche Herrschaft zu gewinnen, braucht es weder große Tüchtigkeit noch besonderes Glück, es braucht hingegen eine vom Glück begünstigte Schläue unter all den anderen Schlauen. „Ein Mensch, der sich in jeder Hinsicht zum Guten bekennen will, muß zugrunde gehen inmitten von so viel anderen, die nicht gut sind" (Machiavelli 1986: 119).

Der Leviathan

Kaum eine frühe sozialwissenschaftliche Arbeit hat die bei Machiavelli noch vorwissenschaftlich, im Stil der Fürstenspiegel skizzierten Grundstrukturen und Dynamiken der aufkommenden modernen Gesellschaft so negativ gesehen wie Hobbes Staatstheorie „Leviathan". Sehr dezidiert problematisiert sie vor dem Hintergrund eines utilitaristischen Menschenbildes die Konsequenzen der Durchsetzung von Freiheit und Gleichheit. Nicht Verständigung in symbolischer Interaktion und gemeinsame Konstruktion sozialer Wirklichkeit, nicht geteilte Lebenswelten des Alltags oder tradierte Wertegemeinschaften bestim-

---

Idee des neuen Menschen und der neuen Gesellschaft erwächst nicht zwangsläufig Humanität - historisch ist nicht selten das Gegenteil der Fall gewesen.
3 Einen knappen Überblick über die Perspektiven der Klassiker der Theoriegeschichte sozialen Wandels gibt Schneider (1976). Ein weitgesteckter, theoretisch aber wenig systematischer Horizont gegenwärtiger Arbeiten findet sich in Zollschan/Hirsch 1976.

men nach Hobbes das soziale Handeln der Bürger, sondern ein ganz anderer, sehr elementarer Charakterzug des Menschen beherrscht sein Tun: der unstillbare Drang nach immer mehr. Die Norm, handle deinem Mitmenschen gegenüber so, wie auch du von ihm behandelt werden möchtest, läuft menschlichen Trieben zuwider. Des Menschen Lebensglück liegt keineswegs in seiner Seelenruhe und in zwischenmenschlicher Verständigung, sondern, wie auch heute oft beklagt, in der unaufhörlichen Befriedigung seiner unersättlichen Begierden: „Glückseligkeit ist ein beständiges Fortschreiten von Wunsch zu Wunsch. Ist der eine erfüllt, so öffnet sich nur der Weg für den nächsten" (Hobbes 1965: 76). Da die Menschen nun aber in ihren körperlichen und geistigen Anlagen (fast) gleich sind, und sie sich auch selbst als Gleiche unter Gleichen betrachten, rivalisieren sie um die Verteilung der knappen begehrten Dinge, seien es nun Güter, Macht oder Ansehen. Menschen werden zwangsläufig zu Feinden, wenn viele zu erlangen versuchen, was nur einigen von ihnen zukommen kann. Der natürliche Zustand der Gesellschaft ist daher der Kampf aller gegen alle, es ist der Krieg. Das Zusammenleben der Menschen ist unter diesen Bedingungen kein Vergnügen.

Unter Gleichen muß das Recht auf Freiheit deshalb eingeschränkt werden, und zwar nicht durch widerrufbaren Verzicht, sondern durch Gesetz, durch unwiderruflichen Vertrag. Ein Gesellschaftsvertrag ist notwendig, weil der Mensch ein Leben in Willkür nach seinem egoistischen Interesse führt, sobald die Verhältnisse es erlauben. Das natürliche Verhalten macht Lebensziele und Güter wie Sicherheit, Wohlstand, Glück unerreichbar. Leben und Gesundheit sind jederzeit in Gefahr, wenn alle gegeneinander ihren Vorteil suchen. Aus dieser historischen Erfahrung wächst die sozusagen transzendentallogische Einsicht in die Bedingung der Möglichkeit friedlichen und prosperierenden Zusammenlebens. Sie liegt in der vertraglichen Einrichtung eines Staates mit Gewaltmonopol, der Sicherheit und Wohlfahrt schützt, und dessen Legitimität von eben dieser Leistung abhängt. Kann er sie nicht mehr erbringen, erlischt die Loyalität. „Jeder Einzelne sagt gleichsam: Ich gebe mein Recht, über mich selbst zu bestimmen, auf und übertrage es diesem anderen Menschen oder dieser Versammlung - unter der alleinigen Bedingung, daß auch du deine Rechte überantwortest ... . Wenn sich Menschen so zu einer Person vereinigen, bilden sie einen Staat, der Lateiner sagt civitas. Dies ist die Geburt des großen Leviathan, oder vielmehr (um ehrerbietiger zu sprechen) des sterblichen Gottes, dem allein wir unter dem ewigen Gott Schutz und Frieden verdanken" (Hobbes 1965: 137). Kommt die freiwillige Vereinbarung über den allmächtigen staatlichen Leviathan, den sterblichen Gott, nicht zustande, so ist der Bürgerkrieg, ist Behemoth (Hobbes 1991) die Alternative.

Kennzeichen der Moderne sind bei Machiavelli und Hobbes nicht die evolutive Herrschaft von aufklärerischem Diskurs, Vernunft, Moral oder selbstverständlich geteilte Sinnwelten in der Konstruktion von Gemeinschaft und Gesellschaft, sondern der Wettkampf um die begehrten Güter des Lebens. Dieser Kampf aller gegen alle findet in einer modernen Gesellschaft der Gleichen und

Freien erst die geeignete Grundlage zur vollen Entfaltung. Freiheit und Gleichheit nähren nicht die Brüderlichkeit, wie die bekannte Parole der französischen Revolution suggeriert, sondern den Krieg. Nur der Gesellschaftsvertrag, der den Staat schafft, setzt nach Hobbes Auffassung dem allgemeinen Krieg ein Ende und erlaubt die Entwicklung von Zivilisation und Wohlfahrt. Anstelle des Gedankens geteilter symbolischer Welten, Sinnhorizonte und Wertegemeinschaften stehen hier zwei ganz andere Überlegungen im Vordergrund einer Theorie der Moderne: das unabänderlich vorrangige utilitaristische Interesse des Individuums an sich selbst einerseits und die Notwendigkeit von Gesellschaftsvertrag und Staat als Mittel der Zivilisierung andererseits. Freiheit und Gleichheit treten als spannungsreiche Konzepte auf. Ihre modernen Institutionen sind Markt und Staat, Wirtschaft und Politik.

Der folgende Abschnitt zur Modernisierung der Gesellschaft wird sowohl dem von Comte vorgezeichneten soziologischen Theorieprogramm der Aufklärung wie auch den älteren sozialwissenschaftlichen Konzepten des Gesellschaftsvertrages und der utilitaristisch begründeten antagonistischen Kooperation des Marktes nachgehen.

Das erste Kapitel wird eine aufklärerische, geschichtsphilosophisch beeinflußte Theorietradition sozialen Wandels und der Moderne in der Soziologie behandeln, die neomarxistische kritische Theorie der Frankfurter Schule sowie die daraus hervorgegangene Diskurstheorie (4.1). Es folgt die vom Ende der vierziger bis in die sechziger Jahre dominierende strukturfunktionalistische Theorie der Modernisierung (4.2), bevor mit der Systemtheorie eine scharf konturierte Gegenposition zum Zuge kommt, die lediglich noch einen auf Kontingenz abstellenden Evolutionsgedanken kennt (4.3). Die beiden weiteren Kapitel sehen die Dynamik sozialen Wandels in modernen Gesellschaften in den Institutionen des Gesellschaftsvertrages und des Marktes begründet (4.4). Zwischen Markt und Staat, Ökonomie und Politik, Freiheit und Gleichheit besteht in modernen Gesellschaften ein unauflösliches Spannungsverhältnis, das die wesentliche Dynamik des modernen sozialen Konflikts ausmacht (4.5). Den Abschluß bildet die Transformation Ostdeutschlands als nachholende Modernisierung (4.6).

4.1 Kapitalismuskritik: Kritische Theorie und Diskurstheorie

Die kritische Theorie der Gesellschaft ist die wichtigste Einbringung marxistischer Denktraditionen in die deutsche Soziologie des 20. Jahrhunderts. Es ist eine Theorie, die noch den geschichtsphilosophischen Anspruch auf Erklärung der Totalität von Gesellschaft und Geschichte erhebt und zugleich den weiteren Anspruch der marxistischen Theorie, Wissenschaft und politische Praxis zu einer Einheit zu verbinden.

Kritik der politischen Ökonomie

Die wohl kürzeste Fassung der marxistischen Geschichtsphilosophie und Modernisierungstheorie findet sich im Vorwort zur Kritik der Politischen Ökonomie (Marx 1975). „Meine Untersuchung mündete in dem Ergebnis, daß Rechtsverhältnisse wie Staatsformen weder aus sich selbst zu begreifen sind noch aus der sogenannten allgemeinen Entwicklung des menschlichen Geistes, sondern vielmehr in den materiellen Lebensverhältnisse wurzeln, deren Gesamtheit Hegel ... unter dem Namen 'bürgerliche Gesellschaft' zusammenfaßt, daß aber die Anatomie der bürgerlichen Gesellschaft in der politischen Ökonomie zu suchen sei" (ebd. 8). „Das allgemeine Resultat, das sich mir ergab und, einmal gewonnen, meinen Studien zum Leitfaden diente, kann kurz so formuliert werden: In der gesellschaftlichen Produktion ihres Lebens gehen die Menschen bestimmte, notwendige, von ihrem Willen unabhängige Verhältnisse ein, Produktionsverhältnisse, die einer bestimmten Entwicklungsstufe ihrer materiellen Produktivkräfte entsprechen. Die Gesamtheit dieser Produktionsverhältnisse bildet die ökonomische Struktur der Gesellschaft, die reale Basis, worauf sich ein juristischer und politischer Überbau erhebt und welcher bestimmte Bewußtseinsformen entsprechen. Die Produktionsweise des materiellen Lebens bedingt den sozialen, politischen und geistigen Lebensprozeß überhaupt. Es ist nicht das Bewußtsein der Menschen, das ihr Sein, sondern umgekehrt ihr gesellschaftliches Sein, das ihr Bewußtsein bestimmt. Auf einer gewissen Stufe ihrer Entwicklung geraten die materiellen Produktivkräfte der Gesellschaft in Widerspruch mit den vorhandenen Produktionsverhältnissen oder, was nur ein juristischer Ausdruck dafür ist, mit den Eigentumsverhältnissen, innerhalb deren sie sich bisher bewegt hatten. Aus Entwicklungsformen der Produktivkräfte schlagen diese Verhältnisse in Fesseln derselben um. Es tritt dann eine Epoche sozialer Revolution ein. Mit der Veränderung der ökonomischen Grundlage wälzt sich der ganze ungeheure Überbau langsamer oder rascher um" (ebd. 9). „In großen Umrissen können asiatische, antike, feudale und modern bürgerliche Produktionsweisen als progressive Epochen der ökonomischen Gesellschaftsformation bezeichnet werden. Die bürgerlichen Produktionsverhältnisse sind die letzte antagonistische Form des gesellschaftlichen Produktionsprozesses ..." (ebd. 9). „Mit dieser Gesellschaftsform schließt daher die Vorgeschichte der menschlichen Gesellschaft ab" (ebd. 9).

Kritische Theorie der Frankfurter Schule

Die kritische Theorie, nach dem Kriege auch „Frankfurter Schule" genannt, schließt an die Marxsche Kritik der politischen Ökonomie der bürgerlichen Gesellschaft und an deren Geschichtsphilosophie an. Sie stand unter dem Eindruck der niedergehenden Weimarer Republik, des aufkommenden Nationalsozialismus und des Exils.[4] Vor allem drei Themen wurden bearbeitet: (1) Das Ver-

---

4 Die Darstellung der kritischen Theorie greift in den folgenden vier Absätzen u.a. auf Dubiel 1988/1992 zurück.

hältnis von materieller Basis und Kultur, (2) die Beziehungen zwischen sozioökonomischer Lage und Massenbewußtsein sowie (3) Probleme der Reorganisation der kapitalistischen Wirtschaft. Das Wissenschaftsverständnis der kritischen Theorie ist antipositivistisch, intentional und nicht fachdisziplinär. Die theoretische Deutung von Geschichte und Gesellschaft ist an die jeweilige Situation der Zeit gebunden. So versteht sich die kritische Theorie zunächst als sozialistische Emanzipationstheorie des Spätkapitalismus, mit dem Sieg des Nationalsozialismus später als negative Geschichtsphilosophie der notwendigen Transformation des Monopolkapitalismus zum Faschismus und schließlich bis in die Gegenwart hinein als Kritik technisch-instrumenteller Naturbeherrschung in einer verengt rationalistischen Gesellschaft.

Die Perspektive der kritischen Theorie auf die politische Ökonomie des Spätkapitalismus beruht auf der Annahme, daß die liberale bürgerliche Gesellschaft ihr Ende gefunden habe und der Übergang zu einer nachliberalen Gesellschaftsordnung stattfinde. Kennzeichen der liberalen Gesellschaft waren die Trennung von Gesellschaft und Staat, wobei die Gesellschaft als kapitalistische Marktgesellschaft der bourgeois und der Staat als demokratischer Rechtsstaat der citoyen konstituiert sind. In der niedergehenden liberalen Gesellschaftsordnung entfällt die Trennung von Staat und Markt, wird die repräsentative Demokratie mit Gewaltenteilung und Rechtsgleichheit aufgehoben. An die Stelle der durch Recht und Markt verbundenen freien Individuen treten Massen und Kollektive.[5] Das Proletariat findet entgegen Marx' Erwartungen aber nicht den Weg von der objektiven Klasse an sich zur politisch revolutionären Klasse für sich, sondern akzeptiert in der Massendemokratie des Kaiserreiches[6] und der Weimarer Republik den Kapitalismus. Selbst in der Krise des Kapitalismus in der Weimarer Republik sucht das Proletariat sein Heil nicht in der sozialistischen Revolution, sondern im Nationalsozialismus.[7]

Der Niedergang der liberalen Gesellschaft findet seinen Abschluß im Nationalsozialismus. Die noch aufrechterhaltene Fassade der Rechtsstaatlichkeit bricht zusammen. Die Wirtschaft wird in Zwangskartellen zusammengefaßt, die Freiheit der Individuen und der Konkurrenzkampf der Eliten werden ausgeschaltet. Die liberale Trennung von Wirtschaft und Politik, Markt und Staat werden aufgehoben, repräsentative Demokratie und Rechtsstaatlichkeit abgeschafft. Die kritische Theorie sieht diese Entwicklung als zwangsläufige Folge der Monopolbildung des Kapitals an. Der Monopolbildung des Kapitals folgt die Mono-

---

5 Selbst die auf ihre Autonomie stolze Kunst verliert ihren bürgerlichen Habitus und spaltet sich in durchkapitalisierte Massenkunst einerseits, elitäre esoterische Kunst andererseits.
6 Zur Modernisierungsgeschichte im Kaiserreich siehe auch Collins 1995.
7 Die kritische Theorie erklärt diese enttäuschende Falsifizierung ihrer theoretischen Annahmen ex post facto mit der verbreiteten autoritären Persönlichkeit. Die autoritäre Persönlichkeit gilt als Produkt der Kleinfamilie, der die starke Vaterfigur der autonomen bürgerlichen Großfamilie fehlt und damit die Chance zur konfliktreichen Emanzipation gegen diese Figur (vgl. Adorno/Bettelheim u.a. 1968).

polisierung der Macht. Gestützt wird diese Annahme dadurch, daß der deutsche Faschismus kein Sonderfall ist, sondern ein Großteil der europäischen Länder bereits vor der deutschen Okkupation faschistische Regimes hatte, und daß auch in den verbliebenen demokratischen Staaten (z.T. starke) faschistische Bewegungen bestanden.

In der Nachkriegszeit wird die Aufhebung der liberalen Trennung von Wirtschaft und Politik, Staat und Markt in bürgerlichen Gesellschaften nicht zurückgenommen. Sie nimmt aber andere Formen an. Die vorherrschende Keynessche Politik mit ihren steigenden Transferzahlungen und ihrer Ausdehnung des öffentlichen Sektors durchbricht ebenfalls das kapitalistische Äquivalenzprinzip, nach dem das Geldeinkommen der individuellen Leistung zu entsprechen hat. Der öffentliche Sektor übernimmt die Sozialisation der Arbeitskraft und die Finanzierung von Infrastruktur und Wohlfahrt. Die verfassungsrechtliche Anerkennung der Gewerkschaften und der Korporatismus von Arbeit, Kapital und Politik hebeln den Arbeitsmarkt aus. Der Arbeitsmarkt wird vermachtet. So verwischen sich die Grenzen zwischen politischem Wohlfahrtsstaat und utilitaristischer Gesellschaftsordnung. Zwar hält der Keynessche Staat den Kapitalismus durch Reparaturleistungen noch für einige weitere Dekaden für existenzfähig und integriert die Lohnabhängigen in den Nationalstaat.[8] Doch heute ist auch diese Politik mit der Globalisierung von Kapital und Arbeit endgültig an ihre Grenzen gekommen. „Das Verhältnis von Kapitalismus und Demokratie ist (wieder) eine offene Frage" (Dubiel 1992: 84).

Die kritische Theorie hat nicht nur an die marxistische Tradition der Kritik der politischen Ökonomie des Kapitals angeknüpft. Sie hat sich auch intensiv und mit großer öffentlicher Resonanz mit dem zweiten, weiter oben genannten Thema befaßt: mit der historisch voranschreitenden Unterwerfung der äußeren und der inneren Natur unter eine effiziente, in Wirtschaft und Politik erfolgreich eingebettete instrumentelle wissenschaftliche Vernunft. Diesen Prozeß hat die kritische Theorie entschieden zivilisations- und kulturpessimistisch interpretiert.[9]

Die Zerstörung der äußeren und der inneren Natur durch einen rationalistisch-technokratisch verstandenen Fortschritt ist eine der zentralen Thesen der Dialektik der Aufklärung, eines Spätwerkes aus der Emigrationszeit der Frankfurter Schule (Horkheimer/Adorno 1947). Es ist hier die Rede von der rastlosen Selbstzerstörung der Aufklärung durch die positivistische Wissenschaft, Wirtschaft und Politik, die sich den Erdball im Sinne der Baconschen Utopie des Neuen Atlantis unterworfen haben.[10] Die aufklärerische Form des Denkens und die modernen gesellschaftlichen Institutionen, in die es verflochten ist, enthalten den Keim des Destruktiven und des Rückschritts in sich, sind dieses Keims

---

8 Zur Kritik an Keynes aus liberalistischer Sicht Hayek 1978.
9 Zu diesem Thema Eder 1988.
10 „Heute, da Bacons Utopie, daß wir 'der Natur in der Praxis gebieten', in tellurischem Maßstab sich erfüllt hat" (Horkheimer/Adorno 1947: 49).

jedoch nicht gewahr. Eine besondere Rolle spielt der moderne Wissenschafts-betrieb, der die Natur mathematisch zu fassen versucht, „totalitär wie nur ir-gendein System" (ebd.: 31). Er verdinglicht das Denken zu einem automatisch ablaufenden, maschinellen Prozeß, trennt Denken als Einheitswissenschaft von sinnlicher Erfahrung und von der Reflexion auf sich selbst, beschränkt es auf Organisation und Verwaltung, eliminiert alle Qualitäten und rechnet sie in Funktionen um. Eine komplizierte und feine gesellschaftliche, ökonomische und wissenschaftliche Apparatur stimmt Leiber und Erlebnisse auf ihre Bedie-nung ab und überträgt sich vermöge der rationalisierten Arbeitsweise auf die Erfahrungswelt aller Völker, ähnelt deren Leben dem der Lurche an.

Die Aufklärung, so die scharfe These, wandelt sich „zum totalen Betrug der Massen um" (ebd.: 49).[11] „Die Absurdität des Zustandes, in dem die Gewalt des Systems über die Menschen mit jedem Schritt wächst, der sie aus der Gewalt der Natur herausführt, denunziert die Vernunft der vernünftigen Gesellschaft als obsolet" (ebd.: 45). Die von der herrschenden Wissenschaft verkannte und unterjochte Natur schlägt aber gegen die Wälle aus Fortschritt und Zivilisation zurück.

Diese apokalyptische Einschätzung der Geschichte der Rationalität im Hinblick auf die Zerstörung der äußeren Natur ist in der deutschen Soziologie auf fruchtbaren Boden gefallen.[12] Auch bei Beck erscheinen die apokalyptischen Reiter in Gestalt des Fortschritts, der empirisch-analytischen Wissenschaft und der mit ihr verbundenen Wirtschaft und Politik als Boten des kommenden Un-tergangs. So schreibt Beck über die Chemieindustrie unter Benutzung einer re-ligiösen Sprache: „Die Gefahrentechnologie und ihre Advokaten müssen *im Fegefeuer* ihrer falschen Sicherheitsversprechen *brutzeln*. ... Also z.B. die Chemieindustrie beim Wort zu nehmen, und die Verkörperung mitmenschlicher Fürsorglichkeit, zu der sie sich in ganzseitigen Anzeigen bekennt, auf die Spu-ren ihrer eigenen Verfehlung zu hetzen, so daß am Ende die *Apostel ökologi-scher Ethik*, zu der gerade die *gefallenen Brüder der Chemie* mit der Entdek-kung jedes neuen *Sündenfalls* sich selbst ernennen müssen, die Maßstäbe und Hinweise liefern, die sie der *Sünde* überführen" (Beck 1988: 25 f. *A.W.*). Und über die Gentechnik heißt es weiter, explizit anknüpfend an die „humangeneti-sche Dialektik der Aufklärung": „Die Humangenetik ist eine Form der Selbst-begegnung des Menschen mit dem Projekt seiner Geschichte. Er hat sich im Gang der Wissenschaft als Mechanismus entworfen und entdeckt nun sein

---

11 Zur Kulturindustrie heißt es in der Dialektik der Aufklärung: Mit einer „Flut präziser Informationen und gestriegelten Amüsements witzigt und verdummt (sie) die Men-schen zugleich" (Horkheimer/Adorno 1947: 5).

12 Die Auseinandersetzung um die Rolle der positivistischen, besser müßte man sagen der neopositivistischen und kritisch-rationalistischen Wissenschaft findet ihre leiden-schaftliche Fortsetzung im sogenannten Positivismusstreit der sechziger Jahre (Ador-no u.a. 1969). Er richtet sich gegen die „Verdinglichung des Bewußtseins" und gegen das der „Sprache widerfahrende Unheil". Zu praktischen Konsequenzen auch Adorno 1963 und 1970.

Zentrum als Formel, als ein Mischverhältnis von chemischen Substanzen und biologischen Zellstrukturen. Ein Humanum ist dabei nun einmal nicht aufgetaucht ..." (Beck 1988: 42 *A.W.*).

Die kulturpessimistische Verurteilung der Folgen der okzidentalen Rationalität, insbesondere die Kritik an der Rationalität der analytischen Wissenschaft, ist heute ein Thema der Ökologiebewegung. Dieselbe Kritik im Sinne der Dialektik der Aufklärung war auch schon eine Leitutopie der 68er Bewegung, die die politische und ökonomische Scheinrationalität der kapitalistischen Gesellschaft und ihrer technokratischen Herrschaft entlarven und aufbrechen wollte. Kulturpessimismus und Apokalypse sind aber nicht nur ein Signum verschiedener alternativer sozialer Bewegungen oder sektiererischer linker Strömungen. Versionen eines regressiven, antimodernen Romantizismus sind ein historisch traditionsreicher Bestandteil des politischen Weltbildes in Deutschland auch in konservativen und rechten Lagern, nicht immer zur Freude unserer Nachbarn.[13]

Die Dialektik der Aufklärung warnte vor der Unterwerfung sowohl der äußeren und als auch der inneren Natur. Während sie in bezug auf die Unterwerfung der äußeren Natur ein starkes und verbreitetes Echo fand, hat sich die Wissenschaftskritik der Dialektik der Aufklärung in bezug auf die innere Natur nicht zum öffentlichen Kulturgut verallgemeinert. Die Kritiker der Unterwerfung der äußeren Natur würden wohl nur selten zugleich auch dem scharfen Diktum der Dialektik der Aufklärung mit Bezug auf die wissenschaftliche Unterwerfung der inneren Natur zustimmen, in dem von einem „durch eine heruntergekommene Tiefenpsychologie aufgeteilten Innenleben" (Horkheimer/Adorno 1947: 49) die Rede ist.

Diskurstheorie kommunikativen Handelns

Habermas Diskurstheorie (Habermas 1981; 1985; 1992)[14] schließt an das zentrale Motiv der kritischen Theorie an, an die Auseinandersetzung mit Begriff und Geschichte der Rationalität. „Die westlichen Gesellschaften nähern sich seit Ende der 60er Jahre einem Zustand, in dem das Erbe des okzidentalen Rationalismus nicht mehr unbestritten gilt" (Habermas 1981: 9). Die Neokonservativen möchten um jeden Preis an der Rationalität des kapitalistischen Musters der wirtschaftlichen und gesellschaftlichen Modernisierung festhalten. Der Erfolg dieser Strategie ist schwer einzusehen. Noch aussichtsloser aber ist der

---

13 Eine scharfe Kritik am deutschen Romantizismus und dessen Folgen (im Unterschied zur französischen clarté) formuliert Finkielkraut als Niederlage des Denkens (1989). Eine sehr kritische Kommentierung der deutschen Philosophie und ihrer Meisterdenker findet sich bei André Glucksmann (1977). Zum „falschen Denken", das den Katastrophen des 20. Jahrhunderts vorausging, auch Glucksmann 1991.
14 Vorarbeiten zur bürgerlichen Öffentlichkeit (Habermas 1962), zur Logik der Sozialwissenschaften (Habermas 1967), zu Arbeit und Interaktion bei Hegel (Habermas 1968a), zur Wissenschaftstheorie (Habermas 1968b), zur kommunikativen Kompetenz (Habermas 1971a), zu System und Lebenswelt (Habermas 1973). Vgl. auch Honneth/Joas 1986 und Delanty 1997.

Versuch einer antimodernistischen Wachstumskritik, die sich um jeden Preis gegen die Überkomplexität der wirtschaftlichen und administrativen Systeme wehrt. Im Unterschied zur Dialektik der Aufklärung aber hält Habermas an einem differenzierten Begriff okzidentaler Rationalität und an der aufklärerischen Politik kommunikativer Rationalität fest. Die Quellen kommunikativer Rationalität sieht er in ausdifferenzierten Lebenswelten: „In strukturell ausdifferenzierten Lebenswelten prägt sich ein Vernunftpotential aus, das nicht auf den Begriff der Steigerung von Systemkomplexität gebracht werden kann" (Habermas 1981: 10).

Habermas unterscheidet teleologisch-strategische, normregulierte, dramaturgische und kommunikative Rationalität.[15] Diese Idealtypen der Rationalität werden mit Hilfe einer Rekonstruktion der Theoriegeschichte der Sozial- und Geisteswissenschaften gewonnen. Die *instrumentelle, teleologisch-strategische Rationalität* ist erfolgsorientiert an Zwecken und Mitteln in den autonomen Subsystemen der Gesellschaft ausgerichtet (z.B. Wissenschaft, Betrieb, Verwaltung). Der Handelnde verwirklicht seinen Zweck unter Einbeziehung anderer strategisch zielgerichtet Handelnder. *Normative Rationalität* sichert die Erwartbarkeit und wechselseitige Erwartungs-Erwartung des Handelns in Gruppen mit gemeinsamen Werten. *Dramaturgisches Handeln* bezieht sich auf Interaktionsteilnehmer, die füreinander ein Publikum bilden, auf die zuschauerbezogene Stilisierung eigener Erlebnisse. Im Typus des *kommunikativen* Handelns suchen die Aktoren „eine Verständigung über die Handlungssituation, um ihre Handlungspläne und damit ihre Handlungen einvernehmlich zu koordinieren" (Habermas 1981: 128). Im kommunikativen Handeln gilt der zwanglose Zwang der besseren Argumente. Kommunikatives Handeln ist in der Herstellung von Intersubjektivität verankert.

Im Zuge der theoriegeschichtlichen Rekonstruktion der Rationalitätstypen aus der wissenschaftlichen Literatur wird diese Typologie zugleich zu einer geistes- und gesellschaftsgeschichtlichen Entwicklungsthese. Die Abfolge der Typen enthält eine implizite Modernisierungsbehauptung des Fortschritts gesellschaftlicher Rationalität in vier Stufen. Dies ist eine Vorstellung, die an Comte und Hegel erinnert, an Comtes Drei-Stadien-Gesetz und an Hegels Gang des absoluten Weltgeistes. Sie beschreibt die Bewußtwerdung des Rationalitätsproblems über die Wissenschaften hinaus. Die Bewußtwerdung reicht heute bis in die Sphäre der alltäglich lebensweltlich handelnden Akteure hinein und verändert deren lebensweltlichen Alltag.

Das Kennzeichen moderner Gesellschaft ist die wachsende Notwendigkeit der Herstellung kommunikativer Rationalität. Ursprünglich sind Religion und Tradition die elementare Grundlage der Sozialintegration lebensweltlicher Gemeinschaften gewesen. Im Zuge der voranschreitenden Modernisierung jedoch verliert die Lebenswelt schrittweise ihr religiöses und traditionales Fundament. Das Kennzeichen der Moderne ist die Notwendigkeit, Normativität und Identi-

---

15 Vgl. auch das Kapitel 3.1.

tät immer wieder aus sich selbst zu schöpfen, aus kooperativen Leistungen der kommunikativ Handelnden. Eine zerrissene Harmonie des Lebens entsteht, „wenn die ungestörte Reproduktion immer weniger von traditionell eingewöhnten, bewährten und konsentierten Beständen einer konkreten Lebensform garantiert werden (kann), sondern immer mehr von den riskant erzielten Konsensen, also den kooperativen Leistungen der kommunikativ Handelnden selbst erzeugt werden müßte" (Habermas 1985a: 399). Die wachsenden Freiheitsgrade der Lebenswelt werden „für die Kultur einen Zustand der Dauerrevision verflüssigter, d.h. reflexiv gewordener Traditionen; für die Gesellschaft einen Zustand der Abhängigkeit legitimer Ordnungen von formalen, letztlich diskursiven Verfahren der Normsetzung und Normbegründung; für die Persönlichkeit einen Zustand der riskanten Selbststeuerung einer hoch abstrakten Ich-Identität zur Folge haben" (Habermas 1985a: 399).

Wie Meads Pragmatismus enthält auch Habermas Theorie kommunikativen Handelns eine optimistische Anthropologie und Gesellschaftstheorie. Entgegen den von den Sozialwissenschaften oft beobachteten und beschriebenen anomischen Tendenzen der Industriegesellschaft, insbesondere der Zuspitzung des Gegensatzes von formaler Gesellschaft und atomistischer Individualität, wird in beiden Theorien die Rolle vielfältiger, kreativer Konstitution von Institutionen, Lebenswelten und Biographien hervorgehoben. Historisch nehmen Kontingenz, Reflexivität und Emergenz in Gesellschaft und Biographie zu (Kohli 1985). Die institutionellen Grundlagen und die reflexiven Identitäten sind in einer diskursiven Gesellschaft jedoch fragil, sie müssen fortlaufend bestätigt und neu erzeugt werden. Die diskursive Form des Sozialen macht einerseits die Chance moderner Gesellschaften aus, andererseits stellt diese Entwicklung eine unaufhebbare, stete Verunsicherung von gesellschaftlichen Formen und Biographien dar.

System und Lebenswelt

Typisch für die moderne Gesellschaft ist neben der Enttraditionalisierung der Lebenswelt und der zunehmenden Notwendigkeit kommunikativer, lebensweltlicher Rationalität die Abtrennung zahlreicher autonomer sozialer Systeme aus der Lebenswelt, so die historisch schrittweise Entkopplung politischer, rechtlicher, wirtschaftlicher und wissenschaftlicher Institutionen aus der lebensweltlichen Vorherrschaft von Großfamilien, Clans oder Religionsgemeinschaften. Als späte Folge der Abkopplung solcher autonom werdender Systeme tritt im weiteren Modernisierungsprozeß dann umgekehrt eine Kolonialisierung der Lebenswelten durch die verschiedenen Systeme ein. Die Systeme Staat und Markt z.B. zwingen ihre Medien Recht und Geld auch lebensweltlichen Gemeinschaften wie traditionalen Stammesgemeinschaften, modernen Kleinfamilien oder Religionsgemeinschaften auf. Die Systeme brechen wie Kolonialherren in die Lebenswelten des Alltags ein und unterwerfen sie ihren Regeln. Konflikte bestehen aber auch zwischen den autonomen Systemen selbst, beispielsweise zwischen der privatkapitalistischen Werterzeugung einerseits und der staatlichen Sicherung rechtlicher Rahmenbedingungen andererseits oder zwischen bürgerlichem Recht und Sozialstaat.[16] Der Krisentypus der spätkapitalistischen Gesellschaft ist deshalb nicht mehr der Klassenkonflikt des 19. Jahrhunderts, sondern es ist nach Habermas das Spannungsverhältnis zwischen lebensweltlicher Sozialintegration und medienvermittelter Systemintegration.[17]

4.2 Das westliche Modell: Modernisierungstheorie

Die Theorie der autonomen Systeme, die im Zuge der Modernisierung in die Lebenswelten einbrechen, findet sich in exzellenter Form im Strukturfunktionalismus. Der entscheidende Kopf der strukturfunktionalistischen Modernisierungstheorie sozialer Systeme war Talcott Parsons.[18]

Strukturfunktionalismus

Gesellschaften und ihre Teilsysteme werden als sich selbst erhaltende, im Gleichgewicht befindliche und selbstregulierende Systeme verstanden. Systeme lösen das universale Handlungsproblem der doppelten Kontingenz. Doppelter Kontingenz sehen sich alle Interaktionspartner gegenüber, wenn sie sich ohne bekannte, akzeptierte oder sanktionierte gesellschaftliche und kulturelle Rahmenbedingungen in ihren wechselseitigen Erwartungen aufeinander einstellen wollen oder müssen. Egos Handlungsziele müssen dann Alters Erwartungen an Ego und dessen mögliche Reaktionen in aller Unsicherheit ebenso in Rechnung stellen, wie auch Alter seinerseits die Unkalkulierbarkeiten von Egos Freiheit und Spontaneität in seinen Erwartungen berücksichtigen muß. Die wechselseitigen Erwartungs-Erwartungen der Akteure sind solange kontingent, d.h. sie sind mangels ausreichendem Wissen zufällig, als sie nicht durch die in einer Gesellschaft geteilten Werte und Normen begrenzt werden. Kontingente Er-

---

16 Zur Diskurstheorie des Rechts Habermas 1992.
17 Zur Differenz von System und Lebenswelt gab es in Deutschland Ende der sechziger/Anfang der siebziger Jahre eine populäre Kontroverse zwischen Habermas und Luhmann. Sie machte sich am Begriffspaar System- versus Sozialintegration fest (Habermas/Luhmann 1971). Das Begriffspaar selbst geht auf einen älteren Aufsatz von David Lockwood zurück (Lockwood 1969/1964). Lockwood kritisiert hier die Vorstellung, daß die Sozialintegration der Gesellschaft eine Voraussetzung für die Systemintegration sei (Lockwood 1969: 125). Die Habermas-Luhmann-Kontroverse arbeitet die Differenz zwischen Sozial- und Systemintegration allerdings in anderer Weise heraus als Lockwood.
18 Parsons entwickelt die strukturfunktionalistische Systemtheorie als Theorie sozialen Handelns (voluntaristic theory of action) in einer umfassenden Auseinandersetzung mit der soziologischen Theoriegeschichte positivistischer (z.B. Durkheim) und idealistischer (z.B. Weber) Provenienz (Parsons 1937). Der Ausbau des General Theory of Action Systems zu einer Theorie der Struktur des sozialen Systems findet sich in Parsons 1951. Psychologische Aspekte und verschiedene Anwendungsprobleme der Handlungstheorie werden genauer in Parsons/Shils 1951, Parsons 1964 und in Parsons 1979 behandelt.

wartungen werden erst durch gesellschaftliche Ordnung, durch kulturelle Werte und Normen wechselseitig komplementär.[19]

Ausgehend von diesem Grundproblem gesellschaftlicher Ordnung versucht die strukturfunktionalistische Theorie sozialer Systeme, die funktionalen Voraussetzungen, die Hauptfunktionen, die jede Gesellschaft und jedes Teilsystem der Gesellschaft bei Strafe ihres Untergangs erfüllen müssen, ebenso zu bestimmen wie die universal gültigen Evolutionsdynamiken des sozialen Wandels als Modernisierungsprozeß. Wesentliche Teilsysteme, aus denen Gesellschaften bestehen, sind z.B. Politik, Wirtschaft, Erziehung, Recht. Sie sind untereinander wechselseitig abhängig, und sie werden über ihren funktionalen Beitrag zum Erhalt der Gesamtgesellschaft definiert (Parsons/Smelser 1956).

Die existenznotwendigen Funktionen, die Parsons zufolge erfüllt werden müssen, beschreibt er in Begriffen einer allgemeinen Theorie sozialer Handlungssysteme. Es sind dies *Institutionenerhaltung* (pattern maintenance), *Integration* (integration), *Zielverfolgung* (goal attainment) und *Anpassung* (adaptation). Die allgemeine Handlungstheorie umfaßt neben den sozialen Systemen auch deren Umwelten, zu denen er die Verhaltensorganismen, die Kultur und die Persönlichkeitssysteme rechnet. Er teilt sodann diesen vier Handlungssystemen jeweils eine Hauptfunktion aus dem Katalog der vier bereits genannten, insgesamt zu erfüllenden Funktionen zu: dem Verhaltensorganismus die Anpassung, der Persönlichkeit die Zielverwirklichung, der Kultur die Erhaltung von Normen und dem sozialen System die Integration (Parsons 1972: 13). Nach dieser Unterscheidung von vier Handlungssystemen und ihren Hauptfunktionen, weist Parsons sodann die einzelnen Hauptfunktionen noch bestimmten Subsystemen der Gesellschaft zu.[20] Die vier Subsysteme sind (1) Wirtschaft, (2) Politik (polity), (3) Sozialisationsagenturen der Erziehung und Ausbildung sowie (4) soziale Kontrollinstanzen. Das Handlungssystem Kultur leistet über den Wertekonsens mit Hilfe des Subsystems Erziehung, Bildung und Sozialisation den entscheidenden Beitrag zum Zusammenhalt (pattern maintenance). Das Handlungssystem Persönlichkeit leistet über kollektive Organisationen (collectivities) mit Hilfe des Subsystems Politik die Zielverwirklichung. Das Handlungssystem Gemeinschaft (societal community) leistet über Normen mit Hilfe des Subsystems sozialer Kontrollinstanzen die Integration. Und das Subsystem Verhaltensorganismen, hier gleichgesetzt mit dem Subsystem Wirtschaft, leistet die Anpassung der Gesellschaft an sich verändernde Anforderungen.[21]

---

19 Zur doppelten Kontingenz Parsons/Shils: „There is a *double contingency* (ksv. i.O.) inherent in interaction ... Furthermore the double contingency implies the normative orientation of action ..." (1951: 16).

20 „In Übereinstimmung mit unserem Vier-Funktionen-Schema zur Analyse von Handlungssystemen behandeln wir eine Gesellschaft als analytisch in vier *primäre* Subsysteme teilbar" (Parsons 1972: 20).

21 Parsons Theorie ist kompliziert, nicht immer konsistent und manchmal kryptisch. Ein knappe Fassung der Grundfunktionen findet sich in Parsons 1976: 161-274. Eine hilfreiche, vereinfachende grafische Darstellung geben Strasser/Randall 1979: 219 f.

Was nun den sozialen Wandel in diesem komplizierten analytischen Begriffs-schema betrifft, so wird sozialer Wandel von unten nach oben durch Wirtschaft und Politik in Richtung Gesellschaft und Kultur ausgelöst, während von oben nach unten Kultur und Gesellschaft stabilisierend wirken. Die Gesellschaft wird letztlich durch einen Wertekonsens zusammengehalten, der in ihrer Kultur an-gelegt ist. Disfunktionen werden durch Differenzierung und Anpassung gelöst, so daß der von unten durch Wirtschaft und Politik immer wieder angestoßene soziale Wandel im allgemeinen moderat verläuft. Eine immer feinere hierarchi-sche und funktionale Differenzierung der Sozialstruktur, die historisch aus ein-fach segmentierten Verwandschafts- und Stammesverhältnissen entstanden ist, neue Lern- und Sozialisationsprozesse mit veränderten Rollenauffassungen in einem komplizierten Erziehungs- und Bildungswesen, abweichendes Verhalten und Rollenkonflikte, aber auch der Wandel von Ideen und Werten, z.B. durch Übernahmen aus benachbarten Kulturen (exemplarisch die Amerikanisierung der Welt), die Kommunikation von Affekten durch Medien sowie institutio-nelle Dynamiken (z.B. durch Expansion des Gesundheitswesens oder des Sozial-staates) lösen sozialen Wandel bis hin zu revolutionären Bewegungen aus. Ein ganz alltägliches Element sozialen Wandels ist bereits der ständige Austausch der Bevölkerung durch Geburt und Tod, der Abgang der alten Kulturträger und die gleichzeitige Invasion barbarischer Neugeborener: „What has sometimes been called the 'barbarian invasion' of the stream of new-born infants is, of course, a critical feature of the situation in any society. Along with the lack of biological maturity, the conspicuous fact about the child is that he has yet to learn the patterns of behavior expected of persons in his statuses in his society" (Parsons 1951: 208).

Parsons sieht die Theorie sozialen Wandels als den wichtigsten und abschlie-ßenden Teil seiner Theorie an. Für Parsons ist sozialer Wandel letztlich ent-scheidend durch den Wandel der normativen Kultur definiert.[22] Strukturwandel tritt ein, wenn die eingespielten Austausch- und Gleichgewichtsprozesse zwi-schen den gesellschaftlichen Subsystemen und zwischen Subsystemen und Ge-samtgesellschaft außer Kontrolle geraten, wenn es Systemen nicht mehr ge-lingt, ihre Grenzen aufrechtzuerhalten. Wird eine Grenzlinie stabilen Gleich-gewichts erst einmal überschritten, so setzt in der Regel ein kumulativer Prozeß sozialen Wandels ein. Die Ursachen der anfänglichen Störung können dabei von außen kommen, also aus der Umwelt des sozialen Systems, sie können aber ebenso aus endogenen Quellen stammen, also aus Spannungen innerhalb des sozialen Systems. Das Ausmaß der Wirkung von Störungen hängt von der Größe der Störung, dem Anteil der betroffenen Einheiten des Systems, der

---

Genauer zur Rekonstruktion der Theoriegeschichte Münch 1982. Zum Verhältnis von Theoriestruktur, Erklärungsanspruch und empirischer Forschung bei Parsons siehe Miebach 1984.

22 „Wir definieren einen Wandel in der Struktur eines sozialen Systems als Wandel sei-ner normativen Kultur" (Parsons 1969a: 43). „Nach dem oben skizzierten Programm ist die Analyse der Prozesse des Strukturwandels sozialer Systeme der letzte wichtige und abschließende Problembereich" (Parsons 1969a: 36).

Wichtigkeit der gestörten funktionalen Beiträge und dem Grad von Kontrollfähigkeit und Widerstand gegen den Wandel ab.

Historische Entwicklungsstufen

Parsons behauptet, daß der Modernisierungsprozeß ein sozialer Wandel mit universalen Merkmalen ist, daß er also historisch immer in die gleiche Richtung läuft, wobei bestimmte Stufen der Entwicklung aufeinanderfolgen.[23] Er führt von unkontrollierter zu kontrollierter Affektivität im menschlichen Verhalten, von sozialen Beziehungen mit totalem Bindungsanspruch (z.b. in Clans und Großfamilien) zu spezialisierten und vielfältigen Beziehungen in komplexen Gesellschaften, vom Kollektivismus örtlicher Gemeinschaft oder der Religionsgemeinschaft zur Individualisierung der Personen, von partikularen Wertorientierungen zu universalen Normen (z.b. zu nationalem, internationalem und supranationalem Recht und Verträgen), von der Herkunftsabhängigkeit des gesellschaftlichen Ranges durch Geburt zur Zuweisung von Status nach persönlicher Leistung in Bildung und Beruf.[24] Zur Modernisierung gehört auch die Ausgliederung von Ämtern und Bürokratie aus ihrer Beherrschung durch Verwandschaftssysteme („Vetternwirtschaft"), die Differenzierung der sozialen Schichtung, die allgemeine Durchsetzung von Markt, Eigentum und Geldwirtschaft, die rasante und durchgreifende Mobilisierung menschlicher und sächlicher Ressourcen einhergehend mit zuvor nie gekanntem wirtschaftlichen Wachstum, der Ausbau gezielter kultureller Legitimation. In modernen Gesellschaften werden die gesellschaftlichen Beziehungen ihrer Mitglieder durch allgemeingültige Normen, durch Vertrag und Recht geregelt, die politische Partizipation der Individuen und Gruppen wächst durch vielfältige demokratische Assoziationen und durch legitime Konsensbildung. Die unvermeidlichen Konflikte und Konfliktregelungen werden institutionalisiert und damit zivilisierter (Parsons 1969b). Insgesamt läßt sich sagen, daß Fortschritt die wachsende Herrschaft des Menschen über seine natürliche und soziale Umwelt ist mit Hilfe einer Ausweitung der Leistungs- und Steuerungskapazität.

In zwei historische Studien hat Parsons seine Theorie sozialen Wandels als universale Modernisierung empirisch genauer ausgearbeitet. Die erste Studie (Parsons 1975) befaßt sich mit den Ursprüngen der modernen europäischen Gesellschaften aus ihren frühesten Quellen heraus. Parsons untersucht hier die unterschiedlichen Typen urtümlicher (australischer) und fortgeschrittener primitiver Gesellschaften, die archaischen Großgesellschaften Ägyptens und Mesopotamiens, die zwei untergegangenen „Saatbeetgesellschaften" des modernen Europa, Israel und Griechenland, sowie die zwischen Antike und Moderne stehenden „intermediären" Gesellschaften Chinas, Indiens, Roms und islamischer Reiche. Er kommt zu dem Schluß, daß die Steigerung der Anpassungsfähigkeit

---

23 Knapp zusammengefaßt sind die Modernisierungsmerkmale in den „pattern variables" (Parsons 1951: 57 f.).
24 Diese Thesen finden sich auch bei Durkheim, Simmel, Elias.

von Gesellschaften der entscheidende evolutionäre Fortschritt ist.[25] Eine verbesserte Anpassungsfähigkeit wird an erster Stelle durch Differenzierung größerer Teileinheiten einer Gesellschaft in kleinere und funktional besser spezialisierte erreicht. So trennen sich Kirche und Staat, Kultur und Gesellschaft. Aus der Gesellschaft entwickeln sich als autonome Untersysteme Politik, Recht und Ökonomie heraus. Ökonomie und Politik entlassen eine unabhängige Wissenschaft und Technologie. Und die moderne Persönlichkeit erreicht ein höheres Maß an Autonomie gegenüber Religion und Gesellschaft. Ein gutes Beispiel für diesen Prozeß ist die sukzessive historische Auslagerung von produktiver Arbeit, Bildung und Recht aus der Großfamilie in Wirtschaft, Bildungswesen und Justiz. Die Ausdifferenzierung immer neuer und besser spezialisierter Teilsysteme muß allerdings mit einer neuen Reintegration einhergehen, da sonst die Gesellschaft in ihre Teile zerfallen würde. Die Reintegration wird durch universalere Wertemuster der Kultur und durch universalere (Rechts-)Normen möglich.[26]

Als erste „Wasserscheide" zwischen primitiven und intermediären Gesellschaften sieht Parsons die Durchsetzung und Institutionalisierung einer verbindlichen Schriftsprache in der Oberschicht an. Als zweite Wasserscheide zwischen intermediären und modernen Gesellschaften gilt die Entwicklung weiterer vielfältig institutionalisierter „Kodes" in den gesellschaftlichen Strukturen. Solche universalen Kodes sind vor allem Recht, Geld und Macht, die in den Subsystemen Justiz, Markt und Politik eine zentrale Rolle spielen. Diesen Modernisierungsprozeß beschreibt Parsons in der zweiten historischen Untersuchung (Parsons 1972). Prototypisch ist die Rolle der frühen modernen europäischen Nationen, also vor allem der Niederlande, Englands und Frankreichs. Dies sind jene europäischen Länder, in denen sich nach den religiösen Wirren und Kriegen des 16. Jahrhunderts die industrielle Revolution und die politische demokratische Revolution im Aufbau eines modernen Nationalstaates früh exemplarisch vollzogen. Es entstand hier zuerst eine leistungsfähige, autonome Wirtschaft und eine von Religion und Adel unabhängige partizipative Demokratie. Die Synthese der englischen industriellen Revolution und der französischen demokratischen Revolution sieht Parsons am besten in den USA des 19. und 20. Jahrhunderts repräsentiert.[27] Parsons These ist daher, „daß die moderne Gesellschaft nur auf einem einzigen evolutionären Schauplatz, dem Westen, entstanden ist, d.h. im wesentlichen in Europa, welches das Erbe der westlichen

---

25 „Unter den Veränderungsprozessen ist der für die evolutionäre Perspektive wichtigste Typus die Steigerung der Anpassungsfähigkeit ..." (Parson 1975: 39).
26 „Die zunehmende Komplexität der Systeme ... beinhaltet die Entwicklung von Subsystemen, die auf spezifische Funktionen innerhalb der Operation des Systems als Ganzem spezialisiert sind, sowie von Integrationsmechanismen, welche die funktional differenzierten Subsysteme miteinander verbinden" (Parsons 1975: 43).
27 „Als Tocqueville die Vereinigten Staaten besuchte, war schon eine Synthese der französischen mit der englischen Revolution erreicht worden ..." (Parsons 1972: 111).

Hälfte des Römischen Reiches nördlich des Mittelmeeres übernahm" (Parsons 1972: 9).

Parsons sieht das „Hauptmuster" seiner Theorie der Modernisierung sozialer Systeme durch die verschiedenen vergleichenden historischen Studien der Evolution primitiver, intermediärer und modernen Gesellschaften voll bestätigt. Die Entwicklung der westlichen Gesellschaft der Moderne gilt deshalb als universal und als zielgerichtet. Ihre Entwicklung ist auch keineswegs zu Ende, wie viele Untergangspropheten oder Verkünder der Postmoderne glauben machen wollen. Ihr Zustand ist weder verrottet noch reif für die Revolution. Der Einfluß der modernen westlichen Gesellschaften wird weit in das 21. Jahrhundert hineinreichen. Die Evolution der modernen westlichen Gesellschaft ist „von universeller Bedeutung für die Geschichte der Menschheit" (Parsons 1972: 176).

Evolutionärer Modernisierungswettbewerb

Das evolutionstheoretische Konzept[28] eines universellen Musters der Modernisierung, dargestellt am Exempel der modernen westlichen Gesellschaften, ist nicht nur, wie Parsons sagt, durch vergleichende historische Studien bestätigt, sondern seit dem Jahre 1989 auch durch den faktischen historischen Zusammenbruch des sozialistischen Lagers und der marxistischen Geschichtsphilosophie. Parsons selbst sah als erkennbare zukünftige Gefährdungen des Musters der westlichen Moderne aber primär nicht den Systemwettbewerb mit den sozialistischen Ländern an, sondern zum einen eine immanente Problematisierung der modernen Rationalität und des Rationalitätsprozesses, und zum anderen die Gefährdung sozialer Solidarität durch ein zu hohes Maß an Pluralismus in modernen westlichen Gesellschaften, das deren Gemeinschaftsgrundlagen untergräbt. Leicht sind in diesen beiden Punkten Verbindungen einerseits zur heutigen Wachstums-, Ökologie-, Technik- und Wissenschaftskritik zu erkennen, andererseits zur heutigen Multikulturalismusdebatte und zum Kommunitarismus.

Die Ereignisse von 1989 und die danach eingetretenen Entwicklungen sind für die Modernisierungstheorie der nachhaltige Beweis für die Richtigkeit der grundlegenden Annahmen dieser Theorie sozialen Wandels. Die Modernisierungstheorie beschreibt nach Zapfs Einschätzung nicht nur die historische Entstehung der kleinen Führungsgruppe der demokratischen Industriestaaten richtig, sondern auch die nachholende Modernisierung bislang unterentwickelter

---

28 „Unsere Perspektive impliziert eindeutig evolutionäre Feststellungen. ... Dabei versuche ich, mein Hauptkriterium mit dem in der biologischen Theorie verwendeten in Übereinstimmung zu bringen, indem ich solche Systeme als 'fortgeschrittener' bezeichne, die eine größere allgemeine Anpassungsfähigkeit aufweisen" (Parsons 1975: 169).

Gesellschaften[29] und die gegenwärtigen Bestrebungen der modernen Gesellschaften, ihre Führungsposition im Wettbewerb zu halten.

Der Hauptertrag der Modernisierung ist dabei immer die erfolgreiche Wohlfahrtsentwicklung gewesen, bestehend aus vier Elementen: Konkurrenzdemokratie, Marktwirtschaft, Wohlfahrtsstaat und Massenkonsum. Wichtig für den Erhalt des hohen Wohlfahrtsniveaus ist die Fähigkeit der modernen Gesellschaften zu weiterer Innovation, die bislang nach einem „take-off" immer wieder in langen Wellen zu neuen Produkten und zu neuen Leitindustrien sowie zu sich ablösenden Führungsnationen mit säkularisierter und differenzierter politischer Kultur geführt hat.[30] In nicht geringem Maße ist der technische Fortschritt ein Motor dieser Innovationen (Fourastié 1963). Der technische Fortschritt geht mit einer Umschichtung der Erwerbsbevölkerung zwischen Berufen, Branchen, Sektoren und Regionen einher, löst Krisen und Anomie aus. Mit dem Modernisierungsprozeß verbunden ist auch eine allgemeine und tiefgreifende soziale und psychische Mobilisierung immer weiterer Bevölkerungsgruppen (Lerner 1966; 1969), der Ausbau von Bildung, Wissenschaft und Medien, die Rationalisierung und Säkularisierung der Kultur, sprachliche Assimilierung und eine intensivierte nationale und internationale Kommunikation (Deutsch 1969; 1969a; 1969b) sowie eine immer stärkere politische Partizipation (Rokkan 1969; 1970). In die Umstrukturierung der Erwerbsbevölkerung und des Schichtungssystems werden nach und nach alle vorher nicht betroffenen Individuen und Kollektive einbezogen. Staatliche Instanzen reagieren mit positiven und negativen steuerlichen Anreizen und mit Wohlfahrtspolitik (Smelser/Lipset 1966).[31]

Innovationskonflikte

In den bereits durch den Modernisierungsprozeß saturierten Staaten bildet sich nach einer langen Erfolgsgeschichte jedoch starker Widerstand gegen weitere Innovationen aus, gespeist aus Unwillen gegen Veränderung, aus Ungewißheit und Angst vor der Zukunft, aber auch durch Interessengruppen, die den von ihnen erreichten Status quo auch auf Kosten der Gesamtgesellschaft zu wahren versuchen.[32] Modernisierung setzt sich daher nicht nur unter vormodernen Verhältnissen, sondern auch in modernen Gesellschaften nur in innovativen Krisen und Kämpfen durch. Innovationen sind immer konfliktreiche, ungleichgewichtige, unsichere Suchprozesse mit ungewissem Ausgang. Die Not ist die Mutter der Erfindung: „Nur Depression kann die Barrieren gegen Innovation zerstören" (Zapf 1994: 34). Der Sozialwissenschaft kann im Prozeß der Innovation

---

29 Unter den vielen Studien zu Entwicklungsländern z.B. die breite Synopse von Niehoff 1966.

30 Zur Theorie der wirtschaftlichen Entwicklung Rostow 1960, 1969, 1971; Almond 1969; Almond/Powell 1966; auch Schumpeter 1939a, 1993; vgl. Kapitel 4.4 und 4.5.

31 Einen guten Überblick über die hier genannten empirischen Prozesse des sozialen Wandels im Modernisierungsprozeß gibt Flora 1974.

32 Vgl. hierzu Kapitel 4.4 und 4.5.

die Rolle eines Innovationsmotors zukommen, allerdings in aller Bescheidenheit. Nicht Geschichtssteuerung oder auch nur die große Gesellschaftsplanung und -steuerung sind ihre Möglichkeit (Lau 1975; 1981), sondern die angewandte empirische Forschung, Sozialbeobachtung und Sozialberichterstattung.

Die deutsche Geschichte seit der zweiten Hälfte des 19. Jahrhunderts und insbesondere auch die Geschichte der Bundesrepublik ist eine exemplarische Modernisierungsgeschichte gewesen. Nach einem langsamen Anstieg im 19. Jahrhundert ist seit 1913 der reale Wochenverdienst in der Industrie um das Dreieinhalbfache gewachsen, der Volumenindex der gesamten Industrieproduktion sogar um mehr als das Fünffache. Allein in der Geschichte der Bundesrepublik hat sich das Realeinkommen seit 1950 vervierfacht.[33] Eine rasante Mobilisierung von Ressourcen und Bevölkerung hat dies möglich gemacht, einhergehend mit der Individualisierung der Lebensformen und der stetig weiteren Differenzierung der Sozialstruktur von Klassen und Schichten zu vielfältigen sozialen Lagen und pluralen Milieus. Eine besondere Rolle für die elementare Veränderung der Sozialstruktur spielt in diesem klassischen Modernisierungsprozeß die Bildungsexpansion seit den sechziger Jahren. Während diese innovatorischen Modernisierungsprozesse gut mit den theoretischen Annahmen der Modernisierungstheorie übereinstimmen, haben neue Gesellschaftsszenarien und Modebegriffe wie die Postmoderne lediglich künstlerischen Ausdruckswert, so Zapf. Die Warner und Gefahrenbeschwörer „haben keinen Erkenntnisvorsprung vor denjenigen, die auf die Innovationschancen der Bundesrepublik in der sich weiter entwickelnden Europäischen Gemeinschaft und in der sich weiter verflechtenden internationalen Ordnung ihre Hoffnung setzen" (Zapf 1994: 99). Alle Unkenrufe über Legitimationskrisen und Unregierbarkeit haben sich bislang als haltlos erwiesen, alle tiefgreifenden Veränderungen haben nicht die unüberwindbaren, fundamentalen Spaltungen (cleavages) in der Gesellschaft erzeugt, die vor allem in der marxistischen Tradition immer wieder vorhergesagt worden waren. Allerdings stellt die Aussonderung und Marginalisierung von nicht voll funktionsfähigen Gruppen gegenwärtig das größte Problem im Modernisierungsprozeß dar, das den prognostizierten Spaltungen am nächsten kommt.

Die Modernisierungsforschung ist heute ein interdisziplinäres Unternehmen geworden (Zapf 1969), das zunehmend auf quantitative Analysen, Massendaten, kontinuierliche Sozialbeobachtung und Sozialberichterstattung setzt.[34] Sie nutzt deshalb Theorietraditionen verschiedener Fächer, die etwas zur Entstehung moderner Gesellschaften, zu Aufholjagden von Nachzüglern und unterentwickelten Gesellschaften sowie zur erneuten Innovation der Führungsgruppe

---

33 Zahlen aus Zapf 1994.
34 Zur Information über die Leistungsfähigkeit von moderner Sozialbeobachtung und Sozialberichterstattung sei beispielsweise der Bericht „Lebenslagen im Wandel" der Projektgruppe Sozio-ökonomisches Panel am Deutschen Institut für Wirtschaftsforschung empfohlen (Zapf/Schupp/Habich 1996). Als Vorreiter für die Methoden empirischer Modernisierungsforschung Deutsch 1969c.

sagen können. Der globale Wettbewerb und soziale Bewegungen befördern in einer Wechselwirkung von Anpassungsvorgängen und Selektionsprozessen die weitere Modernisierung von Marktwirtschaft und politischer Demokratie in einem in universalistisch gültiger Weise beschreibbaren sozialen Wandel. Das Ergebnis ist zukunftsoffen, wobei ungeplante Wirkungen durchaus die geplanten übertreffen können. Aber die wissenschaftliche Qualität der Modernisierungstheorie und der von ihr angeleiteten Forschung sowie der implizite anthropologische Optimismus der Modernisierungstheorie sozialen Wandels können nicht durch die diversen, immer neuen und immer wieder populären Apokalypsen ersetzt werden (Zapf 1996). Zapf formuliert die positive Einschätzung des Wertes der Modernisierungstheorie besonders prononciert, wenn er sagt: „Was also wäre, wenn es die Modernisierungstheorie nicht oder nicht mehr gäbe? Sie würde neu erfunden werden" (Zapf 1996: 75).[35]

Sozialgeschichte

Ein klassischer Einwand von Gewicht gegen die Modernisierungstheorie sozialen Wandels kommt von der Geschichtswissenschaft. Dies ist nicht überraschend, da die Geschichtswissenschaft sich mit der langfristigen Historie von Gesellschaften und Staaten befaßt und über ein überaus reichhaltiges Quellenmaterial gebietet. Generalisierenden theoretischen Annahmen mit universalem Anspruch für die Evolutionsgeschichte der menschlichen Gesellschaften begegnet sie daher mit Skepsis. Zu viele Einzelfälle und Besonderheiten bedürfen der kritischen Quellenarbeit und der hermeneutischen Interpretation, um sie unter eine allgemeine soziologische Theorie wie die Modernisierungstheorie subsumieren zu können.[36] Dennoch haben sich Historiker und historisch arbeitende Soziologen immer wieder mit den Ansprüchen der Modernisierungstheorie befaßt, insbesondere auf den Spuren von Max Weber (Bendix 1964; 1965; 1969). In solchen historischen Studien werden Idealtypen von Gesellschafts-

---

35 Vergleiche der Modernisierungstheorie sozialen Wandels mit konkurrierenden Theorien sind häufig angestellt worden. Einen sehr weitgesteckten und eigenwilligen Überblick, in dem der Strukturfunktionalismus und die aus ihm hervorgehende Modernisierungstheorie eine auffallend geringe Rolle spielt, gibt Dreitzel 1967. McLeish (1969) bezieht neben strukturfunktionalistischen Theorien den Marxismus und die Psychoanalyse ein und kritisiert bei Parsons den fehlenden individuellen Akteur: „The social system does not consist of individuals at all" (ebd.: 74). Einen einfachen Überblick zur Einführung gibt Appelbaum (1970). Strasser/Randall (1979) vergleichen vor allem strukturfunktionalistische und marxistische Theorie sozialen Wandels. Schmid (1982) unterscheidet strukturelle und individualistische Theorien sozialen Wandels und versucht eine Integration, während Wiswede/Kutsch (1978) zwischen Funktionalismus, Neo-Evolutionismus, Konflikttheorie und verhaltensorientierten Analysen differenzieren. Zur neo-evolutionistischen, funktionalistischen und konflikttheoretischen Analyse des Wandels westlicher Gesellschaften als zentralem Typus in der Weltsozialstruktur auch Bornschier 1988. Aus einer gemeinsamen Arbeit der Theoriesektionen von DGS und ASA ging der breit informierende Sammelband Haferkamp/Smelser (1992) hervor.
36 Zur Diskussion zwischen Soziologen und Historikern Wehler 1972.

strukturen gebildet, mit denen die empirischen Zustände vor und nach einem Wandel verglichen werden. So sind die uns geläufigen Kontrastbegriffe Feudalismus, Kapitalismus, Sozialismus etc. entstanden. Solche Idealtypen ermöglichen es, Epochen und ihre gesellschaftlichen Merkmale z.b. aus der Zunahme rationaler Verhaltensweisen in Politik, Verwaltung, Recht, Ökonomie, Wissenschaft heraus zu verstehen.[37]

Der Historiker Wehler kritisiert, daß die Modernisierungstheorie aus der Geschichtswissenschaft alte Konzepte übernommen habe, dualistische Kontrastbegriffe wie Barbarei versus Zivilisation, Tradition versus Moderne. Sie liebe zu sehr die großen Gegensätze und Entwicklungsstufen.[38] Da sich ihr Fortschrittsmodell der Modernisierung einseitig an Großbritannien im 19. Jahrhundert und an den USA im 20. Jahrhundert ausrichtet, ist ihr Idealtypus eine realisierte, möglicherweise aber singuläre Utopie der Geschichte.[39] Auch der evolutionstheoretische Charakter der Modernisierungstheorie verleitet zu Einseitigkeiten, weil die implizite Fortschrittsgewißheit andere Prozesse wie Niedergänge, Entdifferenzierungen, Zusammenbrüche und Gegenmodernisierungen leicht übersehen läßt: „Differenzierung führt nicht überall notwendig zur Mobilisierung, sondern kann sich vielmehr mit Passivität zu Stagnation vereinen. Mobilisierung führt nicht überall notwendig zur Partizipationssteigerung, sondern kann vielmehr die Energien absorbieren und von Politik fernhalten. ... Partizipationssteigerung führt nicht überall notwendig zur Konfliktinstitutionalisierung, sondern kann vielmehr Konflikte bis hin zur offenen Revolution steigern. Konfliktinstitutionalisierung führt nicht überall notwendig zur Erhöhung der Steuerungs- und Anpassungskapazitäten, sondern kann auch zur ritualisierten Erstarrung werden, während, da Interessen nur jeweils selektiv berücksichtigt worden sind, neue Gegensätze außerhalb der institutionalisierten Regelungsdämme aufbrechen, die Steuerungsmechanismen unvorbereitet vorfinden und überrennen" (Wehler 1975: 24). Generell hat die Modernisierungstheorie das produktive Wechselspiel von Tradition und Moderne zu wenig beachtet, da sie das Augenmerk zentral auf Entwicklungsstadien und -fortschritte richtet.[40]

---

37 „Allerdings aber bildet das rational deutbare Sichverhalten bei der soziologischen Analyse verständlicher Zusammenhänge sehr oft den geeignetsten 'Idealtypus': die Soziologie wie die Geschichte deuten zunächst 'pragmatisch', aus rational verständlichen Zusammenhängen des Handelns" (Weber 1985: 429). So untersucht Bendix (1969) in Nation-Building and Citizenship die Transformation der westeuropäischen Länder ab dem 18. Jahrhundert in Anlehnung an Webers Herrschaftstypen und an Marshalls Entfaltung von citizenship unter Berücksichtigung der Sonderfälle Japan, Deutschland, Rußland und Indien.
38 Exemplarisch dafür Nisbets Schilderung des Zivilisationswachstums bei den Griechen, im Christentum und in der Moderne, die er mit einer Theorie sozialer Entwicklung verbindet (Nisbet 1969).
39 „Vielen Modernisierungstheorien war die amerikanische Gesellschaft der zwei Nachkriegsjahrzehnte seit 1945 zumindest implizit eine realisierte Utopie" (Wehler 1975: 18).
40 Zur Dynamik der Tradition und zu den Traditionen der Modernität eindrucksvoll Eisenstadt 1979.

Und dennoch: „Man wird schwerlich umhinkommen zuzugeben, daß Alternativen ... weder klar zu erkennen sind noch leicht zu entwickeln sein dürften" (Wehler 1975: 51).

Soziale Bewegungen

Ein anderer Einwand gegen die Modernisierungstheorie stellt die Verbindung zum Kommunitarismus her.[41] Hier geht es um die Balance von Kontrolle und Autarkie in der modernen Gesellschaft und in der soziologischen Theorie (Etzioni 1968). Mit dem zweiten Weltkrieg bereits, so das Argument, sei die klassische Moderne mit ihren außerordentlichen Modernisierungserfolgen zu Ende gegangen. In der nachmodernen Ära, die seither begonnen hat, stellt sich die Frage, ob wir noch Herr jener Modernisierungskräfte sind, die wir hervorgerufen haben. Wird die zukünftige Gesellschaft Herr oder Sklave ihrer Instrumente sein? Oder wird die Modernisierung jene alten, unverzichtbaren gemeinschaftlichen Werte hinwegfegen, denen sie ihre Existenz verdankt? Werden wir die zentralen Gemeinschaftswerte auch durch die weitere Modernisierung hindurch bewahren können? Etzioni spricht von der Notwendigkeit einer aktiven gesellschaftlichen Gemeinschaft und beklagt die geringe Kraft moderner Demokratien zum aktiv gestalteten Wandel. Als Vorbilder für eine aktive Gesellschaft sieht er die Bürgerrechtsbewegung in den USA, die Entkolonialisierung und nachholende Modernisierung in der Dritten Welt sowie internationale soziale Bewegungen. Nicht anonyme Strukturen und Funktionen bewegen den Modernisierungsprozeß dadurch voran, daß Individuen und Kollektive als Erfüller von Funktionen passiv mitgerissen werden, sondern unterschiedliche soziale Bewegungen sind die gestaltenden Kräfte der Modernisierung. Eine moderne Makrosoziologie ersetzt deshalb den Kollektivismus des soziologischen Strukturfunktionalismus ebenso wie den Voluntarismus der Politischen Wissenschaft und der Ökonomie (Etzioni 1969) durch das Konzept einer aktiven Verantwortungsgesellschaft (Etzioni 1997). Dies ist die soziologische Fassung des Freudschen Programms „Aus Es werde Ich".[42]

Ein nachdrücklicher Vertreter dieser Auffassung und Kritiker des Strukturfunktionalismus ist auch Moscovici (1979). Er kritisiert die Anpassungsbereitschaft von Menschen und Gruppen und eine soziologische Theorie, die diese Konformität zur conditio sine qua non des sozialen Systems erklärt. Er setzt statt dessen auf wachsende Einflüsse aktiver Minderheiten und auf gezielte Konfliktstrategien: „Die Konfliktlösung wird (dann) zugunsten der Partei sein, die in der Lage ist, ihre eigene Entwicklung zu gestalten, die die aktivste ist und

---

41 Vgl. Kapitel 3.5.
42 „The dilemma is similar to one Freud perceived in indvidual conduct: How is a man's future controlled? ... We ask similar questions about the social actors" (Etzioni 1968: x).

für die gehalten wird, die das 'angemessene' Verhalten wählt" (Moscovici 1979: 258).[43]

Eine besondere Rolle für die Aufgeschlossenheit und Nichtaufgeschlossenheit von kollektiven Akteuren für aktives Handeln spielt gesellschaftliches Wissen. In der postmodernen Gesellschaft (Etzioni-Halevy 1981) stehen Wissen und Wissensproduzenten im Mittelpunkt, nicht mehr die Produktion. Bildung und allgemeine Qualifizierung wachsen. Angestellte und Dienstleistung drängen die Bedeutung des ersten und zweiten Sektors zurück. Öffentliche Entscheidungen werden wichtiger als die individuelle Nachfrage. Die Rechte von Minderheiten weiten sich aus und Rechtsansprüche werden auf wohlfahrtsstaatliche Güter und Dienstleistungen ausgedehnt. Alles läuft auf einen zunehmenden Einfluß des Staates hinaus. Diese Entwicklung aus der klassischen Moderne heraus entsteht wiederum durch die Differenzierung von Subsystemen aller Art, die eine eigene Funktion und Rationalität entwickeln. Der Preis der postmodernen Differenzierung ist allerdings eine Zunahme von Konflikten und der Verlust an gemeinschaftlichen Lebensweisen und Werten. Als Folge wachsen auch Entfremdung, Unsicherheit, moralische Konfusion, Anomie und begünstigen die Suche nach neuen Führern.

Adaption und Selektion

Andere Kritiker der Modernisierungstheorie gehen über historische und kommunitaristische Einwände hinaus. Sie sehen in der besseren Mikrofundierung der Forschung und in der Analyse der Wechselwirkung zwischen Anpassungshandeln und Selektion eine alternative theoretische Erklärung sozialen Wandels. Die Forderung nach Mikrofundierung richtet sich auf das zweckgerichtete, ergebniskontrollierte Handeln ökonomischer und politischer Akteure, auf Präferenzen, Mittel, beschränkte Rationalität und Koordinationsprobleme mit anderen Akteuren unter den Bedingungen von strukturellen Anreizen, Restriktionen und unbeabsichtigten Folgen (Hernes 1995). Der Selektionsgesichtspunkt setzt auf Selektion durch Umweltbedingungen. Er richtet sich auf Konkurrenzbeziehungen insbesondere unter Marktverhältnissen einschließlich der Gestaltung der selektiven Umwelt durch Konkurrenzbeschränkungen, kollektive Interessenvertretung und Monopolbildung (Mayntz 1995). Der Selektionsgesichtspunkt muß den Aspekt aktiver Adaption ergänzen, weil die Adaptionsfähigkeiten von Akteuren aus inneren und äußeren Gründen oft eingeschränkt sind.[44] Hindernisse und Widerstände gegen den Strukturwandel der Umwelt

---

43 Zur mobilisierenden und modernisierenden Kraft sozialer Bewegungen und zur Kritik der Soziologie vgl. auch die klassische Studie von Touraine (1972) über alte und neue Gesellschaftsklassen und von Eder (1995; 1988) über die Beschleunigung sozialer Wandlungsprozesse, Gegenkulturen und die Evolution praktischer Vernunft im Umgang mit der Natur. Zum Verhältnis von Innovationen, sozialen Bewegungen und geplantem Wandel siehe Harper (1989).
44 Nach innen z.B. durch Anlagen, Personal, Informationsmangel, normative Übereinkünfte; nach außen durch legale und fiskalische Barrieren, Umweltwiderstand, un-

sind selbst im Wirtschaftsleben so häufig, daß die meisten Firmen in einem Zeitraum von nur zwei bis drei Jahrzehnten untergehen. Adaption gelingt oft nicht, Selektion erweist sich als wirksamer: „Sicher muß man dieses Phänomen näher erforschen; solange wir aber nicht vom Gegenteil überzeugt werden, wollen wir bezweifeln, daß die hauptsächlichen organisatorischen Merkmale durch Lernen oder Adaption entstehen" (Hannan/Freeman 1995: 329).

Die Beziehungen zwischen Anpassung und Selektion, zwischen Mikro- und Makroebene sind ein besonders interessanter Forschungsgegenstand. Die zentrale Frage der Theorie sozialen Wandels muß dann lauten: Wie reagieren Menschen auf die von ihnen selbst geschaffenen Verhältnisse und deren Selektionsfunktion? „It is a truism of sociology that unintended consequences make more difference to the future evolution of institutions and societies than intended ones, and if the consequences *are* the intended ones it is not because they were intended but because of the function which the roles whose incumbents had conceived the intentions performed within the pre-existing mode and sub-type of the distribution of power" (Runciman 1989: 286).

4.3 Sozial- und Systemintegration

Wie die geschichtsphilosophischen Träume des 19. Jahrhunderts in der Nachfolge von Comte und Marx, so läuft auch die strukturfunktionalistische Modernisierungstheorie in der Parsonsschen Version letztlich auf den Versuch hinaus, über die genaue Kenntnis gesellschaftlicher Bedingungen und universaler Evolutionsdynamiken den Gang der Geschichte vorhersagen zu können. Die darauf aufbauende Modernisierungsforschung integriert die Soziologie mit Wirtschafts- und Politikwissenschaft zu einem Planungs- und Implementationsinstrument, um Gesellschaft wissenschaftlich begründet rational gestalten zu können. Im Vergleich zu ihren Vorgängern ist diese Forschung nicht nur theoretisch wesentlich genauer ausgearbeitet, sie kann sich auch auf unvergleichlich solidere empirische Arbeiten stützen, die robustere Ergebnisse liefert als ihre Vorgänger es je vermochten. Gleichwohl: „Der prometheische Traum der Menschheitsgeschichte, die Gesellschaft 'machen zu können', scheint trotz aller theoretisch geleiteten Bemühung unrealisiert zu bleiben" (Müller/Schmid 1995a: 22).[45]

---

terminierte Legitimationsansprüche, Konflikte zwischen inidvidueller und kollektiver Rationalität.

45 Dies zeigte sich zuletzt an der ausgebliebenen Vorhersage des Zusammenbruchs der sozialistischen Länder, auch wenn dieser Zusammenbruch mit den Annahmen der Modernisierungstheorie besser übereinstimmte als mit vielen konkurrierenden Positionen.

Systemintegration

In Abkehr von der Parsonsschen Modernisierungstheorie hat sich vor allem Luhmann konsequent von deren strukturfunktionalistischen Grundlagen verabschiedet.[46] Die in der strukturfunktionalistischen Theorie überkommene Unterscheidung vom Ganzen (Gesellschaft) und seinen Teilen (Wirtschaft, Politik, Recht, Bildungswesen), die Benennung von vier Hauptfunktionen der Handlungssysteme, die Formulierung universaler Merkmale, Ursprünge und Ziele des Modernisierungsprozesses in der Geschichte wird durch die Differenz von System und Umwelt ersetzt. Nach Luhmann sind Systeme strukturierte Einheiten, die sich in einer komplexen und veränderlichen Umwelt durch Stabilisierung der Differenz von innen und außen erhalten. Systeme sind selbstreferentiell, das heißt, „daß die Systeme in der Konstitution ihrer Elemente und ihrer elementaren Operationen auf sich selbst ... Bezug nehmen" (Luhmann 1984: 25). Sie müssen eine Beschreibung ihrer Selbst erzeugen, um die Differenz zwischen System und Umwelt verarbeiten zu können. Systeme sind selbsterzeugend, „autopoietisch" in Luhmanns Begriff. So gewinnt beispielsweise die Wirtschaft „ihre Einheit als autopoietisches, sich selbst reproduzierendes System dadurch, daß sie eine eigene Typik von Elementen verwendet, die nur in der Wirtschaft vorkommen und nur in ihr, das heißt nur in rekursivem Bezug auf andere Elemente desselben Systems, ihre Einheit gewinnen. Der 'unit act' der Wirtschaft ist die Zahlung" (Luhmann 1988: 52).

Die Erzeugung und Erhaltung des Systems ist eine Leistung des Systems selbst, die in Anpassung seiner Struktur an die Umweltbedingungen geschieht. Die Umwelt kann aber stets mehr Zustände annehmen, als die Systemstruktur gerade bewältigen kann. Die Eigenkomplexität des Systems muß dann vergrößert werden, um sich der Variation der Umwelt wieder anpassen zu können. Das Komplexitätsgefälle zwischen System und Umwelt bleibt aber ein Dauerproblem, weil die Umwelt ihrerseits aus anderen Systemen besteht, die ebenfalls einem Anpassungsdruck ausgesetzt sind und ihre Komplexität vergrößern, womit sich wiederum die Umweltkomplexität aller anderen Systeme verändert. Dies ist der Grundgedanke der Luhmannschen Evolutionstheorie. Wenn das Rechtssystem einer Gesellschaft beispielsweise durch Umweltrecht oder Steuerrecht auf die wachsende Komplexität des Wirtschaftssystems oder der Technik als Teil seiner Umwelt reagiert, indem es seine eigene Komplexität institutionell und durch Rechtsentwicklung vergrößert, so verändert sich dadurch die Komplexität der Umwelt des Wirtschaftssystems und der Technik, die dann ihrerseits wiederum mit eigener Komplexitätserhöhung die vergrößerte Umweltkomplexität zu reduzieren versuchen werden. Da die Erzeugung von Systemstruktur eine Reaktion auf die stets größere Umweltkomplexität ist mit dem Ziel der Reduktion von Umweltkomplexität durch Vergrößerung der Eigenkomplexität, ist das Wechselspiel zwischen Systemkomplexität und Umwelt-

---

46 Luhmann bezeichnet dies als Paradigmenwechsel in der Systemtheorie. Vgl. dazu seine ältere Position (Luhmann 1971: 137-153).

komplexität der letztlich entscheidende Bezugspunkt der Evolution in der Systemtheorie.

Sozialintegration

Habermas kritisiert an dieser evolutionstheoretischen Annahme der Luhmannschen Systemtheorie, daß die Grenze zwischen System und Umwelt keine natürliche Grenze im Sinne der Biologie sei, von der die Systemtheorie ihre Analogien bezieht. Die Grenze sozialer Systeme ist vielmehr eine subjektive Sinngrenze. Soziale Systeme können ihre Bestandsvoraussetzungen selbst definieren und manipulieren. Sie sterben nicht wie biologische Systeme.[47] Da die Weltkomplexität kein objektives, sondern ein subjektives Systemproblem ist, erscheint Weltkomplexität auch nur in Gestalt des interpretativen Sinnhorizontes, den soziale Systeme sich von der Welt machen. Die Umwelt des Systems ist nicht uninterpretiert verfügbar, sondern nur über sinnhafte Selektion. Es besteht immer eine Diskrepanz zwischen der Vielfalt der vorgestellten Möglichkeiten von Welt und dem tatsächlichen Handlungsspielraum des Systems, sei dies eine einzelne Person oder eine soziale Gruppe. Diese Diskrepanz wird in der modernen Welt mit ihrer zunehmenden Vielfalt an Informationen und Optionen nicht nur als Chance, sondern auch als Verunsicherung und Belastung erlebt. „... die Komplexität, die die Handlungssysteme auf die erläuterte Weise bedrängt, ist nicht die Komplexität der Wirklichkeit, sondern die der sinnhaft aufgebauten 'Welt', die soziale Systeme als ihre Umwelt auf dem Wege der symbolisch vermittelten Erfassung von Weltkomplexität hervorbringen. Auf der Ebene sinnhafter Selektivität stellt sich mithin umittelbar gar nicht die Aufgabe der Reduktion von Weltkomplexität, sondern die Reduktion von selbst erzeugter, gleichsam überschüssiger Eigenkomplexität" (Habermas 1971b: 157).

Die selbst erzeugte, überschüssige Eigenkomplexität steigert einerseits die Handlungsfähigkeit des Systems gegenüber seiner Umwelt, reduziert also Umweltkomplexität erfolgreich. Andererseits wird die so erreichte hohe Eigenkomplexität dann selbst zum Binnenproblem, das wiederum nur durch Selektion aus den gegebenen Handlungsmöglichkeiten gelöst werden kann, durch Reduktion von Eigenkomplexität. Der Mensch entlastet sich aus dieser Informations- und Entscheidungsunsicherheit durch Institutionalisierung des Handelns, durch eine sozial gesetzte Vereinfachung von Informationen, sinnhaften Weltinterpretationen und Entscheidungsmöglichkeiten.[48]

---

47 Subjektive Sinngrenzen sind nicht universal, wie im Kontrast dazu das harte Kriterium des biologischen Systemuntergangs, der Tod, zeigt. „Das 'klar geschnittene' Problem des Todes und ein entsprechendes Überlebenskriterium fehlen, weil Gesellschaften niemals das 'nackte Leben' reproduzieren, sondern stets ein kulturell definiertes Leben" (Habermas 1971b: 151).
48 Zur Institutionentheorie auch Gehlen 1957; 1981.

Die Komplexität der objektiven Systemumwelt ist also nicht identisch mit der Komplexität der sinnhaft konstruierten Welt. Die sinnhaft strukturierte Welt sozialer Gruppen ist weder auf einen bestimmten realen Umweltausschnitt beschränkt, noch bildet sie ihn einfach ab. Vielmehr ist die sinnhafte Welt ein Produkt historischer Selektion und Interpretation. Die kulturellen Deutungsmuster der sinnhaften Welt sozialer Gruppen sind das Ergebnis der Verarbeitung von Informationen über die komplexe Umwelt und der Interpretation der Interessenstruktur vergesellschafteter Individuen in ihrer Geschichte. Das Problem der Bestandserhaltung sozialer Systeme hängt von diesen beiden Interpretationsleistungen ab.[49]

Die sinnhafte Sozialintegration kann die Erfordernisse der Systemintegration verfehlen und Entwicklung wie Existenz des sozialen Systems gefährden. Dies ist jedoch kein blinder oder technokratischer Prozeß, den die Soziologie lediglich beobachten und beschreiben kann. Vielmehr unterliegen das Ergebnis der Verarbeitung von Informationen über die komplexe Umwelt ebenso wie die Interpretation der Interessenstruktur vergesellschafteter Individuen der Möglichkeit rationaler Entscheidung im gesellschaftlichen Diskurs. Eine Theorie der Entstehung und Veränderung von Weltbildern und kulturellen Überlieferungen geht als Sozialintegrationstheorie deshalb einer Systemtheorie der Gesellschaft voraus. Praktische Vernunft ist folglich keine Illusion, wendet Habermas gegen Luhmann ein.

Ökologie und Postmoderne

Luhmann hat am Beispiel des Themas Ökologie in pointierter Weise die Kritik der systemtheoretischen Perspektive am Grundtypus konkurrierender theoretischer Auffassungen in der Soziologie deutlich gemacht. Die Soziologie befasse sich typischerweise mit Entwürfen idealer Gesellschaft, wobei sie die reale Gesellschaft dann an ihren Idealen mißt und Schuldige sucht, bis sie die Ideale wieder verwirft: Ein Spiel von Ideologie und Illusion, das Theorie zu Moral konvertiert. Systemtheoretisch hingegen ist das Thema Ökologie keine moralische Frage, sondern auf die Differenz von System und Umwelt zurückzuführen. Diese Differenzsetzung beginnt bereits mit der Ausgrenzung der Religion aus der Natur, später der civitas aus der Naturgeschichte. Schon früh in der Menschheitsgeschichte wird die Umwelt als nichtmenschlich Externes konstituiert.[50]

Da für jedes System die Welt komplexer ist als das System selbst, muß jedes System Umweltkomplexität reduzieren, indem es Differenz setzt und Struktu-

---

49 „Freilich dürfen wir nicht unterstellen, daß in den kulturellen Definitionen des Lebens, wie sie sich im Selbstverständnis einer Gesellschaft vorfinden, alle objektiven Bestandsprobleme und alle operativ wirksamen Zielsetzungen auch deklariert sind" (Habermas 1971b: 164).

50 „In der Ökologie wird die Einheit der Differenz von System und Umwelt zum Thema, nicht aber die Einheit eines umfassenden Systems" (Luhmann 1986: 21).

ren zur Fortsetzung der Autopoiesis entwickelt. Das System schließt seine zirkuläre Selbstreproduktion gegen die Umwelt ab und wird nur ausnahmsweise, so Luhmanns Formulierung, durch Resonanz in Schwingung versetzt. Nur so können Systeme existieren, z.B. die Landwirtschaft: Jede „Landwirtschaft beginnt mit der Vernichtung der Umwelt", ökologische Landwirtschaft eingeschlossen (Luhmann 1986: 42). Autopoiesis und Resonanz werden durch Selektion von Sinn gesichert. Umweltprobleme können deshalb nur dann in einer sinnselektiven Gesellschaft Resonanz finden, wenn sie in die „Operationen binärer Codierung" ihrer unterschiedlichen Subsysteme passen, z.B. in die Codierungen von Recht und Unrecht (Justiz), wahr und falsch (Wissenschaft), Haben und Nichthaben (Ökonomie). „Es mögen Fische sterben oder Menschen, das Baden in Seen und Flüssen mag Krankheiten erzeugen, es mag kein Öl mehr aus den Pumpen kommen und die Durchschnittstemperaturen mögen sinken oder steigen: solange darüber nicht kommuniziert wird, hat dies keine gesellschaftlichen Auswirkungen" (Luhmann 1986: 63). Die Kommunikation aber ist immer sinnselektiv-systemisch.

In der Auseinandersetzung mit dem Konzept der Postmoderne hat Luhmann diesen Gedanken weiter ausgebaut. In der modernen Welt gibt es keinen gemeinsamen Bezug mehr, sei es nun Mythos, Religion, Tradition, Staat, Wissenschaft etc.[51] Es gibt nur noch eine Vielzahl spezialisierter Systeme und die in allen Systemen getroffene Unterscheidung zwischen Selbstreferenz und operativem Code, so z.B. im Rechtswesen die Differenz von Begriffsjurisprudenz und Interessenjurisprudenz, in der Wirtschaft die Differenz von Zahlung und Leistung. Was Realität ist, ist letztlich nur noch durch die Beobachtbarkeit von Beobachtungen garantiert. Die Beobachtbarkeit aber steigt durch immer neue Systeme, die auf die Beobachtung der Beobachtung spezialisiert sind. Das Musterbeispiel dafür ist die Wissenschaft. Aus der Beobachtung von Beobachtung und der Beschreibung von Beschreibungen ergeben sich auf Zeit stabile Eigenwerte wie Geld, Recht, Staat, Wahrheit. Eigenwerte sind zwar ebenfalls kontingent, haben aber eine lange Dauer. Mit diesem Maß an Stabilität und Erwartungssicherheit müssen wir uns bescheiden. Eine geschichtsgestaltende praktische Vernunft gibt es nicht, auch nicht in Gestalt der Habermasschen Diskurstheorie.

„Eines kann man heute sicher wissen: Die Evolution hat immer schon in hohem Maße selbstdestruktiv gewirkt. Kurzfristig und langfristig. Wenig von dem, was sie geschaffen hat, ist erhalten geblieben. Das gilt für die Mehrzahl der einst vorhandenen Lebewesen. Und ebenso sind fast alle Kulturen, die das menschliche Leben bestimmt haben, verschwunden. Der Sinn, den sie für die mit ihnen Lebenden gehabt haben, läßt sich kaum noch verstehen. ... Den Selbstverständlichkeiten und kulturellen Formen, der 'Lebenswelt' unserer heutigen Gesellschaft, wird es genauso ergehen. Daran kann niemand ernsthaft

---

51 „Sie kann sich nicht mehr auf einen Abschlußgedanken, auf eine referenzfähige Einheit, auf eine Metaerzählung (Lyotard) beziehen" (Luhmann 1992: 30).

zweifeln. ... Es ist nicht auszuschließen, ja, genau betrachtet, wahrscheinlich, daß die Menschen als Lebewesen wieder verschwinden werden" (Luhmann 1992: 149).

Dieses Horrorszenario sei so unakzeptabel, daß es verdrängt oder in Warnung umgesetzt wird, ist Luhmanns Erklärung für die Verwechslung von Moral und Wissenschaft. An diesem Geschäft beteilige sich auch die Soziologie, wenn sie Theorie mit Ethik verwechselt. Dabei fehle den Warnern und Forderern in der Regel das für die Ethik wesentliche Moment, die Anwendung der proklamierten Ethik auf sich selbst. Die alarmrhetorische Ethik sei für andere gedacht, und ihre Intensität verdanke sie dem Nichtwissen.

Die Kontroverse um Sozial- und Systemintegration läßt sich in drei Thesen über sozialen Wandel und Modernisierung zusammenfassen (Peters 1993). (1) Es besteht Einigkeit zwischen Diskurstheorie und Systemtheorie über die sich verändernde Relation von Einheit und Differenz. Das Soziale differenziert und pluralisiert seine Strukturen mit nachfolgender Individualisierung und Subjektivierung. Dies bedeutet Chance und Anomiegefahr zugleich. (2) Der privilegierte Status der Wissenschaft als Theorie mit universalem Wahrheitsanspruch wird angegriffen und Theorie konstruktivistisch-postmodern als egalisierter Teil des Sozialen definiert, als ein Beobachter unter anderen. (3) Die kritische Theorie setzt im Kontrast zur Systemtheorie und in Fortsetzung des Anspruchs der Aufklärung auf Ausgang aus der selbstverschuldeten Unmündigkeit auf eine weitere bewußte Vergesellschaftung und Verselbständigung des Sozialen.

Damit befindet sie sich in Übereinstimmung mit den ansonsten von ihr strikt kritisierten liberalistischen und utilitaristischen Gesellschaftstheorien.

4.4 Staat und Markt, Politik und Ökonomie

Die liberalistische Theorie des Gesellschaftsvertrages und die utilitaristische Theorie des Marktes gehen auf die frühesten sozialwissenschaftlichen Abhandlungen zur modernen Gesellschaft zurück, auf Arbeiten von Hobbes, Locke, Rousseau, Hume, Adam Smith. In ihnen entfalten sich schrittweise theoretische Konzepte zu Staat, Recht und Markt, Freiheit, Gleichheit und Gerechtigkeit, die heute noch einflußreich sind, nicht nur in der Soziologie, sondern auch in Politikwissenschaft und Wirtschaftswissenschaft. Eine zentrale Frage gilt der Möglichkeit und den Problemen antagonistischer Kooperation zwischen interessengeleiteten, utilitaristischen Individuen. Das Problem ist die Verbindung von Mikrotheorie sozialer Akteure und Makrotheorie der Gesellschaft, wobei die Theorie der Gesellschaft aus einer Theorie rationaler Akteure entwickelt wird. Es gibt in dieser Theorietradition weder die Annahme einer zielgerichteten Geschichte, noch die Unterstellung diskursiv ausgehandelter symbolischer Welten noch gemeinsame Sinnhorizonte sichernde Lebenswelten des Alltags.[52]

Grundlagen der bürgerlichen Gesellschaft

Eine der ältesten gesellschaftstheoretischen Arbeiten dieses Typs findet sich bei Locke. Locke nimmt Hobbes Gedanken des unkontrolliert eigensüchtigen Menschen auf, der einen Krieg aller gegen alle führt, sobald die moderne Gesellschaft der Freien und Gleichen es ermöglicht. Im Unterschied zu Hobbes entwickelt er jedoch einige differenziertere Überlegungen zum Leviathan und zur bürgerlichen Gesellschaft. Die Fundamente der bürgerlichen Gesellschaft sieht er in Privateigentum und Familie. Die wichtigste Säule ist das Privateigentum. Mit der immer dichteren Besiedlung der Erde gehen nomadisierende Lebensformen unter und wird der Übergang zum Privateigentum zwingend. Der eigene Körper und das Werk seiner Hände werden aus dem allgemeinen Menscheneigentum als Privateigentum herausgehoben. Eigentum erlischt nur dadurch, daß es nicht genutzt und gepflegt wird. Mit der Anerkennung dieser Regel ist auch seine Menge begrenzt, jedoch läßt sich Reichtum in Form von Geld als anerkanntem Tauschsymbol anhäufen. Arbeit macht Nationen reich, nicht Landfläche. Die zweite Säule der bürgerlichen Gesellschaft ist die Familie. Sie ist eine freiwillige Vereinigung auf Zeit zur Aufzucht von Kindern. Die Freiwilligkeit der familiären Vereinigung gibt auch das einfachste Modell für die Verfassung der Gesellschaft her. Staatliche Gewalt wird nur auf Zeit und nur an eine Legislative delegiert, nicht an einen Monarchen, der sich selbst die Willkür gegenüber anderen Freien vorbehält. Durch das Mehrheitsprinzip erhält die Gesellschaft gleichwohl Ordnung und Handlungsfähigkeit. Das Mehrheitsprinzip ist unverzichtbar, denn wenn jeder jederzeit allem zustimmen müßte, wäre die Gesellschaft handlungsunfähig und erfüllte ihren Zweck nicht mehr.[53]

Lockes Untersuchung über die Regierungsformen befaßt sich mit Menschenrechten, bürgerlichen Rechten, politischen Rechten und mit Verträgen zur Lebensführung. Der Vertrag zum Zusammenschluß der Individuen zu einer Gesellschaft ist wie bei Hobbes unkündbar, dieses Recht ist abgetreten. Die Ablösung der Regierung und der Wechsel der Regierungsformen sind hingegen legitim. Der Gesellschaftsvertrag schafft freien und gleichen Bürgern in einer zivilen Gesellschaft einen sicheren und liberalen, rechtlichen und institutionellen

---

52 Eine kritische Würdigung individualistisch handlungstheoretischer in Relation zu anderen Theorien sozialen Wandels findet sich bei Boudon: „A fundamental principle in action sociologies is that social change is to be analysed as the result of a set of individual actions" (Boudon 1986: 29). Boudon sieht sich damit in der Nachfolge der Historizismuskritik Poppers (Popper 1979; auch 1957/58).

53 „Eine solche Verfassung würde dem mächtigen Leviathan kürzere Lebensdauer als den schwächsten Lebewesen gewähren und würde ihn nicht den Tag seiner Geburt überleben lassen. Dies aber kann man schwerlich annehmen wollen, solange man nicht glaubt, vernunftbegabte Wesen wünschten und gründeten eine Gesellschaft nur, damit sie wieder aufgelöst würde!" (Locke 1974: 75).

Rahmen, den sie eigenverantwortlich wahrnehmen. Das utilitaristische Interesse am eigenen Nutzen findet einen zweckmäßigen Begrenzungs- und zugleich Freiheitsrahmen durch den Gesellschaftsvertrag. Freiheit und Gleichheit, wirtschaftliche Interessen und politische Rechte gelangen hier in ein produktives Spannungsverhältnis.

Interesse, Moral und Rechtsstaat

In sich schlüssige utilitaristische Überlegungen zu Staat und Markt stellt auch Hume mit seiner Begründung des Rechts an (Hume 1978; 1984). Der Mensch, von Natur aus ein Mängelwesen und fast ohne angeborene Tugenden,[54] ist zugleich von unbegrenzten Bedürfnissen getrieben. Um seine eigennützigen Interessen zu befriedigen, ist er aber auf Vergesellschaftung angewiesen. Das Instrument Vergesellschaftung wird jedoch nur dann ein Erfolg sein, wenn der Vorteil der Vergesellschaftung für alle utilitaristisch handelnden Beteiligten dauerhaft und fair ist. In kleinen Gemeinschaften stellt die Verbindung von individuellem Nutzenstreben und verläßlicher Kooperation kein unlösbares Problem dar. So einigen sich Familien leicht über Pflichten und Rechte, auch bei der gemeinsamen Bewässerung ihrer Felder sind sich benachbarte Bauern der Untrennbarkeit persönlicher Vorteile und fairer Kooperation bewußt. In größeren Vergesellschaftungen hingegen wächst die Neigung, notwendige Kooperation zugunsten selbst kleiner individueller Vorteile aufzugeben.[55] Wird das kurzfristige, individuelle Kalkül eine Massenerscheinung, dann zerfallen die Rechtsordnung und andere kollektive Güter. Der Verkehr der Menschen untereinander wird wieder gefährlich.

Hume sieht jedoch ausgerechnet in diesem Spannungsverhältnis zwischen der Rationalität individuellen und kollektiven Handelns die Chance, eine auf utilitaristischen Prinzipien beruhende Moral zu begründen: Denn wir loben die Tugend nicht aus natürlicher Güte und Einsicht, sondern aufgrund der Erfahrung ihrer Nützlichkeit. Die Rechtsordnung hat nicht in angeborener Moral oder transzendentallogischer Vernunft ihren Ursprung, sondern in der Selbstsucht, dem Sicherheitsstreben und der knappen Fürsorge der Natur für die menschlichen Bedürfnisse, also in utilitaristischer Rationalität.

Mit einem Gesellschaftsvertrag als verbindlicher Rechtsordnung wird utilitaristisches Verhalten gemeinverträglich und kollektiv nützlich. Ein unter Freien erzielter Konsens bleibt jedoch gefährdet und zerbrechlich. Zum Problem der freiwilligen Vereinbarung von Rechten tritt daher das Problem ihrer Kontrolle hinzu.[56] Zur Aufrechterhaltung der Moral sind institutionelle Regelungen, staatliche Garantien und Sanktionen, Bildung und Erziehung, öffentliches Lob

---

54 Diese Argumentation findet sich in der Institutionentheorie Gehlens wieder (1957; 1961).
55 Zur Kollektivgutproblematik heute Olson 1968 und 1985; Becker 1982; Hardin/Baden 1977; Ostrom 1990; Ramb/Tietzel 1993.
56 Zu dieser Unterscheidung Coleman 1991: 5.

und öffentlicher Tadel erforderlich. Denn der aus Erfahrung erworbene Sinn für das Rechtsprinzip und der natürliche Affekt individueller Vorteilsnahme bestehen dauerhaft nebeneinander fort. Eigennutz ist zwar das ursprüngliche Motiv zur Festsetzung der Rechtsordnung, so Hume, aber nur die Sympathie für das Allgemeinwohl ist die Quelle ihrer sittlichen Anerkennung als Tugend. Die Sympathie für das Allgemeinwohl stützt sich auf die Kardinaltugend der Gerechtigkeit. Lediglich eine als gerecht anerkannte Gesellschaftsordnung ermöglicht das Zusammenleben von Freien und Gleichen.

Das Wechselverhältnis zwischen wirtschaftlichen Interessen und bürgerlicher Gleichheit, Markt und Staat, das die Klassiker der Sozialwissenschaften schrittweise entfalten, ist bei Hume theoretisch schlüssig, weil die utilitaristische Argumentation die einheitliche Grundlage für die Begründung der Wirtschaft wie des Gesellschaftsvertrages darstellt.

Der Wohlstand der Nationen

Auch Adam Smith leitet seine Theorie des Marktes und der Wohlfahrt der Nationen einschließlich des Wohlfahrtsstaates aus einheitlichen utilitaristischen Annahmen ab. In seiner „Untersuchung zur Natur und den Ursachen des Reichtums der Nationen" beschreibt Adam Smith, wie der Reichtum der Nationen auf Arbeitsproduktivität und Erwerbsquote beruht.[57] Zwei Faktoren bestimmen die Pro-Kopf-Versorgung in jedem Land: Einmal die Produktivität der Arbeit als Ergebnis von Geschicklichkeit, Sachkenntnis und Erfahrung und zum Zweiten das Verhältnis der produktiv Erwerbstätigen zur übrigen Bevölkerung. Von diesen beiden Faktoren hängt der Wohlstand eines Landes ab, nicht von seiner Größe, seinem Boden oder seinem Klima. Arbeitsteilung und Berufsdifferenzierung, eingesetztes Humankapital, Technik und Wissenschaft ermöglichen eine Produktivität, die höher liegt als die notwendige Subsistenzsicherung. Es kommen so Überschüsse zustande, die sich auf nationalen und internationalen Märkten tauschen lassen. Durch den freien Tausch überschüssiger Produkte nach individuellen Nutzenkalkülen wachsen individueller Gewinn und gesellschaftlicher Wohlstand gleichermaßen bis zu einem Optimum, das keine Verbesserung des Gesamtertrages und des durchschnittlichen individuellen Ertrages mehr erlaubt. Der freie Tausch auf großen Märkten liefert auch den Anlaß, sich dort zu spezialisieren, wo die eigenen Stärken liegen, wo man produktiv und wettbewerbsfähig ist. Ein großer und freier Markt ist folglich eine wichtige Voraussetzung für die Entwicklung der Arbeitsteilung und der Produktivität. Eine andere Voraussetzung für eine hohe Zahl produktiver Arbeitskräfte ist die Ausstattung mit Kapital, die zu ihrer Beschäftigung eingesetzt wird und die Art der Kapitalverwendung in der Volkswirtschaft.

---

57 „Die jährliche Arbeit eines Volkes ist die Quelle, aus der es ursprünglich mit allen notwendigen und angenehmen Dingen des Lebens versorgt wird ..." (Smith 1974: 3).

Eine Politik, die die Qualität des einsetzbaren Humankapitals der Arbeit und die Freiheit von Handwerk, Gewerbe und Handel begünstigt, läßt die ärmsten englischen Arbeiter reicher sein als die Noblen primitiver Gesellschaften. Und sie ermöglicht es, obwohl der gesellschaftliche Reichtum höchst ungleichmäßig verteilt ist, aus den hohen Überschüssen des Sozialprodukts jene zu versorgen, die sich nicht selbst durch Arbeit ernähren können.

Das utilitaristische Verhalten der einzelnen Produzenten und Marktteilnehmer ist bei Smith nicht Ausdruck von Anomie und des Krieges aller gegen alle. Es wirkt auf die Gesellschaft nicht zerstörerisch, sondern ist vielmehr die empirische Voraussetzung der individuellen und nationalen Wohlfahrt. Und dennoch macht Smith einige interessante Beobachtungen, die als Argumente für die Einführung von Sozialpolitik und Wohlfahrtsstaat bis heute vorgebracht werden: „Mit fortschreitender Arbeitsteilung wird die Tätigkeit der überwiegenden Mehrheit derjenigen, die von ihrer Arbeit leben, also der Masse des Volkes, nach und nach auf einige wenige Arbeitsgänge eingeengt ... . Jemand, der täglich nur wenige einfache Handgriffe ausführt ..., hat keinerlei Gelegenheit, seinen Verstand zu üben. ... Solch geistige Trägheit beraubt ihn nicht nur der Fähigkeit, Gefallen an einer vernünftigen Unterhaltung zu finden oder sich daran zu beteiligen, sie stumpft ihn auch gegenüber differenzierten Empfindungen, wie Selbstlosigkeit, Großmut oder Güte, ab, so daß er auch vielen Dingen gegenüber, selbst jenen des alltäglichen Lebens, seine gesunde Urteilsfähigkeit verliert. Die wichtigen und weitreichenden Interessen seines Landes kann er überhaupt nicht beurteilen ..." (Smith 1974: 662). Er ist nicht in der Lage, sein Land zu verteidigen, sein Unternehmungsgeist wird erstickt, die körperliche Tüchtigkeit leidet, Kraft und Ausdauer schwinden. Die berufliche Fertigkeit ist auf Kosten aller anderen sozialen und geistigen Tauglichkeiten erworben worden. „Dies aber ist die Lage, in welche die Schicht der Arbeiter, also die Masse des Volkes, in jeder entwickelten und zivilisierten Gesellschaft unweigerlich gerät, wenn der Staat nichts unternimmt, sie zu verhindern" (Smith 1974: 663).

Die moderne Vergesellschaftung über Tauschprozesse utilitaristisch kalkulierender Akteure hat also Folgen, die Personen und Gemeinwesen implizit bedrohen. Sie zerstört Körper, Geist und Persönlichkeit, Sprachfähigkeit und staatsbürgerliche Loyalität, unternehmerische Initiative, produktive Arbeit und Verteidigungsbereitschaft. Um diese Folgen abzuwenden, bedarf es der Schaffung öffentlicher Leistungen und Güter aus der steuerfinanzierten Staatskasse. Öffentliche Angebote, die nicht freiwillig über den Markt zustande kommen, sind Erziehung, Bildung und Kultur, aber auch die Infrastruktur der Verkehrswege. Zuvörderst gehören dazu die Landesverteidigung und eine von Vermögen und Adel unabhängige Justiz. An den Kosten dieser öffentlichen Güter und wohlfahrtsstaatlichen Leistungen sind jedoch deren Nutzer angemessen zu beteiligen. Auch darf die Finanzierung des dort beschäftigten Personals nicht vollständig aus der Staatskasse erfolgen, weil dann der Zwang zur Leistung entfällt. Privatanteil und Staatsanteil sind je nach Art der öffentlichen Aufgabe variabel zu gestalten. Während die Studenten die Universitäten beispielsweise frei wählen können und für ihr Studium bezahlen sollen, und Professoren nur teilweise aus der Staatskasse zu entlohnen sind, sollten Volksbildung, berufliche Weiterbildung und niedere Kunst völlig frei sein. Die im Wettbewerb erworbenen Zeugnisse und Zertifikate sind dann wiederum die Grundlage für ein geregeltes berufliches und soziales Aufstiegswesen.

Die protestantische Ethik

Max Weber stellt seine Untersuchungen der Rationalität von individueller Lebensführung, von Staat und Markt in modernen europäischen Nationen in einen gegenüber Locke, Hume und Adam Smith erweiterten theoretischen Kontext, indem er den Einfluß utilitaristischer Interessen von der Rolle der Ideen und Institutionen unterscheidet. Weber sieht die Besonderheiten der okzidentalen Rationalität in Gesellschaft, Kultur und Lebensführung in bestimmte Ideen und institutionelle Formen eingebettet: so die Rationalität der Wirtschaft mit ihrer rechenhaften Buchführung und freien Arbeit, die Rationalität der verrechtlichten Staatsbürokratie und des Sozialstaates oder die Rationalität der Wissenschaft mit ihren institutionalisierten Theoriekriterien und Methoden. Er beschreibt das Ineinandergreifen von utilitaristischen Interessen, die das Handeln bestimmen, mit Ideen, auf die sich die Wertvorstellungen von Einzelakteuren und korporativen Akteuren beziehen, und die zugleich die grundlegenden gesellschaftlichen Institutionen begründen und legitimieren. Ideen sind Weltbilder, die als historische Weichensteller fungieren: „Interessen ... nicht Ideen beherrschen unmittelbar das Handeln der Menschen. Aber: die 'Weltbilder', welche durch 'Ideen' geschaffen wurden, haben sehr oft als Weichensteller die Bahnen bestimmt, in denen die Dynamik der Interessen das Handeln fortbewegte" (Weber 1978: 252). Ideen kommt deshalb die logische Priorität vor Interessen und Institutionen zu.

Ein Musterfall der Zurechnung von Ideen, Interessen und Institutionen ist die Studie „Die protestantische Ethik und der Geist des Kapitalismus" (Weber 1978). Der Kapitalismus wird hier Objekt der Kulturtheorie (Schluchter 1979). Die Idee der protestantischen Ethik begünstigt über die Prädestinationslehre und die innerweltliche Askese die Entstehung einer Wirtschaftsgesinnung mit einer ausgeprägten Berufsethik, die die Pflicht zu Bewährung in der täglichen Arbeit betont. Die monologische Gesinnungsethik des Protestantismus führt nicht zur kollektiven Gottesgemeinschaft, sondern zu einer individuellen Gottkindschaft. In dieser unbrüderlichen Konsequenz liegt das kapitalistische Entwicklungspotential der calvinistischen Prädestinationslehre (Schluchter 1979: 251).[58] Die wirtschaftlichen Gewinne sind zwar nicht das ursprüngliche Ziel der Idee des asketischen Protestantismus, aber ihre unbeabsichtigte Folge unter den

---

58 „Trifft die asketische Berufsethik auf eine Trägergruppe, die in einem gewerblichen Wirtschaftsbereich tätig ist, der geldwirtschaftlich organisierte Tauschverhältnisse aufweist, so ergibt sich durch die stetige und planmäßige Berufsarbeit die Chance zu Gewinnen" (Lepsius 1990: 36).

gegebenen Interessen und institutionellen Kontextbedingungen. Die Idee des asketischen Protestantismus und die wirtschaftlichen Interessen finden ihre adäquate institutionelle Form in der modernen kapitalistischen Wirtschaftsordnung und in der liberalen staatlichen Rechtsordnung.

Die Umsetzung der Ideen und Interessen in institutionell angemessenes individuelles Verhalten besorgen die modernen Erziehungsanstalten. Sie erzeugen den adäquaten, die Institutionen tragenden okzidentalen Sozialcharakter. Speziell die höheren Erziehungsanstalten „stehen unter dem beherrschenden Einfluß des Bedürfnisses nach jener Art von 'Bildung', welche das für den modernen Bürokratismus zunehmend unentbehrliche Fachprüfungswesen züchtet: der Fachschulung" (Weber 1964: 735). Kapitalistische Wirtschaftsform, bürokratische Herrschaft des Staates, Rationalität der beruflichen Gestaltung des Erwerbslebens, Fachschulung und Erziehung greifen ineinander und erzeugen - eingebettet in den weichenstellenden Kontext des asketischen Protestantismus - die idealtypische okzidentale Persönlichkeit. Problematisch ist für Weber nicht, ob und gegebenenfalls wie Staatsbürokratie und Wirtschaftskapitalismus den gewünschten Sozialcharakter des Bürgers herstellen können, sondern vielmehr wie rationale Subjekte ihre persönliche Bewegungsfreiheit gegenüber der bürokratischen und kapitalistischen Herrschaft wahren und das „Gehäuse der Hörigkeit" erfolgreich kontrollieren können (Weber 1964: 1061; auch Weber 1985: 45).

Theoriegeschichtlich gesehen bot die utilitaristische Gesellschaftstheorie eine geeignete Grundlage für die Erklärung der Einrichtung des modernen Rechtsstaates aus wohlerwogenem Eigennutz (Hume), und sie ermöglichte eine bis heute einflußreiche Erklärung der politischen Ökonomie des Kapitalismus einschließlich seiner Sozialpolitik (Smith). In einer Verbindung von utilitaristischen Interessen mit Ideen- und Institutionsgeschichte entstand schließlich eine Theorie der besonderen okzidentalen Rationalität (Weber).

Ein durchgehendes Thema in diesen klassischen Theorien ist das Verhältnis von Staat und Markt, Politik und Ökonomie als institutionelle Formen der Verbindung von Individuum und Gesellschaft. Es hat auch in der Gegenwart nichts von seinem theoretischen Rang und praktischem Gewicht verloren. Die heutigen politischen Parteien lassen sich immer noch nach ihrer Affinität zu den Institutionen Staat und Markt und nach ihrer Neigung, auf deren unterschiedliche Funktionslogiken als Lösungsstrategien für Probleme zu setzen, unterscheiden. Auch im internationalen Vergleich politischer Regime findet sich dieser Dualismus wieder. Exemplarisch dafür war der kalte Krieg zwischen demokratisch-liberalen und kapitalistischen Gesellschaften einerseits und zentralistisch-staatsmonopolistischen und sozialistischen Ländern andererseits. Aber auch nachdem der kalte Krieg zu Ende gegangen ist, sind die wohlfahrtsstaatlichen Unterschiede zwischen ausgeprägt marktwirtschaftlichen Traditionen wie beispielsweise in den USA einerseits, dem „Volksheim" Schweden andererseits oder der rheinischen sozialen Marktwirtschaft der Bundesrepublik augenfällig

(Esping-Andersen 1990). Jeder Wahlkampf und jeder Regierungswechsel aktualisieren die unterschiedlichen politischen Konzepte und ihre Folgen im Bewußtsein der Medien und der Öffentlichkeit erneut.

Der Steuerstaat

Ein gutes Beispiel für das dauerhafte Spannungsverhältnis und oft auch für den offenen Konflikt zwischen Staat und Markt, Politik und Ökonomie ist die Geschichte des modernen, europäischen Steuerstaates. Die heutige Kritik am heillos überschuldeten Steuerstaat ist kein neues Thema. Auch die Neigung der liberalen Seite, die ewige Krise des Steuerstaates auf das Versagen des Staates zurückzuführen, während die sozialistische Seite die Probleme im Versagen der Wirtschaft sieht, ist keine privilegierte Kontroverse der Gegenwart. Eine ganz andere Wirtschaft beziehungsweise ein ganz anderer Staat muß kommen: „Das müsse so kommen, weil der Staat - so sagt der Bourgeois mit Behagen - oder weil die freie Wirtschaft - so sagt der Intellektuelle mit Begeisterung - versagt habe" (Schumpeter 1918: 4).

Wie kommt es überhaupt zum Steuerstaat als spezifischer Verknüpfung von liberalem Rechtsstaat und kapitalistischer Marktwirtschaft? Die Fürsten des ausgehenden Mittelalters machten noch keinen Unterschied zwischen ihrem öffentlichen Amt (persona publica) und der Privatperson (persona privata). Einen Steuerstaat im heutigen Sinne gab es nicht. Unter dem patrimonium des Landesherren lebte eine Gemeinschaft, die die Differenz von öffentlich und privat, Staat und Gesellschaft nicht kannte.[59] Für seine Kosten mußte der Landesherr aus Grundrenten oder Dienstleistungen selber aufkommen. Dies änderte sich unter anderem mit den steigenden Kriegskosten. Sobald die Heerpflicht der Adligen auf deren wachsenden Widerstand stieß und das Ritterheer sich zudem als unterlegen erwies, kostete die Ausstattung eines professionellen Söldnerheeres viel Geld. In seiner Untersuchung zum Steuerstaat macht Schumpeter deutlich, daß der Kaiser um das Jahr 1500 herum aus der eigenen Schatulle lediglich 6000 Fußknechte oder 2500 Reiter aufstellen konnte, während das erobernde türkische Herr über 250.000 Mann verfügte. So machte der Landesherr Schulden, um seine Söldner zu bezahlen.[60] Der Einstieg in den Steuerstaat begann mit Sonderanleihen bei den Ständen der Städte. Diese, zunächst widerwillig, entdeckten dann selbst den Reiz der Steuer für das städtische Gemeinwesen. Die patrimoniale Gemeinschaft von Landesherr und Landeskindern zerfällt in wirtschaftende Bürger und staatlichen Zwangsverband, wobei letzterer von den den Bürgern auferlegten steuerlichen Zwangsabgaben lebt.

---

59 Zum Strukturwandel der Öffentlichkeit in der bürgerlichen Gesellschaft vgl. Habermas 1962.

60 Ein zweites Beispiel für steigende Kosten des Landesherren sind bei Schumpeter die Aufwendungen für die Behausung des Adels als Höflinge am Hofes des Landesherren.

Die Steuererhebung, so Schumpeter, hat den modernen Staat geschaffen und geformt. Während in der alten sozialen Gemeinschaft alle Gebiete des Lebens sozialisiert waren und alle Tätigkeiten des Individuums in der sozialen Gemeinschaft aufgingen, ist in den modernen Gesellschaften die Erfüllung der individuellen Persönlichkeit Selbstzweck geworden. Der Staat steht den vielfältigen Selbstzwecken der wirtschaftenden Individuen als Maschine der Gemeinschaftszwecke gegenüber.[61] Er kann den privat wirtschaftenden Individuen jedoch nur so viel an wirtschaftlicher Leistung über die Steuern entziehen, bis daß die Bürger das finanzielle und wirtschaftliche Eigeninteresse verlieren „oder doch aufhören, ihre beste Energie daran zu setzen" (Schumpeter 1918: 25 f.).

Ist der Steuerstaat erst einmal entstanden, so wächst er auch ohne zwingende Gemeinschaftszwecke aus eigenem Interesse weiter. Er wird zum Lebenszentrum seiner Mitarbeiter, von Personen, „die die Staatsmaschine bemannen und deren Interessen in ihr ihren Mittelpunkt finden" (Schumpeter 1918: 23). So haben die Steuererhebung und Finanzen den modernen Staat nicht nur geschaffen und geformt, als steuerabhängige Bürokratie sucht er sich immer neue Zwecke und erhebt für diese immer neue Steuern. Mit der Steuerforderung in der Hand dringt der Staat immer tiefer in die privaten Wirtschaftssphären der Bürger ein, gewinnt immer größere Herrschaft über sie. Heute geht „ein ungeheurer Einfluß auf das Völkerschicksal ... von dem wirtschaftlichen Aderlaß aus, den die Bedürfnisse des Staates erzwingen, und von der Art, wie das Ergebnis dieses Aderlasses verwendet wird" (Schumpeter 1918: 6). „... es haben die finanziellen Maßregeln der Staaten, auch wo es gar nicht beabsichtigt war, Industriezweige, Industrieformen und Industriegebiete geschaffen und vernichtet und so unmittelbar mitgebaut (und mitverbaut) am Bau der modernen Wirtschaft und dadurch des modernen Geistes" (Schumpeter 1918: 7).

Innovationen und Unternehmer in Wirtschaft und Politik

Seit dem Ende der mittelalterlichen Gemeinschaft des patrimoniums ist das gespannte Verhältnis zwischen Staat und Markt, Politik und Ökonomie ein Dauerzustand. Die Übermacht des Staates bedroht nach Schumpeter die Leistungsfähigkeit der privaten Wirtschaftssubjekte durch übermäßige Aufgabenexpansion und durch übermäßige Steuererhebung. Der Staat gefährdet aber noch etwas anderes, die elementare Dynamik der Innovationsfähigkeit einer modernen Gesellschaft, den fortschrittlichen sozialen Wandel, der mit wachsender Leistungsfähigkeit und sinkenden Kosten einhergeht. Das Wirtschaftssystem erzeugt eine permanente Evolution: durch sich verändernde Konsumentennachfrage, durch eine neue Quantität und Zusammensetzung der Produktionsfaktoren sowie durch die Verfügbarkeit von Ressourcen, vor allem aber durch Inno-

---

61 „Für sich und die Seinen arbeitet und spart in der bürgerlichen Gesellschaft ein jeder ... Das Individualinteresse ... ist die treibende Kraft. In dieser Welt lebt wirtschaftlich der Staat als Parasit" (Schumpeter 1918: 26).

vation, die Umsetzung von kreativer Erfindung (Invention) in die soziale Wirklichkeit.[62] Diese Fähigkeit zur ständigen Innovation der Produktionsfunktionen erklärt die Merkmale des Kapitalismus am besten. Sie verursacht sinkende Kosten und höhere Leistung, aber auch ständige Ungleichgewichte, vernichtende Konkurrenz und permanente Wirtschaftszyklen (Schumpeter 1939).

Der modus operandi von Innovationen sind neben neuen Niederlassungen und Firmen vor allem neue Führungspersonen, Unternehmer (Schumpeter 1993a). Der Unternehmer ist der Prototyp des Innovators. Nicht der Betriebseigner oder der Aktionär oder der Betriebsleiter oder der Manager, der Freiberufler, Selbständige oder Kapitalist stehen für Innovationsfähigkeit. Sie alle müssen keine Unternehmer sein, und sie sind es im allgemeinen auch nicht. Andererseits stecken in vielen Personen Unternehmer, die nicht als solche wahrgenommen werden: vom Häuptling eines Stammes über den Herrn eines Fronhofes bis zum innovativen Betriebsleiter im Sozialismus. Unternehmer ist eine Funktion, kein Beruf und kein Dauerzustand.[63] Es ist das Gegenteil von angelernter, kopierter Alltagsroutine, in der wir normalerweise alle leben, ohne je darüber nachzudenken. Der Unternehmer weicht von den alltäglichen Erkenntnis- und Handlungsgewohnheiten ab. Der Unternehmer ist also durch eine ganz bestimmte Funktion definiert, durch die Umsetzung von Invention in gesellschaftliche Wirklichkeit. Unternehmer sind mit wirtschaftlichen Akteuren deshalb nicht identisch, und sie sind nicht auf wirtschaftliche Akteure beschränkt.

Unternehmer braucht auch die Politik, denn Demokratie ist die Konkurrenz um politische Führerschaft (Schumpeter 1993b). Demokratie ist nicht die Herrschaft des Volkes, wie der Name suggeriert, sondern die Herrschaft der Politiker, wobei dem Volk die Möglichkeit zur Akzeptanz oder Ablehnung derjenigen Personen gegeben ist, die es beherrschen. Politik ist aber nicht nur politisches Unternehmertum im Konkurrenzkampf um die Stimmen des Volkes, es ist auch ein Beruf. Daher kommt es, daß nicht das unternehmerische Element die Politik dominiert, sondern daß die Berufsinteressen der einzelnen Politiker und die beruflichen Gruppeninteressen der politischen Klasse voranstehen. Die unternehmerische Leistung wird aber auch durch den Konkurrenzkampf, durch die Unterwerfung aller Handlungen unter die politische Kriegsführung nach

---

62 „We will now define innovation more rigorously by means of the production function previously introduced. As we know, this function describes the way in which quantity of product varies if quantities of factors vary. If, instead of quantities of factors, we vary the form of the function, we have an innovation. ... Therefore, we will simply define innovation as the setting up of a new production function. This covers the case of a new commodity, as well as those of a new form of organization such as a new merger, of the opening up of new markets, and so on" (Schumpeter 1939: 87).

63 „For actions which consist in carrying out innovations we reserve the term Enterprise; the individuals who carry them out we call Entrepreneurs" (Schumpeter 1939: 102). „Unternehmung nennen wir die Durchsetzung neuer Kombinationen und auch deren Verkörperung in Betriebsstätten usw., Unternehmer die Wirtschaftssubjekte, deren Funktion die Durchsetzung neuer Kombinationen ist und die dabei das aktive Element sind" (Schumpeter 1993a: 111).

innen und außen beeinträchtigt. Politik muß immer primär auf den politischen Marktwert von Gesetzen und Verwaltungsakten achten, weniger auf ihren fachlichen und sachlichen Wert.[64]

Im Spannungsverhältnis zwischen Staat und Markt, Politik und Ökonomie sieht Schumpeter das Problem in einem Übergewicht des Staates und der Politik auf Kosten von Markt und Wirtschaft. Der Steuerstaat tendiert dazu, die Kosten zu treiben, die Leistung zu senken und Innovationen zu behindern. Die Quellen der Dynamik der modernen europäischen Gesellschaft werden dann versiegen, sozialer Wandel und Modernisierung stagnieren.

Die liberalistische Wirtschaftsordnung

Ganz anders als Schumpeter sieht Polanyi das Verhältnis von Staat und Markt, Politik und Ökonomie. Er konstatiert das Ende einer Illusion, der Illusion der Lebensfähigkeit des liberalen Staates und des freien Marktes in der kapitalistischen Gesellschaft. Mit dem Zusammenbruch des wirtschaftlichen Systems der kapitalistischen Gesellschaft wird auch das politische System der repräsentativen Demokratie in den Abgrund gerissen werden. Polanyi plädiert mit Verve für die Wiederherstellung der Dominanz von Staat und Politik über Markt und Wirtschaft.

Zu seinen Untersuchungen der politischen und ökonomischen Ursprünge von Gesellschaften und Wirtschaftssystemen (Polanyi 1977) sieht Polanyi sich - wie Schumpeter - durch den ersten Weltkrieg und die Weltwirtschaftskrisen der Zwischenkriegszeit veranlaßt. Der erste Weltkrieg beendete eine einhundertjährige Friedenszeit und hinterließ unbewältigte Konflikte. Der hundertjährige Friede hatte seine Wurzeln im Kräftegleichgewicht der europäischen Mächte, im Goldstandard der Währungen, in einem sich selbst regulierenden Markt und im liberalen Staat. Am Ende versagte die Idee des selbstregulierenden Marktes, die Polanyi als krasse Utopie bezeichnet. Der Zusammenbruch dieser Utopie war der institutionelle Mechanismus des Niedergangs der europäischen Zivilisation. Der Zerfall des weltwirtschaftlichen Systems war schuld an der Explosion von 1914 und an den nachfolgenden Krisen, die durch den Versailler Vertrag noch verschärft wurden. Dieser Vertrag beseitigte die freien Märkte endgültig und besiegelte das Ende des weltwirtschaftlichen Systems des Wirtschaftsliberalismus.

Das Credo des Wirtschaftsliberalismus lautet, daß die sozialen Folgen des wirtschaftlichen Fortschritts hinzunehmen sind, wie immer sie auch aussehen mögen. Diese Wirtschaftsphilosophie bedarf des homo oeconomicus als Sozialcharakter: ein Menschentypus, der Gewinnstreben und Arbeit gegen Entlohnung an die Spitze seiner Präferenzen setzt, der spezielle, abgesonderte Wirtschaftsin-

---

64 Dies ist allerdings kein spezielles Problem von Politik: „Alle Systeme prämieren ... auch andere Eigenschaften, - Eigenschaften, die oft mit der Leistung sich schlecht vertragen" (Schumpeter 1993b: 459).

stitutionen schafft und stets nach der Minimierung des Aufwandes strebt. Die liberale Wirtschaftsordnung mit ihrem Pendant des homo oeconomicus wurde in England bereits im 17. Jahrhundert durchgesetzt. Ein historischer Prozeß der großen Transformation der Gesellschaft vom Mittelalter in die Moderne begann, der „die Bevölkerung quälte und sie von ehrlichen Landleuten in eine Horde von Bettlern und Dieben verwandelte" (Polanyi 1977: 55). Der Mensch wurde durch Arbeit, die Natur als Grund und Boden vermarktet. Die Arbeit von anderen Aktivitäten des Lebens zu trennen und sie dem Markt zu unterwerfen bedeutete, alle organischen Formen des Seins auszulöschen und sie durch atomistische und individualistische Formen zu ersetzen. Die Herausnahme des Bodens aus der Natur und seine Eingliederung in den Markt zerstörte bodenständiges Leben. Seither geht die wirtschaftliche Verbesserung der sicheren Behausung vor.

Die große wirtschaftliche Transformation der Durchsetzung des freien Marktes und des Sozialcharakters des homo oeconomicus war jedoch nur die eine Seite der historischen Bewegung der Modernisierung Europas. Die andere war eine durch die wirtschaftliche Transformation ausgelöste politische Gegenbewegung zum Schutze der Gesellschaft.[65] Die Forderung nach der Volksherrschaft per Stimmrecht, die Gegenbewegung der Gewerkschaften sowie die Entfaltung sozialer Bürgerrechte schränkten den freien Markt immer wieder ein. Der Wirtschaftsliberalismus bemüht sich daher stets nach Kräften, die Selbstregulierungsfähigkeit des Marktes gegen diese Strömungen zu verteidigen oder wiederherzustellen. „Zwei entscheidende Funktionen der Gesellschaft, nämlich die politische und die wirtschaftliche, wurden als Waffen im Kampf um Teilinteressen benützt und mißbraucht" (Polanyi 1977: 173).[66]

---

65 Es handelt sich also um eine Doppelbewegung des sozialen Wandels. „Sie kann dargestellt werden als das Wirken zweier Organisationsprinzipien innerhalb der Gesellschaft, von denen jedes sich selbst bestimmte institutionelle Ziele setzt, von bestimmten gesellschaftlichen Kräften unterstützt wird und seine eigenen, besonderen Methoden anwendet. Das eine war das Prinzip des Wirtschaftsliberalismus, das auf die Schaffung eines selbstregulierenden Marktes abzielte, auf die Unterstützung durch die gewerbetreibenden Schichten zählte, und als Methode weitgehend *Laissezfaire* und den Freihandel benützte; das andere war das Prinzip des Schutzes der Gesellschaft, das auf die Erhaltung des Menschen und der Natur sowie der Produktivkräfte abzielte, auf die wechselnde Unterstützung jener zählte, die von der verderblichen Wirkung des Marktes als erste getroffen wurden ... und Schutzgesetze, Schutzvereinigungen und andere Interventionsmittel als Methode benützte" (Polanyi 1977: 185).

66 Die Vernichtung der Freiheit durch den Faschismus sieht Polanyi als Folge der Illusion des Liberalismus, daß Macht und Zwang grundsätzlich von Übel seien. Es gibt keine Gesellschaft ohne Macht, Zwang und Gewalt wie der Wirtschaftsliberalismus mit seiner Illusion des selbstregulierenden Marktes und der Vertragsfreiheit glaubt. „Wir gelangen zur unausweichlichen Schlußfolgerung, daß die Möglichkeit der Freiheit schlechthin fraglich ist. ... Der Glaube an die Möglichkeit einer allein vom Wunsch und Willen des Menschen geformten Gesellschaft war eine Illusion" (Polanyi 1977: 317).

Die Kontroverse um Staat und Markt, Politik und Ökonomie, individuelles Tauschverhältnis und politische Steuerung setzt sich bis in die Gegenwart auch nach dem Ende des Ost-West-Konfliktes fort. Sie wird auch in Zukunft auf der Tagesordnung bleiben. Diese Kontroverse und die mit ihr verbundenen Kräfte sind für moderne westliche Gesellschaften geradezu konstitutiv, sie macht ein elementares Stück der Dynamik des sozialen Wandels in modernen Gesellschaften aus.[67]

Das Problem der Kollektivgüter

Ein gemeinsames Thema Schumpeters und Polanyis ist trotz ansonsten konträrer Positionen die Frage, wie individualisierte liberale Marktgesellschaften eigentlich kollektive Güter erzeugen können. Eine Antwort war der moderne Steuerstaat, eine andere die Wiedervergesellschaftung der Wirtschaft.[68]

Die Frage ist damit jedoch offensichtlich nicht hinreichend beantwortet. Probleme der Erzeugung kollektiver Güter entstehen bereits aus dem alltäglichen Konflikt zwischen individueller und kollektiver Handlungsrationalität. Dieser Konflikt ist nicht mit dem Spannungsverhältnis von Staat und Markt, Politik und Ökonomie identisch. Das Kollektivgutproblem wird dann besonders gut sichtbar, wenn Individuen zwar ein vitales Interesse am Erhalt eines Kollektivgutes teilen, aber dennoch nicht freiwillig zusammenwirken. Bereits Hume gab dafür das klassische Beispiel der Überweidung der bäuerlichen Allmende durch die berechtigten Dorfbauern. Moderne Beispiele sind die Überfischung der Meere zum Schaden der Fischer und der Konsumenten, die unmäßige Verschmutzung von Luft und Wasser oder der übermäßige Verbrauch von Ressourcen durch die Bewohner des Weltdorfes. Ein leicht nachvollziehbares Beispiel sind auch die aus kollektiven Verhandlungen hervorgehenden Tarifverträge, die allen Beschäftigten gleichermaßen Vorteile bringen, ob sie nun zahlende Gewerkschaftsmitglieder sind oder Nichtmitglieder, ob sie aktiv streikten, passiv blieben oder sich gar als Streikbrecher betätigten. Ein Beispiel der letzten Jahre war die Abkehr der Produzenten von den eigenen Produkten in den neuen Bundesländer nach der Wende bei Strafe des Untergangs dortiger Firmen. Ein möglicherweise in Zukunft aktuell werdendes Exempel könnte auch die zunehmende Impfmüdigkeit liefern. Hier setzt das impfunwillige Individuum auf die erfolgreiche Seuchenbekämpfung, die auf der Impfbereitschaft vieler anderer beruht. Es erspart sich so selbst das persönliche Restrisiko oder auch nur die

---

67 Die Legitimität des bürgerlichen Staates und seiner liberalen Wirtschaft ist ein Dauerthema der Linken und auch eines Teils der aus ihr hervorgegangenen Grünen (Offe 1972). Zur Kontroverse um Freiheit und politische Steuerung vgl. auch die Positionen von Keynes (1983) und Hayek (1978 und 1991).

68 Dem Wirtschaftsliberalismus, mit seinen von der Gesellschaft systemisch abgesonderten und sie dominierenden Marktkräften, stellt Polanyi die Utopie einer marktlosen Gesellschaft entgegen, in der Wirtschaft in Gesellschaft wieder eingebettet wird nach dem Muster anthropologisch-historisch begründeter Studien alternativer Wirtschaftsformen (Polanyi 1979).

Unannehmlichkeit des Impfstichs, gefährdet aber die Seuchenbekämpfung insgesamt, sobald das Trittbrettfahren eine Massenerscheinung wird.[69]

Das elementare Beispiel für die fehlende Bereitschaft zur freiwilligen Erzeugung selbst lebensnotwendiger kollektiver Güter ist der Staat. Denn obwohl alle Bürger eines Staates die durch Steuern bezahlten Kollektivgüter wie Schulen, Straßen, Krankenhäuser, Polizei und Justiz brauchen und wollen, kann kein Staat erfolgreich auf die freiwillige Steuerzahlung seiner Bürger setzen. Die schwierigen aktuellen Debatten um Steuersystem und Steuerreformen in verschiedenen Ländern machen deutlich, daß trotz der Abhängigkeit aller Bürger vom Gedeihen des staatlichen Gemeinwesens das Hauptinteresse der Akteure sich immer auf die Senkung der persönlichen Steuerbelastung richtet, nicht auf das Gemeinwohl. Deshalb mußte in der Geschichte und muß auch in Zukunft jeder Staat die Steuern zwangsweise eintreiben, indem er selektive, in diesem Fall in der Regel negative, Anreize setzt.

„Und genau so, wie ein Staat sich nicht selbst durch freiwillige Beiträge oder den Verkauf seiner grundlegenden Leistungen auf dem Markt erhalten kann, so können sich auch andere große Organisationen nicht halten, ohne irgendwelche Sanktionen einzuführen oder Anreize zu bieten, die mit dem Kollektivgut selbst nichts zu tun haben, um die Einzelnen zu bewegen, die Lasten für die Erhaltung der Organisation tragen zu helfen. Das einzelne Mitglied einer typischen großen Organisation ist in einer Lage analog zu derjenigen, in der sich eine Unternehmung auf einem Markt mit vollständiger Konkurrenz oder der Steuerzahler im Staat befindet: Seine eigenen Anstrengungen werden keinen merklichen Einfluß auf die Situation seiner Organisation haben; er selbst jedoch kann sich jeder Verbesserung erfreuen, die von den anderen herbeigeführt wurde, gleichgültig ob er zur Unterstützung seiner Organisation beigetragen hat oder nicht" (Olson 1968: 15).

Wie schwierig die Erzeugung kollektiver Güter ist, hängt vor allem von der Gruppengröße ab. Nur in kleinen Gruppen, das wußte schon Hume, wie beispielsweise in Familien, Freundschaftskreisen, Nachbarschaften oder in kleinen Vereinen, besteht die Chance, daß kollektive Güter freiwillig erzeugt werden. Hier herrscht entweder eine direkte Kontrolle fairer Verteilung oder der Anteil eines Einzelnen am Gesamtgewinn ist so groß, daß er eher die Kosten allein trägt als auf das Kollektivgut zu verzichten. Bei größeren Gruppen hingegen gilt, daß jeder gerne Anteil an kollektiven Gütern hat, aber die Kosten andere tragen läßt, wenn es möglich ist. Bei wirklich großen Gruppen, wie z.B. Nationen, ist die Erzeugung von Kollektivgütern nur durch das Setzen selektiver Anreize oder durch Zwang möglich. Der Trittbrettfahrer, der vom Kollektivgut

---

69 Viele Beispiele aus Partnerschaft, Familie, Clubs, Rechtswesen, Kriminalität, Moral, Religion, Ökologie enthält Ramb/Tietzel 1993.

profitiert ohne an seiner Erzeugung mitzuarbeiten, ist hier ein verbreiteter Zeitgenosse.[70]

Sondergruppeninteressen

Im Unterschied zu Mead, Strauss oder Habermas besagt diese Theorie, daß Gesellschaften nicht in der Lage sind, aus herrschaftsfreien Diskursen oder symmetrischen Verhandlungen aller Individuen und Gruppen optimale Gesamteffekte in der Herstellung kollektiver Güter zu erzielen. Im Gegenteil: Die These lautet, daß jede Innovation, jede Veränderung des Status quo dort hartnäckigen Widerstand auslösen wird, wo Kosten entstehen. Vor allem Gesellschaften mit einer langen, stabilen Wachstumsgeschichte werden immer eine große Zahl von Zusammenschlüssen produzieren, die darauf angelegt sind, wirtschaftliche oder politische oder rechtliche Besitzstände auch auf Kosten des Gemeinwohls zu wahren. Rein theoretisch haben solche Organisationen zwar die Wahl, ob sie den Gesamtumfang des gesellschaftlichen Reichtums vergrößern und dadurch Gruppenvorteile für ihre Mitglieder erzielen wollen, oder ob sie sich lieber um ihren Anteil am bestehenden Kuchen streiten. In der Regel werden sie aber letzteres vorziehen, ja sie können den Streit um den Anteil am Kuchen selbst dann präferieren, wenn der zu verteilende Kuchen dabei immer kleiner wird, solange nur die eigenen Mitglieder noch Vorteile aus den verteidigten Sonderinteressen auf Kosten des Gemeinwohls erzielen.

Die zuletzt genannten Strategien kosten oft weniger und sind einfacher zu realisieren als die Alternative des Beitrags zur Vergrößerung des gesellschaftlichen Reichtums. Deshalb neigen Organisationen dazu, Sonderinteressen mit Umverteilungszielen zu ihren Gunsten nachzugehen, anstatt sich auf das Ziel der Vergrößerung der Wohlfahrt aller einzulassen. Sonderinteressengruppen haben folglich kein Interesse an sozialem Wandel durch Innovationen, die mit Kosten verbunden sind. Sie sind innovationsfeindlich. Sie bremsen die Umallokation von Kapital, Arbeit oder Technik. Sie versuchen statt dessen, durch Kollusionen den Markt auszuschalten oder durch Lobbyismus die Politik zu beeinflussen. Es entsteht ein Klima der Rechtsansprüche, das vor allem Anwälte und Steuerberater ernährt. Es begünstigt die Meister der Umverteilung, während die Gesamtleistung der Gesellschaft sinkt. Der durch den Wohlfahrtsstaat zu ver-

---

70 Es bedarf also besonderer Anreize, damit Mitglieder größerer Gruppen kooperativ handeln. „Nur ein *besonderer und 'selektiver' Anreiz* wird ein rational handelndes Mitglied einer latenten Gruppe dazu bewegen, gruppenorientiert zu handeln. Unter solchen Umständen kann ein gemeinsames Handeln nur durch einen Anreiz erzielt werden, der nicht wie das Kollektivgut unterschiedslos auf die Gruppe als Ganzes wirkt, sondern vielmehr *selektiv* auf die einzelnen Personen in der Gruppe. Der Anreiz muß in dem Sinne 'selektiv' sein, daß jene, die sich nicht der Organisation anschließen, welche auf das Gruppenziel hinarbeiten oder die nicht auf eine andere Weise zur Erlangung des Gruppenziels beitragen, anders behandelt werden können als jene, die dies tun. Diese 'selektiven Anreize' können negativer oder auch positiver Art sein ..." (Olson 1968: 50).

teilende Überschuß schwindet und damit zugleich auch der Schutz der Schwachen. Was nicht entsteht, ist ein Klima, das wirtschaftliche Leistung, Effizienz und Tüchtigkeit belohnt.[71]

Auf- und Abstiege von Nationen

In einer Untersuchung des Auf- und Abstiegs aller einmal wirtschaftlich führenden Staaten und Nationen Europas sowie der USA und Japans von 1500 bis in die Gegenwart listet Kindleberger (1996) als Erklärung äußere und innere Faktoren auf. Zu den *äußeren* Faktoren gehören Entdeckungen, Kriege, die Überdehnung des Führungsanspruchs (Kennedy 1989/91). Zu den *inneren Faktoren* zählen: „risk aversion, increased consumption, decreased savings, reduced gains in productivity, decline in innovation, resistance to taxation, mounting depts, rent-seeking, envy ..., speculative bubbles and gambling, corruption, increasing governmental and corporate bureaucracy, unwillingness to adapt to change" (Kindleberger 1996: 217). Ein weiterer Faktor ist der wachsende Anteil der Finanzwirtschaft anstelle der Industrie und das Schwinden der Unternehmerrolle zugunsten des Rentiers.[72]

Sozialwissenschaftlich interessant ist unter den genannten Gründen wiederum das schon von Olson vorgebrachte Argument der fatalen Rolle rigider Verteilungskoalitionen, die den sozialen Wandel durch Anpassung an veränderte Verhältnisse und Innovationen erschweren oder ganz verhindern. Dies gelingt besonders dann gut, wenn es den Interessengruppen gelingt, ihre wirtschaftlichen Sonderinteressen zu einer allgemeinen politischen Angelegenheit zu machen und sie so auf dem Machtwege zu sichern.[73] Jeder Innovationsversuch wird dann besonders starke Gegenkräfte auf den Plan rufen. Fatal ist dies vor allem bei einem langsamen Niedergang. Er ist schwerer aufzuhalten als eine plötzliche, harte Krise, die die Verteilungskoalitionen brechen kann. Auch tun sich föderative Staaten mit einer Kurskorrektur schwerer als Zentralstaaten, weil sie die Partikularinteressen mehren und die Entscheidungsfähigkeit über

---

71 „Wenn das Argument bis hier richtig ist, so folgt daraus, daß Länder, deren Verteilungskoalitionen ... kraftlos oder beseitigt wurden, relativ schnell wachsen werden ..." (Olson 1968: 99), wohingegen „Länder mit der längsten demokratischen Koalitionsfreiheit ... am meisten unter wachstumshemmenden Organisationen und Verbindungen leiden werden" (Olson 1968: 99). Als Olson dieses schrieb, hatte er Deutschland und Japan unter die erste Gruppe gerechnet, Großbritannien unter die zweite. Inzwischen assoziiert man diese Länder und Argumente in der umgekehrten Reihenfolge. Während sich in England und einigen anderen Ländern die Bedingungen durch „produktive Zerstörung" (Schumpeter) zu bessern scheinen, wurden in Ostdeutschland als erstes die Verteilungskoalitionen Westdeutschlands installiert.

72 „Merchants and industrialists graduate from risk-taker to rentier status" (Kindleberger 1996: 213).

73 „Various interests put their concern at the political level, and if enough do, they block effective government action" (Kindleberger 1996: 213).

Alternativen schwächen.[74] Für Deutschland kommen als Besonderheit die Überalterung der industriellen Produkte und der Bevölkerung sowie die historisch überkommene, besonders enge Verflechtung von Wirtschafts- und Sozialpolitik hinzu.[75]

Transaktionskosten und Institutionsökonomie

Einen weiteren Schlüssel zum Verständnis des Widerstandes gegen den sozialen Wandel der Institutionen liefert die Transaktionskostentheorie.[76] Wirtschaftlicher Tausch ist kostspielig und seine Kosten wachsen historisch weiter. Dies hat verschiedene Gründe: Güter sind nicht homogen und auf einen Marktpunkt konzentriert, der Tausch ist nicht Sache eines Augenblicks, die Beteiligten sind nicht voll informiert. Vor allem aber sind Garantien und Gewährleistungen der Vertragserfüllung nicht umsonst. Solche Probleme sind der Grund für die Schaffung sozialer, politischer und wirtschaftlicher Institutionen, die die Transaktionskosten berechenbar machen und verringern, und die somit für den Tausch erst einen verläßlichen Rahmen bieten.

Der einfachste institutionelle Rahmen für den Tausch sind selbstauferlegte Beschränkungen. Die Kultur mit ihren Regeln, Werten, Normen und Gewohnheiten ist bereits eine solche Form der Selbstbeschränkung. So können schon kulturell positiv bewertete Eigenschaften des Verzichts auf radikalen Eigennutz zum Vorteil gereichen: guter Ruf, Ehrlichkeit, Anstand. Von der informellen Selbstbeschränkung gibt es graduelle Übergänge zu den formellen Beschränkungen, so von der guten Sitte zu Vertrag, Gesetz und Verfassung. Historisch läßt sich eine Bewegung von der formlosen zur formgebundenen Beschränkung beobachten. Sie ist die Folge räumlicher und zeitlicher Ausdehnung des Tausches, von Arbeitsteilung, Spezialisierung, Differenzierung. Ein mit Zwangsgewalt ausgestatteter Dritter wird mit dieser historischen Entwicklung unerläß-

---

74 Vor allem dann, wenn föderative Staaten wie die Bundesrepublik in Kontinuität deutscher Geschichte anstelle eines gewählten Senats die Vertretung der Landesfürsten mit weitreichenden Einflüssen auch auf die Bundespolitik vorsehen. „Es ist hier nicht der Ort, um die nachgerade perniziösen Konsequenzen des deutschen Exekutiv-Föderalismus aufzulisten. Die Liste wäre allzulang. ... ,- alles hängt mehr und mehr an diesem Systemfehler" (W. Hennis in FAZ 189 vom 14.8.1997: 31).

75 „Perhaps ... the German economy, like many before it, is becoming somewhat rigidified" (Kindleberger 1996: 170). „... nowhere is the importance of social development as crucial to the path of the economy as in Germany" (Kindleberger 1996: 150).

76 Die klassische Theorie der Knappheit und des Wettbewerbs um knappe Güter unterstellt reibungslose Tauschvorgänge, in denen Eigentumsrechte vollkommen spezifiziert und Informationen kostenlos sind. Das ist eine Fiktion, so North (1992), der es an Verständnis für menschliche Kooperation und Koordination mangelt. Nur bei Transaktionskosten von Null gilt die effiziente Konkurrenzlösung der klassischen Wirtschaftstheorie (Coase Theorem). Kindleberger (1996: 18) unterscheidet drei Modelle der Anpassung an sozialen Wandel (equilibrium, free market, coordination), die jeweils mit einem besonderen Menschenbild verbunden sind (rational, competitive, cooperative human).

lich. Dies ist zunächst der klassische Nationalstaat, heute sind es zunehmend auch internationale Vereinbarungen und supranationale Institutionen.[77]

Wirtschaftliche und politische Regeln und Institutionen stehen also in einem Wechselverhältnis: Eigentumsrechte sind zu schützen, die Einhaltung von Vereinbarungen ist zu sichern, Währungen, Maße und Gewichte sind zu vereinheitlichen, Sanktionen sind auszuführen.[78] Institutionen vermindern als selbstauferlegte Beschränkungen die Unsicherheit, sie definieren und limitieren den Wahlbereich des Einzelnen. „Institutionen sind die Spielregeln einer Gesellschaft oder, förmlicher ausgedrückt, die von Menschen erdachten Beschränkungen menschlicher Interaktion. Dementsprechend gestalten sie die Anreize im zwischenmenschlichen Tausch, sei dieser politischer, gesellschaftlicher oder wirtschaftlicher Art. Institutioneller Wandel bestimmt die Art und Weise der Entwicklung von Gesellschaften über die Zeit und ist somit der Schlüssel zum Verständnis historischen Wandels" (North 1992: 3). „Institutionen stecken den Rahmen ab, in dem Menschen im Laufe der Geschichte sich eine Ordnung schufen und die Unsicherheit beim Tausch zu mindern suchten. Im Verein mit der angewendeten Technik bestimmen sie Transaktions- und Transformationskosten und somit Rentabilität und Ausführbarkeit wirtschaftlicher Tätigkeit. Sie verbinden die Vergangenheit mit Gegenwart und Zukunft, so daß Geschichte zu einem großen Teil die Geschichte der allmählichen Evolution von Institutionen ist ..." (North 1992: 141). Die Vorgeschichte beeinflußt deshalb immer die aktuellen institutionellen Lösungen. Die Institutionsgeschichte erklärt, weshalb erfolgreiche Gesellschaften und Wirtschaften ebenso wie erfolglose mit ineffizienten Leistungen lange bestehen bleiben können.

Die Institutionsgeschichte kann daher auch zu ineffizienten Lösungen führen, wenn dies im Interesse starker Gruppen ist, die in der Lage sind, die Institutionenordnung in ihrem Sinne zu gestalten oder zumindest zu beeinflussen.[79] „Die Tatsache zunehmender Erträge einer gegebenen Menge von Institutionen, die

---

77 Alle diese Argumente sind soziologisch anschlußfähig. Sie erinnern an die zentrale Rolle der Kultur im Strukturfunktionalismus zur Lösung des Problems doppelter Kontingenz, an Colemans Ausführungen zur rationalen Setzung von Normen und zum Wert sozialen Kapitals, an die innere und äußere Zivilisierung bei Durkheim und Elias. Zum strukturellen Konflikt internationaler Institutionen des Liberalismus, von Firmen und Finanzinstituten in Relation zur Dritten Welt und zu globalen Kollektivgütern vgl. Krasner 1985. Zu internationalen Regimen Krasner 1983.

78 „... Institutionen (sind) der Schlüssel zum Verständnis der wechselseitigen Zusammenhänge von Staat und Wirtschaft und der Auswirkungen derselben auf das Wachstum (bzw. Stillstand und Schrumpfung) der Wirtschaft" (North 1992: 141). Der institutionelle Rahmen ist für die Leistung einer Wirtschaft wesentlich, weil Individuen und Organisationen auf die Anreize im Institutionensystem reagieren. Zur Leistungsfähigkeit der institutional economics und zur Transaktionskostentheorie, begründet auf einer Kritik der neoklassischen Theorie, des Konzepts des homo oeconomicus und auch der Keynesschen Theorie vgl. Hodgson 1988.

79 „... Marx sah für seine Geschichte ein Ende in Wohlgefallen vor ..., wohingegen die Institutionenanalyse der vorliegenden Untersuchung für einen glücklichen Ausgang keine Gewähr übernimmt" (North 1992: 165).

eine produktive Tätigkeit geradezu hemmen, wird Organisationen und Interessengruppen entstehen lassen, die ein Interesse an den bestehenden Beschränkungen haben. Sie werden den Staat in ihrem Sinne gestalten" (North 1992: 118). Typische Beispiele solcher Institutionen sind das Militär, die großen Religionen und die modernen Umverteilungsorganisationen.

Die Institutionsökonomie schließt mit der Transaktionskostentheorie an die historische Schule der Ökonomie an. Sie versucht, das Thema objektiver Unsicherheit theoretisch in den Griff zu bekommen, es über Institutionen und deren Geschichte historisch und sozial einzugrenzen. Denn Verhalten unter Unsicherheit richtet sich nach Regeln, Normen und Gewohnheiten, nicht allein nach individuellen Kalkülen, schon weil die erste Strategie oft erfolgreicher und kostengünstiger ist.[80] Diese theoretische Entwicklung bringt die Ökonomie wieder näher an die Soziologie heran (Becker 1996). Gleichzeitig zeigt sich in jüngster Zeit auch in der Soziologie ein wachsendes Interesse an ökonomischer Theorie, nicht zuletzt an der Theorie rationaler Wahl (Vanberg 1975; 1982).[81] Die umfassendste Entwicklung einer soziologischen Theorie rationaler Wahl mit dem Anspruch der Gesellschaftstheorie findet sich bei Coleman (Coleman 1990).

Die Gesellschaftstheorie des rational choice

In utilitaristischer Perspektive rationaler Wahl muß die Erklärung sozialer Systeme auf der Basis innerer Prozesse des Systems, auf der Basis von Akteuren und deren Handeln erfolgen. Ein solcher Theorieansatz stützt sich nicht auf die Annahme eines normativ sozialisierten und determinierten Menschen, er geht vielmehr von der Freiheit der Personen aus. Gesellschaftliche Ordnung wird aus freien Stücken hergestellt.[82] Hierin stimmt Coleman mit interaktionistischen und diskursiven Konstruktionstheorien überein. Im Unterschied zu diesen bietet die utilitaristische Theorie rationaler Entscheidung jedoch eine einfache Erklärung für die Entstehung kooperativer sozialer Systeme. Sie folgt aus dem individuellen Nutzenmaximierungsinteresse rationaler Akteure, das zu einer freiwilligen - und sei es antagonistischen - Kooperationsbereitschaft führen kann.[83]

Das Minimalmodell dieser Gesellschaftstheorie ist der Austausch zwischen zwei Akteuren, die jeweils über Ressourcen verfügen, an denen sie wechselsei-

---

80 In der ökonomischen Theorie hat das Thema Unsicherheit nur langsam Aufmerksamkeit gewonnen, weil es das Modell des homo oeconomicus beeinträchtigt. Mikrotheorie und Spieltheorie wählen deshalb den Weg der Umwandlung objektiver Unsicherheit in subjektives Risiko, wobei das Risikokalkül auf der begrenzten Rationalität des Individuums ruht.

81 Wiewohl nicht selten heftig angefeindet als Apotheose der Ellbogenmentalität (Miller 1994; vgl. Esser 1994).

82 Zu der andauernden Auseinandersetzung um die Richtigkeit der Annahmen der Theorien rationaler Wahl versus sozialer Normen zur Erklärung sozialer Ordnung vgl. Elster 1989.

83 „Alle Handlungsarten werden zu dem einzigen Zweck ausgeführt, die Interessen des Akteurs besser zu verwirklichen" (Coleman 1991: 39).

tig interessiert sind. Durch das wechselseitige Interesse an Ressourcen oder an Kontrollrechten über Ressourcen sind die Akteure miteinander verbunden. Dies ist der Ausgangspunkt sozialer Interdependenzen und die Grundlegung für den Systemcharakter von Handlungen. Die zu tauschenden Ressourcen können Güter sein, Dienstleistungen, sozialer Status und vieles andere. Der Tausch richtet sich nach subjektivem Nutzen. Das Optimum ist dann erreicht, wenn aus der Sicht der Akteure weitere Tauschhandlungen keinen zusätzlichen Nutzen mehr erbringen, der in einem sinnvollen Verhältnis zu den Kosten steht. Aus Tauschbeziehungen entsteht ein natürliches soziales Umfeld, das sich aus dem wechselseitigen Interesse der Akteure aneinander speist.[84]

Die Ressourcen der Akteure unterliegen zahlreichen und komplizierten Rechten. Statt der Ressourcen selbst lassen sich auch die Rechte an Ressourcen tauschen. Neben dem direkten Tausch von Ressourcen (z.B. Ware gegen Ware oder Geld gegen Ware) und von Rechten an Ressourcen (z.B. Mietbesitz und Eigentum an Wohnungen) können noch weitergehende Tauschhandlungen vorgenommen werden, nämlich die Übertragung des Rechts auf Ressourcenübertragung (z.B. Verkaufsverbot der Wohnung durch eine Hypothek). Schrittweise werden die Sozialbeziehungen durch solche Tauschformen komplexer.

Die Übertragung von Rechten kann mit der Unterwerfung unter Herrschaft verbunden sein. Es gibt zwei Formen des Tausches von Rechten, die Herrschaftsbeziehungen unterschiedlicher Art herbeiführen: die konjunktive und die disjunktive Herrschaft. Im Falle der *konjunktiven* Herrschaft werden wechselseitig Rechte übertragen, weil auf diese Weise die jeweils eigenen Interessen gemeinsam besser verfolgt werden können. Das ist z.B. der Fall bei der Gründung einer Familie, eines Vereins oder in Freundschaftsnetzwerken. Coleman nennt die so entstehenden konjunktiven Herrschaftsbeziehungen Institutionen. Im Falle der *disjunktiven* Herrschaft werden Rechte gegen andere Güter eingetauscht, z.B. das Recht auf Freizeit gegen Lohn für Arbeit. Coleman nennt diese Herrschaftsbeziehungen Organisationen.

Da Tauschvorgänge, insbesondere solche komplexer Art, oft über einen längeren Zeitraum laufen, bedarf es der Herstellung von Vertrauen. Vertrauen kann aus der persönlichen Abwägung von Risiken und Nutzen einer Handlung hervorgehen, wie es bei Freundschafts- und Liebesbeziehungen der Fall ist. Vertrauen kann auch auf der Einschaltung von Treuhändern beruhen, die ein Interesse daran haben, dauerhaft als ehrliche Makler zu gelten (Notare oder Banken).[85] Auch die Akzeptanz von Geld ruht auf einer rational kalkulierten Ver-

---

84 Gesellschaft als Tauschbeziehung zu begreifen, ist eigentlich ein alter Gedanke in der Soziologie, so z.B. in Simmels Philosophie des Geldes (Simmel 1987).

85 Oft wird der Eigentümer von Ressourcen und Rechten einen Agenten einschalten, weil er sein Ziel nicht allein erreichen kann. Dies ist beispielsweise im Verhältnis von Kapitaleigentümer und Lohnarbeiter der Fall. Der Lohnarbeiter nimmt die Interessen des Eigentümers gegen Entgelt wahr, der Eigentümer steuert den Angestellten über Anreize und Kontrolle. In modernen Organisationen ist diese Beziehung zwi-

trauensgrundlage, die auf der angenommenen Dauerhaftigkeit des Tauschwerts einer Währung beruht. In allen genannten Fällen ist Vertrauen eine Angelegenheit rational kalkulierten Risikos. Wenn Vertrauen herrscht, haben alle Seiten größere Gewinne und geringere Kosten. Die Investition in Vertrauen lohnt sich also prinzipiell. Vertrauen ist deshalb eine rationale Verhaltensweise.

Auch Normen sind das Ergebnis utilitaristischer Rationalität, wie schon Hume feststellte. Obwohl Normen immer eine Beschränkung der subjektiven Entscheidungsfreiheit der Akteure bedeuten, liegen sie in deren Interesse. Normen werden zweckvoll geschaffen und eingesetzt, wenn sie mehr Nutzen als Kosten verursachen. Dies ist dann der Fall, wenn verläßliche Kooperation langfristig sicheren Gewinn bringt, Normbruch jedoch nach kurzfristigem Vorteil langfristigen Schaden. Die Evolution kooperativer Normen und Strategien kann so unmittelbar aus utilitaristischem Kalkül hervorgehen.[86] Schwieriger wird die Installation von Normen bei größeren Gruppen. Sie müssen sich gegen Trittbrettfahrer und Spielverderber wehren. Sie werden dies nur dann tun, wenn sich die gemeinsamen Sanktionen gegen Abweichler für alle Sanktionierer lohnen. Dazu müssen sie sich verbünden, um Kosten und Nutzen der Sanktionen zu teilen.

Aus Tauschbeziehungen, so Colemans Theorie, entstehen im utilitaristischen Eigeninteresse der beteiligten Akteure Institutionen und Organisationen, Vertrauen und Treuhänderagenturen sowie rechtliche Normen. All dies zusammen bildet ein soziales Kapital von hohem Wert. Das Problem des sozialen Kapitals ist jedoch, daß es kein Privateigentum ist. Individuen, die in Herstellung und Erhalt von sozialem Kapital investieren, verschaffen auch denen einen Vorteil, die sich an seiner Herstellung nicht beteiligt haben. Je nachdem, ob Individuen, die in soziales Kapital investieren, ein ausreichender Gewinn geboten wird in Relation zum Gewinn all derer, die nicht investieren, wird in sozialen Gemeinschaften die Investitionsneigung in soziales Kapital unterschiedlich hoch sein oder auch ganz schwinden.

Mit dem historisch gewachsenen Massenwohlstand und mit der Delegation von Tauschbeziehungen an anonyme Organisationen entsteht ein gravierendes Problem hinsichtlich der Erstellung sozialen Kapitals: Die individuelle Bereitschaft zur Investition in soziales Kapital nimmt ab. Denn, wenn der Bezug von Leistungen wie Lebensunterhalt, Krankenversorgung, Altersversorgung, innere und äußere Sicherheit nicht mehr von der individuellen Beteiligung an ihrer Herstellung abhängig gemacht wird, sondern wenn diese Kollektivgüter für alle auch ohne individuelle Beteiligung hergestellt werden, dann wird die Zahl der

---

schen Eigentümer und Agent in der Regel entpersönlicht: Beide handeln als Positionsinhaber, an deren Positionen allgemeine Rechte gebunden sind.

86 Die Evolution der Kooperation in fortgesetzt wiederholten Spielen ruht auf der uralten Norm der Vergeltung von Gleichem mit Gleichem - „TIT-FOR-TAT"-Strategie (vgl. Axelrod 1987).

Trittbrettfahrer zunehmen und die Zahl der freiwillig in soziales Kapital Investierenden abnehmen.

Es handelt sich hier um ein zentrales Problem moderner Gesellschaften, in denen die an natürliche Personen gebundenen korporativen Akteure wie Familien oder Ortsgemeinschaften weitergehend durch *anonyme korporative Akteure* ersetzt werden. Die Dominanz moderner, anonymer Korporationen verändert die Verhaltensweisen der Individuen.[87] Ein Musterbeispiel dafür ist die Entwicklung der Familie (Coleman 1996).[88] In der modernen Gesellschaft sind der alten Institution Familie fast alle Ressourcen und Rechte genommen und an moderne korporative Akteure und den Staat übertragen worden. Mit der Auslagerung der den Lebensunterhalt sichernden Arbeit aus der Familie, mit der Delegation von Erziehung und Bildung an Kindergärten, Schulen und Hochschulen, mit der Abtretung der Altersversorgung an den Sozialstaat und an private Versicherungen wird die Abhängigkeit der Familienmitglieder und Generationen voneinander untergraben. Dafür wird der ehedem von der Makroökonomie weitgehend unabhängige Haushalt völlig von dieser abhängig. Für Eltern lohnt es sich nicht mehr, viele Kinder zu haben und in sie zu investieren. Das Interesse an Kindern hört auf, zugleich Selbstinteresse zu sein. Kinder werden - vom historisch gleichbleibenden emotionalen Wert abgesehen - als Kostenfaktor gesehen.

Mit der Zunahme des Anteils kinderloser Personen an der Gesamtbevölkerung und mit der Überalterung der Bevölkerung wird dieser soziale Wandel zugleich Teil der Politik. Der Anteil des sozialen Kapitals eines Gemeinwesens, der in Kinder investiert wird, wird in Relation zum Anteil für die Erwachsenen immer kleiner. Die wohlfahrtsstaatlichen Ausgaben fließen primär in Altersversorgung und Gesundheitswesen, was ebenfalls vor allem den Älteren dient, nicht aber in Erziehung, Bildung und Ausbildung. Der Staat ist mit seinen modernen Organisationen jedoch nicht in der Lage, die so geschaffenen Probleme wie hohe Wohlfahrtskosten und Steuerausfälle, Drogen, Kriminalität, Bildungsmängel und Gesundheitsschäden zu lösen, wenn nicht die Anreize der individuellen utilitaristischen Kalküle korrigiert werden.

Die Theorie rationaler Wahl entwickelt Gesellschaftstheorie auf der Grundlage einer utilitaristischen Theorie individuellen Verhaltens. Vom Mikromodell des rational entscheidenden Akteurs über die Randbedingungen der Handlungssituation gelangt sie zur Analyse externer Effekte und aggregierter Interdependenzen im sozialen System. Das Modell benötigt dazu nur wenige Annahmen: Knappheit, Wettbewerb und Ressourcen, Maximierungsstrategie als selektive Erwartung aus Höhe und Wahrscheinlichkeit des Nutzens, nichtintendierte Folgen interdependenter, aggregierter individueller Entscheidungen. Diese Theorie benötigt keinen homo sociologicus, der nach den Regeln der herrschenden

---

87 Hier findet sich eine Übereinstimmung in der Gegenwartsdiagnose mit Habermas' Sicht auf die Kolonialisierung der Lebenswelten durch die Systemwelten und mit Luhmanns systemtheoretischer Sicht des Sozialen.
88 Ein anderes die Schule, Coleman 1986.

Kultur sozialisiert und sanktioniert seine Rollen spielt, oder der weltinterpretierend und Situationen definierend interaktiv Verständigung sucht.[89] Sie braucht auch keinen homo oeconomicus, der vollständig informiert unter sicheren Erwartungen seine Entscheidungen trifft. Diese Theorie kennt keine Utopie der teleologisch zum Guten hinstrebenden Gesellschaftsgeschichte, und sie bedarf keiner Anthropologie des guten Menschen. Es genügt die Annahme, daß Akteure über Ressourcen und Rechte verfügen, subjektiv begrenzt informiert und erwartungsicher sind (Logik der Situation) und nutzenmaximierend (Logik der Selektion) entscheiden.[90]

Die Theorie der Rationalität in der utilitaristischen Tradition besitzt eine erklärende und eine normative Komponente. Als Erklärung beansprucht sie, die richtige Analyse tatsächlichen Verhaltens zu sein. Als Norm gibt sie Empfehlungen der Realisierung rationalen Handelns. Die Theorie kann sich auf eine rationale Strategie der optimalen Zweck-Mittel-Relation beschränken, oder aber sie kann auch Ziele und Präferenzen zum Gegenstand rationaler Wahl machen.

4.5 Sozialpolitik und Wohlfahrtsstaat

Wie Jon Elster richtig anmerkt, hat die Rationalitätstheorie des Utilitarismus zwei Komponenten: einen empirischen Erklärungsanspruch und einen normativen Aufforderungscharakter. Die Theorie beansprucht nicht nur die Richtigkeit der Erklärung menschlichen Verhaltens, sondern auch einen normativen Rang als Modell.[91] Im Unterschied zur Geschichtsphilosophie und im Unterschied zur neomarxistischen kritischen Theorie kennt die utilitaristische Theorie aber kein Telos der guten gesellschaftlichen Entwicklung. Es wird weder ein Utopia der gemeinschaftlichen und gesellschaftlichen Harmonie noch eine geistesgeschichtlich progressive Rationalität im herrschaftsfreien Diskurs versprochen. Im Unterschied zur Theorie der kreativen Sozialität und der ausgehandelten sozialen Ordnung im Pragmatismus setzt der Utilitarismus auch keine anthropologische Verständigungsbereitschaft voraus. Die Theorie rationaler Entschei-

---

89 In einer Publikation über Alltagshandeln und Verstehen stellt Esser eine Querverbindung zwischen der rational choice Theorie und der Phänomenologie von Schütz her (Esser 1991). „Um-zu-Motive" bestimmen die Zweck-Mittel-Relation, „weil-Motive" die Präferenzstruktur des Akteurs. Akteure handeln rational auf der Basis subjektiv erwarteten Nutzens (SEU), also auf der Grundlage von eingeschränkter, situationsgebundener Information, die auf lebensweltlichen Erfahrungen ruht. Handlungssequenzen werden durch habits selegiert, Ziele durch frames als Leitmotive. Wie bei Weber im Rahmen von Ideen, so wird bei Esser innerhalb des lebensweltlichen Rahmens nach Interessen rational entschieden. Die rational choice Theorie ist der Phänomenologie jedoch vorzuziehen, weil sie präziser in ihren Selektionsregeln ist, so Esser.
90 Zum Anspruch der rational choice Theorie als allgemeine Grundlage der Soziologie vgl. Esser 1993.
91 Eine intelligente Kritik des Rationalitätsbegriffs und der rational choice Theorie liefert Jon Elster (1987; 1989).

dung ist vielmehr eine minimalistische Theorie utilitaristischen Eigeninteresses, die dennoch zu gesellschaftstheoretischen Aussagen über zentrale Institutionen wie Markt, Staat und Recht gelangt. Sie tut dies in ihrer langen Geschichte, theoretisch ausgearbeitet seit Hume, mit dem Argument der antagonistischen Kooperation. Gesellschaftliche Kooperation unter Einschluß so elementarer, scheinbar nicht utilitaristischer Phänomene des Sozialen wie Vertrauen, Norm und Recht, lassen sich auf das sozusagen wohlverstandene, durch Erfahrungen aufgeklärte Eigeninteresse der Akteure zurückführen. Auch die Erzeugung kollektiver, öffentlicher und sozialer Güter kann eine rational begründete, utilitaristische Zielsetzung sein.

Gleichwohl ist der utilitaristischen Theorie nicht entgangen, daß aus eigennützigen Verhaltensstrategien keineswegs zwingend Kooperation und Kollektivgüter hervorgehen müssen. Genauso gut können die aggregierten Folgen zahlloser einzelner Entscheidungen verheerende Konsequenzen zeitigen. Ein klassisches Beispiel ist die Zerstörung des Gemeingutes im Falle der mittelalterlichen Allmende, aus der jeder herausholt, was er kann, bis zu ihrem Untergang. Die heutige Allmende besteht nicht mehr aus Dorfwiese und Dorfteich, sondern aus Luft, Wasser, Boden und Meeren des Weltdorfes. Ein anderes Problem betrifft die Verwissenschaftlichung der äußeren Natur, der Gesellschaft und der inneren Natur, die eine künstliche Welt schafft, „bis der letzte Zentner fossilen Brennstoffs verglüht ist", wie schon Weber bemerkte (Weber 1978: 203). Aus dem leichten Mantel des okzidentalen Rationalismus „ließ das Verhängnis ein stahlhartes Gehäuse werden" (Weber 1978: 203).[92]

Ein drittes Beispiel ist die Etablierung festgefügter Gruppen mit Sonderinteressen. Nicht das Wachstum des Kuchens ist hier das Ziel und dann die (gerechte) Verteilung, sondern es geht um die Anteilssicherung am Kuchen auch ohne Wachstum, ja unter Inkaufnahme seines Schrumpfens, solange die eigenen Vorteile unangetastet bleiben. Dies ist beispielsweise ein ernstzunehmendes Problem des Wohlfahrtsstaates, dessen Reform auf jedem Gebiet - Bildung, Krankenversicherung, Alterssicherung, Pflege, zahllose Subventionen und Steuerrecht - immer auf wohlorganisierte und durchsetzungsstarke Sonderinteressengruppen treffen wird, die jede Innovation zu verhindern suchen.

Die Entfaltung der Staatsbürgerrechte

Am Beispiel des Wohlfahrtsstaates wird besonders deutlich, daß die modernen Institutionen Markt und Staat in einem Spannungsverhältnis stehen, das an Bedeutung und Tragweite viele andere Konflikte übertrifft. Das Kräftedreieck zwischen kapitalistischer Marktwirtschaft, parlamentarischer Demokratie und Wohlfahrtsstaat galt schon Schumpeter und Polanyi als ein zentraler Ausgangspunkt moderner gesellschaftlicher Dynamik. Ein wichtiger Hintergrund des

---

92 Zur Verwissenschaftlichung aus Sicht der Verwendungsforschung und Gesellschaftstheorie vgl. Wingens 1998; auch Weymann 1989a und 1989b.

Konflikts ist die Entfaltung der Staatsbürgerrechte in der Geschichte der entwickelten bürgerlichen Industriegesellschaften Europas und Nordamerikas parallel zur Entfaltung der Kräfte der kapitalistischen Marktwirtschaft.

Thomas Marshall hat drei Stufen der Entstehung und Festigung von Staatsbürgerrechten (citizenship) unterschieden: *bürgerliche, politische und soziale Rechte*. Die bürgerlichen Rechte betreffen die Freiheit der Person, der Rede, des Vertragsabschlusses. Sie umfassen nicht zuletzt das Recht auf Teilhabe an den Angeboten des Marktes (provisions). Die politischen Freiheitsrechte (civil rights) betreffen die Partizipation an der Macht. Soziale Rechte schließlich bestimmen den Einschluß in Wohlfahrt und Sicherheit, die Teilhabe am zivilisierten Leben und am kulturellen Erbe, an Erziehung und Bildung (entitlements).

Die bürgerlichen Rechte wurden in England im 18. Jahrhundert mit der Gleichstellung vor Gericht, der Gewerbe- und Gewerkschaftsfreiheit, der Aufhebung der Leibeigenschaft durchgesetzt. Die Durchsetzung der politischen Rechte zieht sich durch das 19. Jahrhundert mit der sukzessiven Ausdehnung des aktiven und passiven Wahlrechts auf (fast) alle Männer bis 1918. Die sozialen Rechte werden erst im 20. Jahrhundert umfassend gesetzt und implementiert, zunächst als Recht und Pflicht auf Bildung.[93] Im Zuge dieser historischen Entwicklung wächst die Inklusion von immer mehr Bürgern in den Wohlfahrtsstaat bzw. schwindet die Exklusion von Individuen und Gruppen. Während der Feudalismus noch die völlige Trennung der Klassen kannte, hatte bereits der Kapitalismus die Klassentrennung unterminiert, weil er allen das gleiche bürgerliche Recht auf den Wettbewerb am Markt zuerkannte sowie die politische Rechtsgleichheit. Die volle Nutzung der bürgerlichen und politischen Rechte hing jedoch auch von der Realisierung gleicher sozialer Rechte im Wohlfahrtsstaat ab.

Der sich entfaltende Staatsbürgerstatus beinhaltet einen ungelösten, inneren Konflikt zwischen den ihn ausmachenden bürgerlichen, politischen und sozialen Rechten. Dieser immanente Konflikt zwischen den Elementen des Staatsbürgerstatus wächst historisch mit der Ausdehnung der sozialen Rechte über die Bildung hinaus auf das Armenrecht, die Gesundheitsfürsorge, Altersrenten, Kindergeld, Wohnungswesen etc. Soziale Rechte treten zunehmend in Widerspruch zu bürgerlichen Rechten. Sie beschränken die wirtschaftliche Freiheit der Akteure und reduzieren oder beseitigen den Einfluß des Marktes und seiner relativen Preise in Relation zu sozialpolitisch gesetzten Angeboten und Anreizen. Ein Beispiel ist das Mietrecht mit seiner starken Verfügungsbeschränkung des Eigentums und mit den dadurch ausgelösten Folgen für die Rentabilität des Mietwohnungsbaus, für das Angebot an Mietwohnungen und die Höhe der

---

93 Einen breiten und spannend geschriebenen Überblick über den historischen Ablauf der Entfaltung sozialer Rechte in der Geschichte der europäischen Staaten gibt de Swaan (1993). Zur deutschen Geschichte Collins (1995). Die Situation der europäischen Sozialpolitik der Gegenwart untersuchen Leibfried und Pierson (1995).

Mieten. Ein anderes Beispiel ist das soziale Recht auf ein kostenfreies Studium (nicht aber auf einen Kindergartenplatz oder auf berufliche Weiterbildung), das auch von jenen bezahlt wird, deren Kinder aus diesem Recht keinen Vorteil ziehen, weil sie nicht studieren. Es ist ein soziales Recht, das einen bestimmten, sozialpolitisch geprägten Typus von Student und Universität schafft. Beide existieren (in Deutschland) weitgehend marktunabhängig und definieren sich deshalb zueinander nicht im Verhältnis eines marktabhängigen Dienstleistungbetriebs zum zahlenden Kunden. Der Student würde andere Rechnungen über Kosten und Ertrag eines Studiums anstellen, wenn er kostendeckende Gebühren zahlen müßte, das Unternehmen Universität und sein Personal würden Studentinnen und Studenten als Kunden betrachten, wenn sie von deren Nachfrage nach Studienplätzen abhängig wären.

Soziale Rechte stehen nicht nur im Konflikt zu bürgerlichen und politischen Rechten. Sie sind auch in sich nicht zwangsläufig Garanten der Gleichheit, als die sie meist selbstverständlich angesehen werden. Soziale Rechte können ebenso Ungleichheit erzeugen. Dies hat zunächst damit zu tun, daß die Zuerkennung sozialer Rechte zwar immer für die Begünstigten den Einschluß in Privilegien bedeutet, für alle anderen aber zugleich den benachteiligenden Ausschluß. Förderungsrechte von Wohneigentum für bestimmte Personengruppen, Stadt- und Regionalentwicklungspläne für bestimmte Gebiete, Subventionen für Berufsgruppen und Branchen oder die zahlreichen Ansprüche auf Steuerbefreiungen sind bekannte Beispiele. Soziale Rechte schaffen Ungleichheit aber nicht nur durch Inklusion und Exklusion von Individuen und Gruppen. Sie verhindern auch nicht den Wettbewerb um die maximale Nutzung des Rechtsanspruchs. Hier setzt sich der Hobbessche Kampf aller gegen alle auch im Wohlfahrtsstaat fort. Das Steuerrecht ist dafür ein Musterfall. Soziale Rechte können alte Privilegien zerstören, und sie bilden ein Gegengewicht zur Rationalität des Marktes, aber sie schaffen zugleich neue Privilegien und einen neuen Markt des Wettbewerbs um Rechte. Und schließlich: Staatsbürgerrechte haben sich vervielfältigt und werden gerne in Anspruch genommen, während die mit ihnen verbundenen Pflichten vager sind und häufig umgangen werden.

Markt wie Staatsbürgerstatus folgen einer unterschiedlichen Logik. „In ihrer modernen Form implizieren soziale Rechte ein Eindringen des Status in den Vertrag, die Unterwerfung des Marktpreises unter die soziale Gerechtigkeit, die Ersetzung des freien Tauschs durch die Erklärung von Rechten" (Marshall 1992: 82). Der Konflikt zwischen Rechten und Marktwerten ist nicht gelöst. Er ist ein in unsere Gesellschaft fest eingebautes Paradox. „Ich glaube," sagt Marshall, „daß in der gegenwärtigen Phase der Entwicklung demokratischer Staatsbürgerrechte gerade dieser grundsätzliche Prinzipienstreit den Wurzeln unserer sozialen Ordnung entspringt. Tatsächlich sind die offensichtlichen Unvereinbarkeiten eine Quelle der Stabilität, die durch einen Kompromiß erreicht wurde, der nicht der Logik gehorcht. Diese Phase wird nicht unendlich dauern" (Marshall 1992: 93).

Der neue soziale Konflikt

Die Phase des relativ stabilen Kompromisses, von der Marshall annahm, daß sie nicht unendlich dauern werde, scheint abgelaufen zu sein. Der Konflikt um das Verhältnis von Sozialstaat und Markt ist in vielen westlichen Staaten erneut offen ausgebrochen. Dahrendorf bezeichnet ihn als den modernen sozialen Konflikt (Dahrendorf 1992): „Der moderne soziale Konflikt ist ein Antagonismus von Anrechten und Angebot, Politik und Ökonomie, Bürgerrechten und Wirtschaftswachstum. Das ist immer auch ein Konflikt zwischen fordernden und saturierten Gruppen, wenngleich die Entstehung einer breiten Mehrheitsklasse in jüngerer Zeit das Bild kompliziert hat. Die soziale Basis politischer Auseinandersetzungen ist ebenso unklar geworden wie die Parteienstruktur, in der die Konflikte ausgetragen werden" (Dahrendorf 1992: 8).

Bei klarer Dominanz von *Anrechten* in einer Gesellschaft bekommen alle Bürger zwar das Notwendige zugeteilt, aber alle Güter und Dienstleistungen sind knapp und von geringer Qualität. Es herrscht allgemeiner Mangel vor bei großer Gleichheit. Dies ist der Typus der sozialistischen Gesellschaftsordnung. Die russische Revolution war eine Anrechtsrevolution. Die industrielle Revolution hingegen war eine Angebotsrevolution. Hier herrscht bei klarer Dominanz von *Angeboten* ein Überfluß an Waren und Dienstleistungen vor bei großer Ungleichheit der Kaufkraft. Dies ist der Typus der kapitalistischen Gesellschaft, dem als Idealtypus die USA nahe kommen. Empirisch gibt es aber keine reinen Typen. Es herrscht eine Balance zwischen Angeboten und Anrechten in modernen Gesellschaften mit unterschiedlichen und sich wandelnden Kräfteverhältnissen.[94] Die Lebenschancen der Individuen und Gruppen ergeben sich aus den jeweils möglichen Kombinationen von Angeboten und Anrechten.

Die Anrechtsentwicklung hat in den reichen Ländern der OECD einen Korporatismus der Anrechtsbesitzer entstehen lassen, so Dahrendorf. Als exemplarischen Fall sieht er die 68er „Revolte der verwöhnten Kinder des Bürgertums" an (Dahrendorf 1992: 5). Sie brachte ein enormes Anwachsen des öffentlichen Dienstes und der Anrechte mit sich und hat einer ganzen Generation historisch einmalige Chancen geboten. Den Preis für die Überdehnung des Sozialstaates bezahlt jetzt die nachfolgende Generation. Immer mehr Bürger werden teilweise, zeitweise oder ganz von der Erwerbsarbeit ausgeschlossen, und die Wohlfahrtskosten werden unbezahlbar. Mit dem Verlust der Arbeit schwinden auch viele der mit dem Arbeitsverhältnis verbundenen Anrechte an den Sozialstaat. Am Boden der Gesellschaft entsteht zugleich eine neue Dauerarmut (Leibfried/Leisering 1995). Ghettobildung, Fundamentalismus und Randgruppenanomie wachsen. Das Lumpenproletariat rebelliert mit Gewalt, aber ohne politisches Ziel, während die Mehrheitsklasse das Vertrauen in die Zukunft, in ihre eigene Leistung und in ihre eigenen Regeln verliert.

---

94 Dahrendorfs Beispiele sind die USA, Großbritannien, Deutschland, Frankreich, Schweiz. Vgl. auch Esping-Andersen 1990.

Globalisierung und Gesellschaftsvertrag

Die Fähigkeit zur Erneuerung des Gesellschaftsvertrags steht damit auf dem Prüfstand. Denn der Gesellschaftsvertrag ist nicht die endgültige Grundlage der Regelung der Konflikte zwischen Anrechten und Angeboten, zwischen Politik und Ökonomie, sondern er ist selbst Ausdruck und Objekt dieses Konfliktes. Beispiele sind die ständige Fortentwicklung des Grundgesetzes der Bundesrepublik oder der amerikanischen Verfassung. In vielen Gesellschaften ist die Stabilität des Gesellschaftsvertrages schwach. Gleichzeitig führt die voranschreitende Globalisierung und Internationalisierung auf vielen Gebieten zu Spannungen in der Weltbürgergesellschaft, die (noch) keinen Gesellschaftsvertrag kennt, der dem modernen Nationalstaat entsprechen würde. Ein Musterfall dieses Zusammenspiels innerer und äußerer Kräfte ist die Europäische Union. Sie hat bislang kaum eine eigene Sozialpolitik entwickelt, sondern überläßt diese den Nationalstaaten, denen aber gleichzeitig eben aufgrund der EU die Kontrolle über die nationale Politik schrittweise entzogen wird (Leibfried/Pierson 1995).

Historisch gesehen ist die Globalisierung kein neues Phänomen, auch wenn Tempo und Tiefe zugenommen haben. Staatenbildung, expandierender Kapitalismus, Urbanisierung, Bürokratisierung, große Märkte, Verkehrsinfrastruktur, Technik, Wissenschaft und Recht verknüpfen seit Jahrhunderten immer mehr Menschen miteinander, wie schon Adam Smith und Karl Marx betonten. Dies gilt nicht nur im räumlichen Sinne als immer größer werdende Netzwerke, es gilt ebenso im zeitlichen Sinne. Die Länge der verbundenen Handlungsketten wuchs auch in der Zeit. Die sich ausdehnende Verknüpfung gilt im kognitiven Sinne als Austausch und Verschränkung von Wissen. Heutige Handlungen beruhen auf längst abgeschlossenen wirtschaftlichen, rechtlichen, wissenschaftlichen, technischen Akten, und unsere heutigen Handlungen werden ihrerseits in immer weitere Zukunft hinein Folgen zeitigen. Gegenwärtige Beispiele sind die Kerntechnik oder die Gentechnik ebenso wie Entscheidungen über Bildung, Wissenschaft und Rentenfinanzierung oder über die Einrichtung einer Währungsunion in der EU. Mit der Expansion der Interdependenzketten in Zeit und Raum dringt die wechselseitige Abhängigkeit der Menschen auf dem Globus bis in den letzten Winkel und bis in aller Bewußtsein vor, umfaßt immer mehr Lebensbereiche und verknüpft den Zeitgenossen mit weit entfernt liegenden Zeiten in Geschichte und Zukunft.

Dies ist ein Gedankengang der Figurationssoziologie (Elias 1980). Er ähnelt den elementaren Begründungen der Theorie des Gesellschaftsvertrages und der Theorie antagonistischer Kooperation auf dem Markte. Die Figurationssoziologie argumentiert jedoch nicht mit der rationalen Entscheidung des einzelnen utilitaristischen Individuums, sondern mit der historischen Entwicklung der Zivilisation als Figuration, einem die Akteure verknüpfenden Prozeß struktureller Relationen. Die langen Interdependenzketten über Zeit und Raum prägen die Zivilisation der an ihnen beteiligten Nationen und Kulturen. Sie erzwingen äu-

130

ßere Zivilisierung durch Schaffung eines staatlichen Gewaltmonopols, das sich historisch zunächst in zentralisierten Königreichen und dann in modernen Nationalstaaten ausdrückt. Neben der äußeren Zivilisierung durch das staatliche Gewaltmonopol führt die Einbindung in umfassende und langfristige Interdependenzketten auch zu innerer Zivilisierung der Menschen in modernen Gesellschaften. Sie erzwingt eine langfristige Planung der in Zeit und Raum komplex verbundenen Akteure und damit eine Affektkontrolle und Rationalisierung der individuellen Lebensführung.[95]

Der behütende Wohlfahrtsstaat

Blickt man auf die Akteure des Zivilisationsprozesses, so ist diese Erklärung nur dann zureichend, wenn sie sich vollständig hinter deren Rücken vollziehen würde. Dies ist aber nicht der Fall. In der Akteursperspektive ist die entscheidende Erklärung für das aktive Betreiben zivilisatorischen Fortschritts durch Teile der Gesellschaft der Druck, den die Probleme des Modernisierungsprozesses als gemeinsame Bedrohung auf ansonsten konkurrierende Eliten auslösen und sie zur Kooperation zwingen. Die Frage zur Erklärung des Zivilisationsprozesses muß deshalb lauten: „Wie und warum kamen Menschen dazu, kollektive, landesweite, verbindliche Arrangements gegen Risiken und Defizite zu treffen, die sie einzeln bedrohen und individuelle Lösungen zu erfordern scheinen?" (de Swaan 1993: 12). De Swaan beschreibt über lange historische Zeiträume, wie sich in europäischen Ländern - Deutschland, Frankreich, Niederlande, Großbritannien - die Kooperation von nationalen Eliten als Reaktion auf die Abwehr von sie gemeinsam bedrohenden Gefahren formt. Er beschreibt den Kooperationsfortschritt am Beispiel der Armenfürsorge, des Bildungswesens, der Gesundheitseinrichtungen und der Sozialversicherung. Es kommt zur Akkumulation von Transferkapital und zur Entwicklung von Grundzügen des Wohlfahrtsstaates.

Ein elementares und historisch immer wieder präsentes Problem ist die Armut. Armut wird, wenn sie in die Nähe gelangt, als bedrohlich und regelungsbedürftig empfunden. Vor allem Massen von armen, aber gesunden jungen Männern bedeuten stets eine Gefahr. Zugleich sind solche Arme aber auch nützliche Arbeitskräfte. Wie nutzt man das Potential und wehrt seine impliziten Bedrohungen ab? Vor allem Zeiten wirtschaftlicher Krisen und Kriege erzeugen Massen von Bedürftigen, die bereits in der frühen Neuzeit in die wachsenden Städte strebten. Die bedrohten Städte versuchten, das jeweilige Umland zur Kooperation in der Nutzung der Arbeitskraft und in der Abwehr der Gefahr zu zwingen. Die ersten zentralstaatlichen Armengesetze kommen ab 1600 auf. Sie sehen unter anderem polizeiliche Maßnahmen und harte Strafen sowie das Arbeitshaus vor. Rivalisierende und koordinierte Gefahrenabwehr und Nutzung armer

---

95 Dies ist ein Gedanke, der an Webers Religions- und Wirtschaftssoziologie, an Durkheims Theorie der Arbeitsteilung und des Selbstmordes und nicht zuletzt an Freuds Unbehagen in der Kultur erinnert.

Arbeitskräfte bestimmen in einem ambivalenten Wechselspiel die Reaktionen auf Migration von der frühen Neuzeit bis heute.

Die Durchsetzung eines allgemeinen, verpflichtenden Bildungswesens, einer gesetzlich vorgeschriebenen Massenerziehung, ist ein anderes Ergebnis des beginnenden Wohlfahrtsstaates. Auch dieser Prozeß speist sich aus Konflikten und Kooperationen der Eliten unter Modernisierungsdruck. Hier konkurrieren kosmopolitische Städter und die Bürokratie des nationalen Zentrums gegen das Bildungsmonopol der Kirchen und den Einfluß des lokalen Adels auf den traditionalen Unterricht auf dem Dorfe. Im Ergebnis des Konfliktes wird die lingua franca Latein durch nationale Hochsprachen abgelöst, und die Regionalsprachen verlieren an Bedeutung und Verbreitung.[96] Das Interesse der zentralen Eliten an Gebildeten, an großen Märkten und an der nationalen Rechtseinheit setzt sich gegen Adel und Provinz durch.

Ein anderes Beispiel der Reaktion konkurrierender Eliten auf die Ausbildung langer Interdependenzketten und die damit einhergehenden Gefahren ist die Entstehung des modernen Gesundheitswesens. Das Gesundheitswesen in der heutigen Form ist eine Antwort auf die Seuchenprobleme in den wuchernden Städten. Die gute, alteingesessene Bevölkerung flieht zunächst vor Armen und Zuwanderern in die räumliche Segmentation besonderer Wohnungen, Häuser, Stadtviertel, also in sozial homogene Nischen. Seuchen bedrohen jedoch auch diese Nischen. So regeln die besseren Viertel zunächst ihre Versorgungsnetzwerke separat. Dann aber wird deutlich, daß allein der Anschluß aller Bürger an Wasser und Abwassernetze einen wirksamen Seuchenschutz bietet. Die Kosten für die Quartiere der Armen werden umgelegt und aus der Steuerkasse beglichen.

Exemplarisch für die Durchsetzung des zentralen Wohlfahrtsstaates unter dem Druck des Modernisierungsprozesses und mit dem Ziel der Gefahrenabwehr ist die Einführung der Sozialversicherung. Während die Ausgaben des Staates im 19. Jahrhundert um das 80-100fache steigen, steigen die des Sozialstaates um das 5000-6000fache an. Diese Politik war nur durch die Kooperation unterschiedlicher politischer Fraktionen, von Unternehmern, organisierter Arbeitnehmerschaft und zentralen Bürokratien möglich. Sie verbinden sich unter dem gemeinsamen Ziel der Sozialversicherung, obwohl sie unterschiedliche Interessen in der Bedienung ihrer Klientel und in der Kostenumlage des Transferkapitals verfolgen. Die kollektiven, nationalen, gesetzlich fixierten Sicherungssysteme entstehen daher nur langsam und zunächst auch nur als Minimalunterstützung für kleine Bevölkerungsgruppen und ausgesuchte Risiken (Göckenjan 1996).

Mit der Durchsetzung des Wohlfahrtsstaates wachsen neue, sehr enge, tiefgehende, langfristige und breit angelegte Netzwerke zwischen den Individuen und

---

96 Obwohl die Dialekte erst in der Mitte des 20. Jahrhunderts unter dem Wirken der Massenmedien fast völlig erlöschen.

Gruppen der Bevölkerung. Auf der Basis der neuen Sicherheit durch die Zwangsorganisationen des Sozialstaates wird für die Masse der Bevölkerung erstmals in der Geschichte eine langfristige Lebensplanung möglich. Die äußere Zwangsorganisation ermöglicht eine verläßlichere Berechenbarkeit auch des individuellen Lebenslaufs.

Klientelismus und Semiprofessionelle

Der Wohlfahrtsstaat hat jedoch ein Janusgesicht. Er begünstigt große politische Einheiten und soziale Sicherheit, führt aber auch eine Zwangskollektivierung herbei. Die hyperbolische Expansion (de Swaan 1993: 246) der Kollektivgüter des Sozialstaates erzeugt einen ausufernden Bürokraten- und Professionellenapparat als Erzeuger, Nutznießer und Pfleger einer vielfältigen Klientel vom Bildungswesen über die Medizin bis zur Sozialhilfe. Soziale Probleme werden zur Staatsangelegenheit, zur Geldfrage und zur Expertensache. Selbst Laien werden zu Semiexperten professionalisiert. Die Klientel, die es zum Semiexperten gebracht hat, hat auch gelernt, sich erfolgreich aus den Töpfen der Kollektivgüter des Sozialstaates zu bedienen. Der Sozialstaat verändert die Menschen in die gleiche Richtung wie der Kapitalismus es tut: Er macht sie zu strategisch kalkulierend handelnden Experten in eigener Sache, zu personifizierten Vertretern der utilitaristischen Theorie rationaler Entscheidung.

Obwohl die Kassen leer sind und die Konkurrenzfähigkeit der Wohlfahrtsstaaten bedroht ist, werden aufgrund der Koalition der Sonderinteressen Reformen zögerlich in Angriff genommen. Gegenüber dem bedrohten Kollektivgut Sozialstaat handeln Individuen und Interessengruppen strategisch eigennützig wie gegenüber anderen Kollektivgütern auch. Die selektiven Anreize müssen also neu gesetzt werden. Dies ist schon im Rahmen der Nationalstaaten schwierig zu realisieren. Heute aber wiederholt sich das Problem der Nationalstaaten im Weltmaßstab. So finden sich bekannte Muster wieder. Auf die Massenmigration der Armen zu den Reichen, diesmal nicht nur binnen-, sondern auch zwischenstaatlich, erfolgt die bekannte Reaktion in einer Mischung von ökonomischer Nutzung der Arbeitskraft einerseits und Abwehr von Gefahr andererseits. Wiederum tritt das Dilemma des „kollektiven - diesmal weltweiten - Handelns auf, und erneut liegt das Problem in der Koordination zwischen den Reichen" (de Swaan 1993: 280). Es gibt keine Garantie dafür, daß die Zivilisierung nach außen und innen diesmal auch global erfolgreich bewältigt werden wird.

Die historische Untersuchung von de Swaan zur Herausbildung des Wohlfahrtsstaates als Ergebnis widerstreitender utilitaristischer Interessen von Eliten unter dem Zwang zur antagonistischen Kooperation im Modernisierungsprozeß zeigt, daß der neue soziale Konflikt zwischen Angeboten und Anrechten, Markt und Politik, so neu nicht ist. Einen einzigen, dauerhaft optimalen Lösungspunkt für die Gewichtung von Politik und Ökonomie gibt es nicht. Die Logiken des Marktes und des Gesellschaftsvertrages sind verschieden.

Freiheit, Gleichheit und Gerechtigkeit

Der utilitaristische Liberalismus löst den sozialen Konflikt zwischen Angeboten und Anrechten, Markt und Staat, Politik und Ökonomie nach dem Prinzip, daß jeder seine eigene Wohlfahrt am besten selbst befördern kann. Dieses individualistische Prinzip wird auf die Gesellschaft übertragen. Auch hier werden Gewinne und Verluste so abgewogen, daß ein maximaler Gesamtnutzen oder ein maximaler Durchschnittsnutzen erreicht werden. Was gut ist für den Einzelnen, ist gut für die Gesellschaft, und ist damit auch das Richtige und Gerechte. Die Verteilung der erzeugten Güter spielt dabei, vom Erreichen der maximalen Optimierung des Nutzens abgesehen, keine Rolle. Die utilitaristische Theorie stellt das Nutzenprinzip dem Gerechtigkeitsprinzip voran.

Anders stellt sich das Problem dar, wenn man die Gerechtigkeit als erste Tugend sozialer Institutionen betrachtet, wie dies schon Hume tat. In diesem Falle muß der Gesellschaftsvertrag als Sicherung der Gerechtigkeit in einer Gesellschaft dem utilitaristischen Prinzip vorangehen. Dieser Prioritätensetzung folgend entwickelt Rawls eine Theorie der Gerechtigkeit, die wie der Utilitarismus eine individualistische und rationalistische Entscheidungstheorie ist, aber der politischen Entscheidung über die Prinzipen der Gerechtigkeit den Primat zuerkennt.[97]

Gesellschaft ist eine Vereinigung zur Förderung des gegenseitigen Vorteils. Die Zusammenarbeit stellt alle Beteiligten besser, als wenn jeder auf eigene Faust handeln würde. Es entstehen aber Interessenkonflikte aus der Verteilung der durch die Zusammenarbeit erzeugten Güter. In einer gerechten Gesellschaft werden die Gerechtigkeitsgrundsätze der Verteilung deshalb vorab allgemein anerkannt und von den Institutionen auch befolgt.

Um Maßstäbe für die Regeln einer gesellschaftlichen Gerechtigkeit als Fairneß zu finden, geht Rawls Theorie von einem fiktiven, idealtypischen gesellschaftlichen Urzustand aus. An den Entscheidungskriterien, die im idealisierten Urzustand getroffen werden würden, sind alle bestehenden Gesellschaften zu messen. In der idealtypischen Situation des Urzustands wissen die vertragschließenden Parteien noch nicht, welchen Platz sie einmal in der zukünftigen Gesellschaft einnehmen werden. Unter dem sogenannten Schleier des Nichtwissens werden sie deshalb im eigenen Interesse beschließen, daß (1) allen Personen und Parteien die gleichen Rechte und Pflichten zukommen, und daß (2) Verteilungsungleichheiten nur insoweit zulässig sind, wie auch noch die Schwächsten Vorteile aus dem Wachstum der Starken erzielen. Außerdem werden die vertragschließenden Parteien es für richtig halten, daß der erste

---

97 „Gerechtigkeit ist die erste Tugend sozialer Institutionen ..." (Rawls 1975: 9). Rawls folgt dem Gedanken der Vertragstheorie der Gesellschaft in der Tradition von Locke, Rousseau und vor allem Kants: „Es sind Grundsätze nötig, um zwischen verschiedenen gesellschaftlichen Regelungen der Güterverteilung zu unterscheiden und eine Einigung darüber zu erzielen" (Rawls 1975: 20). Zu Rawls liberalistischer Theorie der Gerechtigkeit auch Hayek (1976).

Grundsatz dem zweiten bedingungslos voransteht, daß also die Rechtsgleichheit niemals utilitaristischen Prinzipien der Effizienzsteigerung geopfert werden darf.[98] Rawls nennt diese Betrachtungsweise Gerechtigkeit als Fairneß. Der Gesellschaftsvertrag ist hier nicht konditional, sondern kategorial gedacht. Nicht der rationale Egoist, sondern der rationale Moralist ist der Idealtyp des vertragschließenden Bürgers.[99]

Im neuen, alten sozialen Konflikt um das Verhältnis von Gerechtigkeits- und Effizienzgrundsätzen stellt sich Rawls wie Marshall und im Gegensatz zu Dahrendorf auf die Seite des Primats der Anrechte über die Angebote, der Politik über die Ökonomie. Allerdings sieht er weit klarer als Marshall die Gefahr, daß die effiziente Erzeugung des Guten durch den Grundsatz des Primats der Rechte ruiniert werden kann. Rawls prüft deshalb verschiedene Modelle der Kombination des Optimalitätsprinzips der utilitaristischen Nutzensteigerung mit dem die Gerechtigkeit sichernden Unterschiedsprinzip. Das Ergebnis ist, daß der Starke soweit frei agieren darf, wie dies zugleich jedermann begünstigt. Der Wohlfahrtsgewinn der Schwächsten dient als Indikator. Freiheit, Gleichheit und Brüderlichkeit sind deshalb bei Rawls, zumindest in der Theorie, verträglich: Freiheit und Gleichheit werden durch die beiden oben genannten Grundsätze garantiert, und die Brüderlichkeit wird durch die Beschränkung der Freiheit im Sinne der Wohlfahrtsteilhabe der Schwächsten an den Erträgen der Starken definiert. „Damit hat der Gedanke der Brüderlichkeit in der demokratischen Deutung der beiden Grundsätze einen Platz gefunden ..." (Rawls 1975: 127).

Pluralismus, Fairneß und Toleranzprinzip

Rawls Theorie der Gerechtigkeit als Fairneß kann in einer heterogenen, modernen Welt nur jene Grundsätze regeln, die alle betreffen, und auch dies nur insoweit, als es zu einem freiwilligen Konsens über die Grundstruktur der Gesellschaft kommt. Dieser ist auf die Sphäre des Politischen zu beschränken. Ein Konsens ist um so leichter zu erzielen, je mehr man seinen Gegenstand eingrenzt. Nicht Sinn und Zweck des Lebens, sondern faire politische Kooperation ist der Konsensgegenstand. Er umfaßt primär grundlegende Verfassungsrechte der Freiheit und Gleichheit, sekundär Erwerb und Verteilung von Gütern (Hinsch 1992). Allerdings wird auch ein minimalistischer Verfassungskonsens kein endgültiger, sondern stets ein vorläufiger und nachzuverhandelnder Konsens sein. Je egalitärer die moderne Gesellschaft wird, desto sensibler wird sie gegenüber noch bestehender Ungleichheit. Es gibt deshalb keine endgültige

---

98 Dies sind die Grundsätze, „die freie und vernünftige Menschen in ihrem eigenen Interesse in einer anfänglichen Situation der Gleichheit zur Bestimmung der Grundverhältnisse ihrer Verbindung annehmen würden" (Rawls 1975: 28).

99 Theoriekonstruktion und Argumente erinnern an Habermas' kontrafaktische Annahme des Idealtyps herrschaftsfreien Diskurses, aber auch an die Begründungslogik der bürgerlichen Gesellschaft, die Locke aus dem Naturzustand heraus entwickelt.

Lösung, sondern lediglich einen permanenten Prozeß. Er wird von der modernen Vorstellung getrieben, daß Gleichheit und Gerechtigkeit nicht Gottes Wille oder Schicksal sind, sondern von Menschen gemacht und deshalb zu gestalten (Müller/Wegener 1995).

Pluralismus und daher Konflikte in den Ansichten über das Gute und Rechte sind nicht zu vermeiden, selbst wenn sich Irrtümer, Unwissenheit und Irrationalität erfolgreich ausräumen ließen. Jeder Weltbürger hat heute das Problem, mit dem Pluralismus der zahlreichen Kulturen und Ansichten leben zu müssen. Aber gerade dieser Umstand macht ihn zu einer fairen Regelung von elementarer Gerechtigkeit im eigenen Interesse bereit, so Rawls in späteren Schriften.[100] Ein Konsens über die faire und gerechte Grundstruktur der Gesellschaft ist nicht trotz, sondern gerade wegen des unabwendbaren Pluralismus möglich, ja zwingend (Rawls 1992). Das Toleranzprinzip spiegelt nicht Skeptizismus oder Relativismus wider, sondern es ist aus Erfahrung erwachsen, es ist eine pragmatische, utilitaristische, positive moralische Grundregel.

Dieses Argument erinnert an die frühen utilitaristischen Rechts- und Vertragstheorien der Gesellschaft, die aus den Erfahrungen mit der Auflösung der christlich-feudalen Ordnung in Europa und mit dem nicht mehr abschaffbaren Pluralismus der Freien und Gleichen entstanden. Ihr Lösungskonzept bewegte sich allerdings noch im Kontext der Entstehung der modernen europäischen Nationalstaaten. Die heutigen Theorien müssen sich dem gleichen Problem auf der Ebene der Weltgesellschaft stellen.

4.6 Die Transformation Ostdeutschlands als nachholende Modernisierung

Auch dieses Kapitel zur Modernisierung der Gesellschaft, in dem wir uns mit Makrotheorien des sozialen Wandels befaßt haben, wird wieder mit einigen Studien abgeschlossen, die die Transformation in den neuen Bundesländern zum Gegenstand haben. Wir werden uns dabei auf wenige Untersuchungen beschränken, in denen in exemplarischer Weise eine theoretische Fragestellung zum Tragen kommt, die in den Kapiteln 4.1 bis 4.5 abgehandelt wurde. An den ausgewählten Beispielen wird jeweils eine spezifische empirisch-analytische Erklärungsleistung sichtbar.

Die Auswahl der Musterbeispiele ist im Falle makrotheoretisch angeleiteter Untersuchungen der Transformation nicht einfach. Während es bislang nur we-

---

100 Anders als der optimistische Rawls sieht Mannheim in der Unausweichlichkeit des Erlebnisses pluraler Kulturen und Ansichten die Ursache von ideologischen Verhärtungen. Erst im Zeitalter der Nichtübereinstimmung fällt die Gebundenheit des Denkens an Gruppen und Handeln vielen Menschen erst wirklich auf. Ursache der neuen, spannungsreichen Wahrnehmung ist die wachsende horizontale Mobilität, die den Glauben an die Gültigkeit des eigenen Denkens erschüttert (Mannheim 1965).

nige mikrotheoretische Analysen des Transformationsprozesses gibt, in denen die sich verändernde soziale Konstruktion der gesellschaftlichen Wirklichkeit im Transformationsprozeß über die interaktive Erzeugung geteilter symbolischer Welten, über lebensweltliche Studien und Milieuanalysen beschrieben wird, findet sich auf der Ebene des Wandels der Sozialstruktur eine mittlerweile bereits nicht mehr zu überschauende Fülle an Untersuchungen. Eine Auswahl muß immer willkürlich bleiben. Aus dem großen Spektrum stellen wir in knapper Form Habermas' Interpretation der Transformation als nachholende Revolution, Zapfs modernisierungstheoretisch angeleitete Untersuchungen zum Wandel der Sozialstruktur, Wiesenthals Analyse der Interessenpolitik sozialer Akteure sowie einige konkurrierende Revolutionsstudien vor.

Die Revision der linken Geschichtstheorie

Unter dem Titel „Die nachholende Revolution" hat Habermas anläßlich des Zusammenbruchs des Staatssozialismus die Frage gestellt, was der Bankrott des Staatssozialismus für die geschichtsphilosophischen Ideen des 19. Jahrhunderts, vor allem aber für die westeuropäische Linke bedeutet (Habermas 1990). Habermas beschreibt den Zusammenbruch des Staatssozialismus und die Transformationsprozesse unter der Fragestellung eines linken Revisionsbedarfs und arbeitet dabei mit dem Konzept der aus der *kritischen Theorie* hervorgegangenen *Theorie kommunikativen Handelns und kommunikativ strukturierter Lebenswelten* (vgl. Kapitel 4.1). Er stellt bei diesen Überlegungen auf die Bedeutung kommunikativ vermittelter Lebenswelten für die Moralisierung von Themen und für den normativen Sinn demokratischer Verfahren in der Kontrolle dynamischer wirtschaftlicher und staatsbürokratischer Systeme ab.

Die Revolution in Osteuropa machte zunächst einmal den Weg frei, politisch glücklichere und ökonomisch erfolgreichere, aber versäumte Entwicklungen nachzuholen, die in liberalen westlichen Ländern in den vergangenen Jahrzehnten stattgefunden haben. Die Revolution knüpfte dabei - in den einzelnen osteuropäischen Ländern unterschiedlich - an vorsozialistische Traditionen an. Die Revolution machte aber auch den Weg frei, die noch aus der Phase des Frühsozialismus überkommenen Elemente der linken Tradition zu überdenken und abzulegen: so die Fixierung auf die industrielle Arbeit als Königsweg der Emanzipation, das konkretistische Verständnis von gesellschaftlichem Konflikt als Klassenkonflikt, den heimlichen Normativismus der Geschichtsphilosophie und den romantischen Sozialismus der Rückkehr in ein vorindustrielles, vormodernes Paradies.

Mit der Aufgabe der sozialistischen Utopie als praktischem Ziel wird aber nicht zugleich der kritische, normative Sinn der Linken abgelegt. Der Theorie kommunikativen Handelns entsprechend stellen demokratische Verfahren auf in kommunikativem Handeln vorausgesetzte Symmetrien gegenseitiger Anerkennung, auf reflexive Verständigung und auf rechtliche Institutionalisierung ab, die „in den Interaktionen zwischen rechtsstaatlich institutionalisierter Willensbildung und kulturell mobilisierten Öffentlichkeiten" verortet sind (Habermas 1990: 196). Nur der Erhalt eines Netzwerkes intersubjektiv geteilter und kommunikativ strukturierter Lebenswelten kann - möglicherweise - noch die entfesselte, weltweite systemische Dynamik der Ökonomie und Staatsbürokratie einholen und korrigieren. Denn die hausgemachten Probleme der Dynamik dieser Systeme sind mit ihrem Sieg nicht gelöst. Die soziale und ökologische Bändigung der Ökonomie und Staatsbürokratie bleibt eine zentrale Aufgabe.

Eine Selbstkorrektur der Systeme ist notwendig, sie kommt jedoch ohne Moralisierung, ohne normative Interessenverallgemeinerung nicht in Gang.[101] Sie bedarf nach wie vor eines radikalen Reformismus, und dieser schöpft aus den Quellen kommunikativen und lebensweltlichen Handelns. Nur so können Grenzziehung und Austausch zwischen den Lebenswelten auf der einen, den Systemen Staat und Ökonomie auf der anderen Seite bewahrt und vernünftig gestaltet werden. „In dieser Arena findet die sozialistische Linke ihren Platz und ihre politische Rolle" (Habermas 1990: 202). Sie bewahrt die Institutionen des demokratischen Rechtsstaates vor dem Austrocknen. Die Hoffnung auf die Emanzipation der Menschen aus selbstverschuldeter Unmündigkeit und erniedrigenden Lebensumständen hat also nicht ihre Kraft und Bedeutung verloren, „aber sie ist geläutert durch das fallibilistische Bewußtsein und die historische Erfahrung ..." (Habermas 1990: 203).[102]

---

101 „Zuzuspitzen sind solche Probleme nur auf dem Wege über eine Moralisierung der Themen, über eine mehr oder weniger diskursiv vollzogene Interessenverallgemeinerung in nichtvermachteten Öffentlichkeiten liberaler politischer Kulturen" (Habermas 1990: 201).

102 Als weiteres Beispiel einer in der linken Tradition geschriebenen Studie der Transformation in Osteuropa sei auf Offes Aufsatzsammlung „Der Tunnel am Ende des Lichts" hingewiesen (Offe 1994). Auch Offe hebt hervor, daß der auf Geschichtssteuerung bedachte Kommunismus den Gang der Dinge faktisch weniger zu steuern vermochte als der Kapitalismus. Es fehlten Kapitalrechnung, öffentliche Meinung und konkurrierende Eliten, eine unabhängige Justiz und rationale Bürokratie. Es fehlte auch die detaillierte Dauerbeobachtung durch die Sozialwissenschaften. All das machte die Selbstbeobachtung und Selbstbeschreibung dieser Gesellschaftsform völlig unzureichend. Unter den Transformationsgesellschaften ist die DDR ein Sonderfall. Sie war nicht als Nation integriert (wie Polen und Ungarn) oder über Repression (wie Rumänien und Bulgarien), sondern über die Wirtschaft. Vom Gelingen der wirtschaftlichen Integration hing und hängt aber mehr ab als in national integrierten Transformationsländern. Die DDR als „verstaatlichte Gesellschaft der kleinen Leute" (ebd. 44) war es nicht gewohnt, freie Assoziationen zu produzieren. Werden viele individuelle Such- und Anpassungsbewegungen mit und ohne Erfolg stattfinden, während soziale Bewegungen und organisiertes institutionelles Handeln schwach bleiben? Wird sich der alte Verteilungskonflikt zwischen Kapital und Arbeit mit dem neuen der Ost-West-Transferlasten verquicken? Und welche Folgen wird der Wegfall des Sozialismus als Konkurrent und Alternativmodell für den westdeutschen Verfassungskonsens, den westdeutschen Korporatismus, die westdeutsche Sozialverfassung haben?

Modernisierung, Wohlfahrtsentwicklung und Wertewandel

Unter den explizit oder implizit *modernisierungstheoretischen* Untersuchungen zum Strukturwandel im Transformationsprozeß der neuen Bundesländer sind die Arbeiten um Wolfgang Zapf am Wissenschaftszentrum Berlin für Sozialforschung exemplarisch hervorzuheben (Zapf 1994; 1996; Zapf/Habich 1996). Diese Arbeiten folgen einer klassischen modernisierungs- und innovationstheoretischen Fragestellung[103] (vgl. Kapitel 4.2) und unterscheiden sich - neben der aufwendigen Datenbasis mehrerer Replikationsbefragungen[104] - durch eben diesen gesellschaftstheoretischen Anspruch von vielen nicht theoriegeleiteten empirischen Studien zum Thema Transformation.

Modernisierung ist, Zapf bezieht sich in dieser Definition auf Bendix, der Typus sozialen Wandels, der die englische industrielle und die französische politische Revolution als Ausgangspunkt nimmt und seither einen Wettbewerb zwischen Pionieren und Nachzüglern beobachtet. Sie schlägt sich in Wohlfahrtsproduktion nieder, in besseren objektiven Lebenschancen und subjektiver Zufriedenheit nach einem Modernisierungsschub mit all seinen objektiven und subjektiven Kosten. Nach diesem historischen Muster hätte es auch in den Jahren nach 1989 zu einem Innovationsschub kommen müssen (Zapf 1996). Tatsächlich jedoch ist das Innovationstempo in Richtung auf den dominierenden Typus der nationalen Pioniere im Weltwettbewerb gebremst. Nationen zerfallen, Netzwerke von Kapital und know-how zerreißen, und es gibt anhaltenden Widerstand gegen Modernisierungsinnovationen aus Angst, Trägheit und zur Verteidigung etablierter Interessen am Status quo (ante). Transformation als nachholende Modernisierung mit den bekannten Entwicklungszielen Demokratie, Wachstum, Massenkonsum und Wohlfahrt erreicht dadurch nicht das gewünschte Tempo und die notwendige Tiefe.

Aber die Transformationsgesellschaften orientieren sich an den unterschiedlichen Vorbildern der Oberschicht der Weltgesellschaften in der OECD oder in der EU, nicht jedoch an den unterentwickelten Ländern, an China oder den islamischen Ländern. Der erneute Modernisierungsschub von Marktwirtschaft, Demokratisierung und Universalismus, den wir gegenwärtig erleben, wird durch den globalen Wettbewerb und durch soziale Bewegungen weiter vorangetrieben werden - mit geplanten und mit ungeplanten Wirkungen. Auch im 21. Jahrhundert werden Nationalstaaten die dominanten Akteure sein, durch supranationale Zusammenschlüsse nicht entmachtet, sondern konsolidiert. Es wird bei einer geschichteten Weltgesellschaft bleiben, wobei die OECD-Länder sehr lernfähig sind. Allerdings steigen deren Grenzkosten und es sinkt der Grenznutzen.

---

103 „Die theoretischen Ideen, die unsere Forschungen anleiten, lassen sich in den Begriffen der Theorie der *Wohlfahrtsproduktion* und der *Modernisierungstheorie* formulieren" (Zapf/Habich 1996: 13).

104 Vor allem Wohlfahrtssurvey und sozio-ökonomisches Panel, auch Ökopol-Umfrage und Allbus.

Was die Rolle Deutschlands in diesem Szenario angeht, so übertrifft der Beitritt der DDR alle bislang in der Geschichte der Bundesrepublik aufgetretenen Probleme: den Wiederaufbau, den wirtschaftlichen Strukturwandel, die Bildungsexpansion, die Ausländerzuwanderung, die Dauerarbeitslosigkeit, die demographische Entwicklung. Es widerstreiten die Anhänger der alten Ordnung, die Verfechter des dritten Weges und die Modernisierungsinnovatoren. Mit einer Fülle von Daten aus der Sozialberichterstattung zum Strukturwandel Deutschlands läßt sich zeigen, wie es um die Wohlfahrtsentwicklung des Landes als zentralem Indikator für Modernisierung steht, wie sich objektive Lebensbedingungen und subjektives Wohlbefinden zueinander verhalten (Zapf/Habich 1996). Wohlfahrt, Lebensformen und Lebensstile, einzelne soziale Gruppen und Problemgruppen geben ein Bild der Dynamik des Landes und der besonderen ostdeutschen Situation im Vergleich zu anderen Transformationsländern, das mit der Modernisierungstheorie vereinbar ist. Es ist auf der Ebene der objektiven Lage überwiegend positiv. Auf der Ebene des subjektiven Befindens hingegen zeigen sich auch instabile und negative Reaktionen - mittlerweile auch in Westdeutschland (Zapf/Habich 1996: 354). „Die Entwicklung der objektiven Lebensbedingungen folgt im Trend der Modernisierung, dem institutionellen Umbau enger als das subjektive Wohlbefinden" (Zapf/Habich 1996: 15). Sozialberichterstattung fungiert deshalb auch als Frühwarnung.

Die Wende und der Transformationsprozeß sind nicht nur eine praktische Herausforderung von außerordentlicher Größenordnung, sie sind auch eine Herausforderung an die soziologische Theorie. Diese Herausforderung der Transformation hat die soziologische Theorie von einer Neigung zu abgehobenen Reflexionen über den Charakter der Postmoderne abgebracht und sie wieder auf den Boden der elementaren Tatsachen zurückgeführt. Die Modernisierungstheorie hat sich bewährt. Ihre Gegner sind dort zu finden, wo anthropologischer Optimismus durch verschiedene Apokalypsen ersetzt wird. „Ich kenne keine ausreichenden empirischen oder theoretischen Gründe, um die Innovationsfähigkeit der Basisinstitutionen moderner Gesellschaften zu bestreiten" (Zapf 1994: 126).[105]

---

105 Eine gute Ergänzung zu Zapfs modernisierungstheoretisch angeleiteten Untersuchungen der Wohlfahrtsentwicklung mit den Mitteln der Sozialbeobachtung ist Meulemanns Analyse von Werten und Wertewandel in der geteilten und wieder vereinten Nation (Meulemann 1996). Ganz im Sinne von Parsons strukturfunktionalistischer Theorie der Modernisierung sieht Meulemann den Wertekonsens einer Kultur als das entscheidende Fundament der Integration von Staat und Gesellschaft. Der Gegenstand der Untersuchung, Werte und Wertewandel in Ost- und Westdeutschland, wird mit Hilfe einer Sekundäranalyse von im Sozialarchiv verfügbaren Daten bearbeitet. Kernelemente des Wertekonsenses sind: Freiheitsrechte, Selbst- und Mitbestimmung, Gleichheitsanspruch, Leistung und Akzeptanz der Institutionen. Da der Wertekonsens einer Gesellschaft immer eine Trägheit gegenüber der institutionellen Entwicklung zeigt, so die These, ist auch die Differenz von Werten und Wertewandel im Ost-West-Vergleich nur langsam abzubauen.

Einheit als Interessenpolitik korporativer Akteure

Ein schönes Beispiel für Transformationsforschung unter der Fragestellung nach dem Verhältnis von *Staat und Markt, Politik und Ökonomie* (Kapitel 4.4 und 4.5) ist Helmuth Wiesenthals Untersuchung „Einheit als Interessenpolitik" (Wiesenthal 1995; vgl. Weymann 1996). Diese Studie arbeitet mit theoretischen Annahmen der *Institutionenökonomie* und des *rational choice*. Zwei Prämissen leiten das Buch: zum einen die Sicht der Transformation als Eroberung des Optionsraumes Ostdeutschland und zum anderen der Sinn für die Bedeutung des Verbandsaufbaus korporativer Akteure.

Das Besondere an der Transformation in Ostdeutschland ist - im Unterschied zu anderen Transformationsländern Osteuropas, daß die Bedingungen und das Ziel von Beginn an festgelegt waren und daß ein umfassender Transfer von Institutionen, Akteuren und Finanzmitteln stattfand. Hinter dieser Strategie stand das Interesse so gut wie aller westlichen Institutionen, keine Verunsicherung aufkommen zu lassen, die auf den westlichen Teil Deutschlands übergreifen würde. Man gab Preise und Löhne nicht frei, damit sie der tatsächlichen wirtschaftlichen Leistungskraft entsprechend sänken, und es fand keine radikale Abwertung der Mark der DDR statt. Damit wurden zugunsten künstlich hochgehaltener Löhne und Sozialtransfers die Investitionschancen verringert. Nur kapitalintensive Investitionen waren nach dieser Entscheidung noch möglich. Die Treuhandanstalt war ein Musterfall für den inkongruenten Versuch, Investitionen, Arbeitsplätze, Strukturpolitik, Löhne und Sozialleistungen unter einen Hut zu bringen. „Ursächlich für dieses Dilemma ist letzten Endes die Sicherheitsorientierung westdeutscher Akteure, die eine generöse Alimentierung der ostdeutschen Bevölkerung allen denkbaren institutionellen 'Experimenten' vorzogen" (Wiesenthal 1995: 18).

Der Institutionentransfer bedeutete, Raum zu schaffen für das Handeln der westdeutschen korporativen Akteure nach der Logik des jeweiligen Eigeninteresses. Dabei kommen zwei divergente Logiken zum Tragen. (1) In institutionstheoretischer Sicht wird das Handeln der korporativen Akteure von ihrer Geschichte und Tradition bestimmt, von Wertvorstellungen und Wirklichkeitsdeutungen. In dieser Sicht führen Transaktionskostenkalküle zu einem konservativen Verhalten. Kontinuität hat Vorrang vor Innovation. (2) In der Perspektive der rational choice Theorie stehen demgegenüber Herausforderungen im Vordergrund, auf Zukunft gerichtete, kühle Abwägungen der Opportunitätsstruktur nach der Relation von Gewinnerwartungen und Kosten.

Die einzelnen Beiträge zum Band von Wiesenthal zeigen für eine ganze Reihe von privaten und staatlichen, wirtschaftlichen und politischen Akteuren den Einfluß dieser beiden Handlungslogiken auf das strategische Handeln bei der Eroberung des Opportunitätsraumes der neuen Bundesländer. Beschrieben werden die Arbeitgeber, Wirtschaftsverbände und Gewerkschaften, das Berufsbildungswesen und das Wohnungswesen sowie lokale gewerbepolitische Inter-aktionsmuster.[106]

Revolutionstheorien

Für kurze Zeit sprach man 1989 und 1990 anerkennend von der friedlichen Revolution, durch die in Osteuropa ein Gesellschaftssystem gestürzt und im Falle der DDR ein ganzer Staat um seine Existenz gebracht wurde.[107] Diese anspruchsvolle Begrifflichkeit wurde dann aber durch die harmlose Bezeichnung der Wende und später durch den Transformationsbegriff ersetzt.

Wir wollen uns abschließend mit einigen Publikationen befassen, die noch das Grundlegende des gesellschaftlichen Umbruchs hervorheben, und die noch die Frage nach der theoretischen Erklärung des historisch weitreichenden revolutionären Vorgangs stellen. Dabei werden wir nur solche theoretischen Zugänge hervorheben, die im Kapitel 4 behandelt worden sind. Es handelt sich um die institutionsökonomische Erklärung des Wechselverhältnisses von Abwanderung und Widerspruch (Hirschman 1993), um die der rational choice Theorie folgende individualistische Wert-Erwartungstheorie der Abwägung von Nutzen- und Kostenrelationen und ihrer Eintrittswahrscheinlichkeit (Opp 1991) und um die systemtheoretische Alternative zur Theorie kollektiven und individuellen Handelns (Pollack 1990).

Im Jahre 1970 veröffentlichte Hirschman eine Monographie unter dem Titel „Exit, Voice, and Loyalty: responses to Decline in Firms, Organizations, and States" (Hirschman 1970).[108] In diesem institutionsökonomisch argumentierenden Buch ging es um zwei mögliche Reaktionen von Kunden oder Mitgliedern von Organisationen und Staaten gegen den Niedergang des Angebots bzw. ihrer Organisation. Sie können zwischen Abwanderung zur Konkurrenz und Widerspruch wählen. Die Abwanderung ist, sofern Alternativen gegeben sind, einfacher zu realisieren. Man kann für sich als Individuum entscheiden und handeln. Widerspruch hingegen setzt eine komplizierte Aktivierung von Sympathisanten und Repräsentanten voraus, wenn er wirksam sein soll. Beide Handlungsweisen stehen zudem in einem Wechselverhältnis in der Weise, daß eine leicht realisierbare Möglichkeit zur Abwanderung den Druck in Richtung Widerspruch verringert. „Daher lautet eine meiner zentralen Feststellungen: 'Das Vorhandenseins der Alternative Abwanderung kann ... Atrophie der Entwicklung der Kunst des Widerspruchs mit sich bringen'" (Hirschman 1993: 333).

Abwanderung unterminiert also Widerspruch, weil es den Widerspruch seiner dynamischsten und einflußreichsten Akteure beraubt. „Je mehr Druck durch

---

106 Eine gute Ergänzung zu dieser Untersuchung ist der Band von Kollmorgen/ Reißig/Weiß (1996) über den sozialen Wandel und seine Akteure in Ostdeutschland.
107 Einige sorgfältige Überlegungen zur Angemessenheit des Begriffs Revolution enthält Dahrendorfs politischer Essay zur Revolution in Europa (Dahrendorf 1990).
108 Vgl. auch Hirschman 1984, 1989 und 1992.

Abwanderung entweicht, desto weniger steht zur Verfügung, um Widerspruch zu schüren" (Hirschman 1993: 334). Dieses alternative Verhältnis der beiden Handlungsweisen kann jedoch in ein komplementäres umschlagen: Die positive Möglichkeit der Abwanderung kann das Selbstbewußtsein der Akteure und deren Möglichkeit stärken, Druck auszuüben.[109] Diese Theorie auf die DDR angewendet bedeutet, daß die Periode der Jahre 1949 bis 1988 als eine Zeit anzusehen ist, in der die Abwanderung als Gegenspieler von Widerstand wirksam wird. Sie verringert den inneren Druck. Für das Jahr 1989 hingegen gilt, daß die wachsende Möglichkeit der Abwanderung das Selbstbewußtsein der Akteure in ihrem Widerstand gestärkt hat. Die realisierbare Alternative Abwanderung - in 1989 waren es 343.000 Personen, die davon Gebrauch machten - vergrößert das Gewicht des Einflusses der Opponenten auf die Staatsführung und reduziert deren Handlungsspielräume auf die Alternative Nachgeben oder Gewalteinsatz.

Ebenfalls aus der Sicht der Akteure argumentiert Opp. Allerdings nutzt er die analytischen Möglichkeiten der *rational choice* Theorie. Er stellt daher deutlicher noch die Frage, was eigentlich individuelle Personen in einer ähnlichen Situation dazu veranlassen kann, spontan zu kooperieren, ohne daß der Protest von außen durch massive Ressourcenmobilisierung unterstützt wird. Normalerweise kooperieren Personen mit gleichen Interessen in gleicher Lage nicht freiwillig. Dies setzt vielmehr negative oder positive Stimuli voraus. Sind diese Voraussetzungen nicht gegeben, so sucht jeder eine individuelle Lösung für sich.

Die Erklärung Opps ist die *Wert-Erwartungstheorie*. „Gemäß dieser Theorie führen Personen eine Handlung aus, wenn sie deren Konsequenzen insgesamt relativ positiv bewerten (d.h. wenn die Handlung mit hohem Nutzen und geringen Kosten verbunden ist) und wenn sie mit dem Auftreten dieser Konsequenzen relativ sicher rechnen (d.h. wenn die Auftrittswahrscheinlichkeit der Handlungskonsequenzen relativ hoch ist)" (Opp 1991: 305). Die Wirkung politischer Unzufriedenheit ist also davon abhängig, ob und wie stark individuelle Akteure glauben, zu einem Kollektivgut erfolgreich beitragen zu können, ob und wie stark sie annehmen, daß die Protestanten Erfolg haben werden, und ob und wie stark sie mit der Beteiligung anderer rechnen. Im Falle der Revolution in der DDR waren bis 1988 die Kosten der Opposition sehr hoch, der Nutzen sehr fraglich und die Unterstützung aufgrund dieses individuellen Kalküls unwahrscheinlich. Im Jahre 1989 aber sinken Höhe und Wahrscheinlichkeit der Kosten, und es steigen Höhe und Wahrscheinlichkeit des Nutzens. Positive Anreize verstärken sich, negative schwächen sich ab. Die Handlungsalternativen wachsen, und die Zahl politischer Unternehmer wird größer. So kommt es im Laufe des Jahres bei nur unwesentlich veränderter Unzufriedenheit zu einer durchgreifend veränderten Wert-Erwartung und damit zu verändertem individuellen und kooperativen Handeln.

---

109 Hirschman bezieht sich bei dieser Modifikation seiner theoretischen Annahmen ausdrücklich auf die Anregungen durch Arbeiten Pollacks.

Ganz anders ist der theoretische Zugriff von Pollack (Pollack 1990). Hier geht es um *systemtheoretische* Überlegungen zum gesellschaftlichen Umbruch in der DDR. „Um die Frage nach den Ursachen des gesellschaftlichen Umbruchs in der DDR beantworten zu können, liegt es ... nahe, die Eigenperspektive der Handelnden zu überschreiten und sich allgemeiner soziologischer, etwa systemtheoretischer Erklärungen zu bedienen" (Pollack 1990: 293). In systemtheoretischer Sicht haben sich auch in der DDR Differenzierungsprozesse im Zuge der Modernisierung vollzogen, die den einzelnen Funktionssystemen - Politik, Wissenschaft, Recht, Kunst, Wirtschaft - eine zunehmende Eigendynamik und Autonomie gaben. Gleichzeitig aber wurden politisch induzierte Entdifferenzierungsprozesse entgegengesetzt, die die funktionale Differenzierung konterkarierten. Alle gesellschaftlichen Teilsysteme sollten dem politischen unterstellt bleiben, wodurch sie „in ihrer Autonomie und in der freien Verwirklichung ihrer systemspezifischen Prinzipien eingeschränkt waren" (Pollack 1990: 294). Die Gegenläufigkeit von funktionaler Differenzierung und politischer Entdifferenzierung hatte zur Folge, daß die politischen Kriterien mit den teilsystemischen Effizienzgesichtspunkten und mit individuellen Interessen in Konflikt gerieten. Die Gesellschaft konnte sich nicht verändern, weil sie sich nicht verändern durfte. Der Alternative Abwanderung aus der Organisation wurde mit dem Mauerbau der Riegel vorgeschoben. Seither brauchte die Politik auf Interessen und Funktionslogiken ihrer Umwelt keine Rücksicht mehr zu nehmen. Der Preis des Wirklichkeitsverlustes der Politik durch Abschottung war die Unterentwicklung der systemischen, funktionalen Spezialisierung, der Leistungsfähigkeit. Als Alternative blieb nur der Zusammenbruch des Systems, sobald es sich öffnete. So wurden „die Spannungen zwischen den einzelnen gesellschaftlichen Teilsystemen zu den evolutionstreibenden Kräften" (Pollack 1990: 306).

5. Sozialer Wandel, Generationen, Lebenslauf

Das Thema Generationen, Lebenslauf und Biographie genießt eine große Aufmerksamkeit nicht nur in den Sozial- und Humanwissenschaften, sondern auch in der Literatur, in den Massenmedien und in verschiedenen Politikfeldern wie der Familienpolitik, Bildungspolitik, Beschäftigungspolitik, Sozialpolitik. Das Interesse an Generationen und Lebensläufen ist eine direkte Folgeerscheinung von sozialem Wandel in der modernen Gesellschaft. Zu deren Charakteristika gehören eine hohe gesellschaftliche Komplexität durch Arbeitsteilung, funktionale Spezialisierung, soziale und kulturelle Differenzierung mit der Folge individualisierter Biographien, aber auch eine fortgesetzte aufklärerische Rationalisierung immer weiterer Lebensbereiche mit der Folge der Freisetzung des Individuums aus tradierten und unbegriffenen Verhältnissen, der Entfremdung von Tradition, Religion und örtlichen Gemeinschaften als den vertrauten Lebenswelten des Alltags. Eine besondere Rolle für die objektive Modernisierung der Lebensläufe und für den Wandel subjektiver Deutungen von Biographien spielt die Entstehung zahlloser, auf bestimmte Lebensabschnitte spezialisierter sozialer Systeme und Institutionen, die das Leben von der Wiege bis zur Bahre gliedern und begleiten. Sie haben weitgehend die hergebrachten religiösen Einteilungen und Begleitungen von Tagen, Wochen, Jahreszeiten und Lebensabschnitten ersetzt. Es gibt Geburtsvorbereitungen, vielfältige Familien- und Erziehungseinrichtungen, Kindergärten, Bildungs-, Ausbildungs- und Weiterbildungsinstitutionen, Instrumente der Arbeits-, Beschäftigungs- und Berufspolitik, expandierende Einrichtungen zum Erhalt oder zur Wiederherstellung der physischen und psychischen Gesundheit, verschiedene Systeme der sozialen Sicherung, Institutionen der Altersversorgung und Pflege sowie eine unübersehbare, öffentlich bezahlte oder subventionierte Vielfalt von Institutionen der Hilfe und Selbsthilfe in immer neuen, speziellen Lebenslagen.

Allein schon die ubiquitäre Existenz hochspezialisierter Institutionen für alle Abschnitte und Situationen des Lebenslaufs, die die moderne Gesellschaft geschaffen hat, macht gegebene, mögliche, gefürchtete oder erwünschte biographische Konstellationen und Verläufe zum allzeit präsenten und wichtigen Objekt des alltäglichen Bewußtseins, des öffentlichen Diskurses, der Politik und zum Gegenstand immer perfekterer Beobachtung, Beschreibung und Analyse durch die Wissenschaften. Sozialer Wandel, Modernisierung und Lebensläufe sind deshalb eng miteinander verflochten. Die komplexen, modernen Interrelationen zwischen Sozialstruktur, Institutionen und Lebensläufen[1] werden von der Entwicklung eines bewußten Wechselspiels von Gesellschaft und Biographien und von der Vorstellung der rationalen Gestaltbarkeit von Gesellschaft, Geschichte und Lebensläufen begleitet. Was Lebenslauf und Biographie betrifft, so erwartet der Mensch der Gegenwart eigentlich von der Medizin immerwährende Gesundheit und die Überwindung des Todes, von der Psychologie Glück und Zufriedenheit auf Krankenschein, von der Ökonomie das definitive Ende der Knappheit und dauerhafte Wohlfahrt, von der Sozialpolitik die Ablösung der Unsicherheiten des Lebens durch voll abgedeckte Risiken, vom Bildungswesen die unbegrenzte Bildbarkeit aller Geister und Charaktere etc. Diese latente Utopie umfassender, wissenschaftlich gestützter, rationaler Gestaltbarkeit des Lebens entspricht dem besonderen, historisch und gesellschaftlich voraussetzungsvollen Selbstverständnis säkularisierter okzidentaler Gesellschaften der Aufklärung, der politischen, industriellen und wissenschaftlichen Modernisierungsrevolutionen.

In der sozialwissenschaftlichen Forschung ist eine vielfältige und auch sehr erfolgreiche Beschäftigung mit dem Wechselspiel von institutionellem und strukturellem sozialen Wandel mit individuellen Lebensläufen und Biographien entstanden.[2] Sie verdankt sich zunächst dem Versuch, der Rolle des Alters und des Alterns in modernen, dynamischen Gesellschaften nachzuspüren.[3] Die klassischen speziellen Soziologien, die sich auf bestimmte Altersgruppen richten, so die Soziologie der Kindheit (Aries 1975), der Jugend (Bertram 1987; Zinnecker 1987) oder des Alters (Rosenmayr o. J.; Baltes/Mayer 1996) sowie die Kulturanthropologie mit ihrem Interesse für die unterschiedlichen kulturellen Regelungen der Altersstruktur in verschiedenen Gesellschaften (Eisenstadt 1956; Gennep 1960; auch Trommsdorf 1989) liefern dabei Querschnittsbetrachtungen. Erst die wachsende Fähigkeit, Alter als dynamisches Element in Lebensverläufen und Biographien zur Geltung kommen zu lassen, hat ein neues Forschungsprogramm ausgelöst. Es richtet sich beispielsweise auf das Studium von Biographien, Autobiographien und persönlichen Dokumenten als einer Möglichkeit des Zugangs zur Handlungsebene des Menschen, der seine Lebensgeschichte immer neu mit der gesellschaftlichen Gegenwart und Zukunft verbinden muß, und der dazu Selbstkonzepte und gesellschaftliche Deutungsmuster benötigt (Bertaux 1981; Niethammer 1980; Plummer 1983). Ein anderer Weg sind kohortenanalytische Untersuchungen (Blossfeld 1989; Ryder 1965). Kohortenanalysen interessieren sich für die jeweils besonderen Bedingungen, unter denen bestimmte Geburtsjahrgänge (oder auch Absolventenjahrgänge) in die Gesellschaft eintreten und sie durchlaufen, wobei sich Kohorten nach ihrer

---

1 Zu den Verflechtungen zwischen Sozialstruktur, Institutionen und Lebensläufen Weymann/Heinz 1996.
2 Aber auch in der Psychologie, z.B. in der Entwicklungspsychologie (Erikson 1966; Baltes 1979; Magnusson/Allen 1983) und in der Demographie und Bevölkerungssoziologie (Schmid 1976).
3 Eine gute Übersicht zur Einführung geben Elder 1985; Hareven/Adams 1982; Kohli 1978; 1985; 1986; Rosenmayr 1977 und Wurzbacher 1974.

Zusammensetzung (z.B. Größe, Schichtung) und nach ihrer geschichtsabhängigen Lebenserfahrung unterscheiden. Interessant ist bei der Analyse von Kohortenschicksalen unter den jeweiligen besonderen Bedingungen der verschiedenen historischen Perioden sowohl der Vergleich zwischen Kohorten (Inter-Kohorten-Vergleich) wie der Vergleich innerhalb der Lebenslaufdynamik von Kohorten (Intra-Kohorten-Vergleich). Eine dritte Weise des methodischen Zugangs zur Dynamik von Lebensläufen und sozialem Wandel ist die Untersuchung der Abfolge und Verkettung von Lebensereignissen (Blossfeld/Hamerle/Mayer 1989). Die Life-Event-History Analyse interessiert sich für endogene Lebenslaufdynamiken, für Ereignisabfolgen und Übergangsrisiken zwischen Lebensereignissen sowie für die Verbleibsdauer in einem bestimmten Status. Ein letztes Verfahren schließlich ist die Panel-Befragung, die Wiederholung von repräsentativen Befragungen bei den gleichen Personen, um zu festgelegten Zeitpunkten Veränderungen regelmäßig beobachten zu können, anstatt mit jeweils neuen Zufallsstichproben jeweils nicht identische Querschnittspopulationen zu erfassen. Wichtig ist hier insbesondere die heutige Verfügbarkeit personenbezogener Längsschnittdaten über national repräsentative Stichproben, die erstmals nicht nur historisch längerfristige Beobachtungen von Lebensverläufen innerhalb einer nationalen Gesellschaft, sondern auch zwischen Nationalstaaten erlauben.

Unter den genannten Forschungsrichtungen stellt das Programm der Lebensverlaufsforschung ganz explizit den Anspruch, die Analyse sozialen Wandels auf grundsätzlich neue und auch wissenschaftlich solidere Füße zu stellen (Mayer 1990; auch Sorensen/Weinert/Sherrod 1986). Individuelle Lebensverläufe sind in hohem Maße durch institutionelle Vorgaben und deren makrostrukturelle Veränderungen im sozialen Wandel konstituiert. Brüche der individuellen Verläufe im Modernisierungsprozeß müssen verarbeitet werden, und die aggregierten Effekte der Verarbeitung werden ihrerseits zum Motor weiterer sozialen Wandels z.B. über soziale Bewegungen oder über die demographischen Folgen individueller Fertilitätsentscheidungen. Gegenstand der Analyse ist der individuelle Lebensverlauf als eine Abfolge von Aktivitäten und Ereignissen. Übergangsraten zwischen Ereignisketten und Verweildauern sind hier von besonderem Interesse, so beispielsweise Ein- und Austrittswahrscheinlichkeiten in Arbeitslosigkeit oder in Bildungsabschnitte und deren jeweilige Dauer zu verschiedenen historischen Zeiten und in verschiedenen Gesellschaften. Ein gutes Beispiel für den Zusammenhang zwischen makrostrukturellem sozialen Wandel und individuellen Lebensverläufen ist das Ende der DDR und die nachfolgende Transformation in den neuen Bundesländern mit ihren Folgen für Millionen von Lebensläufen, aber auch die Rückwirkung von millionenfachen Lebenslaufentscheidungen auf den Transformationsprozeß.

Die Analyse von Sozialstruktur im Wandel kann über Lebensverlaufsforschung dynamisiert und empirisch solide auf die aggregierten Folgen individueller Lebensentscheidungen realer Akteure unter institutionellen Rahmenbedingungen und unter Berücksichtigung von Ressourcen und Restriktionen zurückgeführt werden. Der Lebenslauf selbst gilt als endogener Zusammenhang von Entscheidungsprozessen und den aus Entscheidungen hervorgehenden oder bereits hervorgegangen Bedingungen. Die Erforschung von Lebensverläufen kann auf mehreren Zeitebenen erfolgen, auf der der Individuen, auf der Ebene der durchlaufenen Institutionen wie Familien, Schulen und Betrieben und auf der Ebene der Geschichte von Nationalstaaten mit ihren Gesetzgebungswerken und Konjunkturzyklen.

Das skizzierte Forschungsfeld trägt zur Erforschung sozialen Wandels in substantiell neuer Art bei. Es enthält jedoch in Teilen auch eine implizite oder explizite Abkehr von der Tradition der Makrotheorie sozialen Wandels und fällt deshalb nur partiell unter die Fragestellung eines Einführungstextes zur Theorien der Dynamik moderner Gesellschaften.[4]

Wir werden vier Aspekte des Zusammenhanges von sozialem Wandel und Lebensläufen genauer untersuchen: *Erstens* die soziale Differenzierung von Lebenszeit in Altersphasen, Altersgruppen und Altersschichten im historischen Prozeß der Modernisierung (Kapitel 5.1); *zweitens* die Entstehung von historischen Generationen und Generationsverhältnissen in der modernen Gesellschaft (Kapitel 5.2); *drittens* die Ökonomie des modernen Lebenslaufs (Kapitel 5.3); und *viertens* den Zusammenhang zwischen gesellschaftlicher Zivilisationsgeschichte und Zivilisierung der Sozialcharaktere in europäischen Gesellschaften (Kapitel 5.4). Dabei wird wiederholt auf mikro- und makrosoziologische Theorien zurückgegriffen werden, die in den vorangegangenen Kapiteln eingeführt wurden, und die erklärungskräftig für den Zusammenhang von sozialem Wandel und Lebensläufen sind. Kapitel 5.5 beschließt den Abschnitt wiederum mit Untersuchungen zur Transformation, zu Lebensverläufen vor und nach der Wende.

5.1 Die historische Differenzierung der Lebenszeit

Die Existenz besonderer Lebensweisen in bestimmten Altersphasen und Altersgruppen ist keine Entdeckung der Sozialwissenschaften. Kindheit, Jugend, Erwachsenenzeit und Alter, Generationen und ihre Beziehungen zueinander

---

4 Besonders deutlich äußert sich Karl Ulrich Mayer zugunsten einer Abkehr von Theorien, die er im Unterschied zur Analyse langfristiger Entwicklungen als theoretische Debatte von Makrotrends bezeichnet. Hierunter fallen z.B. die in den achtziger Jahren vieldiskutierten Thesen der Auflösung von Klassen und Schichten, der Lockerung des Zusammenhangs von ökonomischen Lebenslagen, sozialem Bewußtsein und Lebensstilen sowie der Institutionalisierung und De-Institutionalisierung von Lebensläufen (vgl. als Überblick Berger/Hradil 1990). Diese Art der Theoriebildung folgt „unbewußt geschichtsphilosophischen Vorbildern" (Mayer 1990: 15). Mayer votiert für den Bruch mit großen Teilen der Theoriegeschichte der Soziologie.

waren immer schon Gegenstand theologischer Betrachtungen, philosophischer Abhandlungen, dichterischer Ausdrucksformen.[5]

Altersphasen

Ein frühes Beispiel für ein im engeren Sinne sozialwissenschaftliches Interesse an diesen Themen findet sich mit Rousseaus Erziehungstraktat von 1762: Emile oder Über die Erziehung. „Wie rasch ist unser Dasein auf dieser Erde dahin! Das erste Viertel ist abgelaufen, ehe wir es noch zu nutzen verstanden. Das letzte läuft dahin, und wir sind nicht mehr fähig, es zu genießen. ... Die restlichen Viertel der Zeit, die uns zwischen jenen beiden belanglosen bleiben, verbringen wir mit Schlaf und Arbeit, in Schmerz und Bedrückung, in jeglicher Art von Mühsal" (Rousseau 1963: 438).

Rousseau beschreibt die Altersphasen Kindheit, Jugend, Adoleszenz, und er doziert über geeignete Erziehungsweisen, damit das Kind seinen Platz in Leben und Gesellschaft finde. Im ersten Viertel des Lebenslaufs, besonders in der Pubertät, werde die Grundlage dafür gelegt, daß aus dem Kind bis zum 20. Lebensjahr eine gelungene Schöpfung seines Erziehers wird, der dann stolz feststellen kann: „Ihr könnt Euch nicht vorstellen, wie Emile mit zwanzig Jahren fügsam sein kann. ... Ich habe fünfzehn Jahre Arbeit gebraucht, um mir diese Gewalt zu sichern. ... Er kennt die Stimme der Freundschaft und weiß der Vernunft zu gehorchen. Zwar lasse ich ihn in dem Glauben, unabhängig zu sein, niemals aber war er mir mehr unterworfen; denn er ist es, weil er es sein will" (ebd. 676).

Das Traktat behandelt die Altersabschnitte in Emiles Bildungsgeschichte, ihre Art, Dauer und Übergänge, auch von alterstypischen Eigenarten ist die Rede. Das Traktat ist zutiefst geprägt von der Idee der Machbarkeit des Lebenslaufs auf rationaler Grundlage. Der Lebenslauf wird in Gesellschaft und Geschichte optimal eingefügt. Die Perspektive ist überwiegend individualistisch oder mikroskopisch. Protagonisten sind Emile und der Erzähler als dessen Erzieher und als Belehrer der Leser. Die Gruppe der in den jeweiligen Altersstufen Gleichaltrigen spielt weder als Freunde noch als 'Bezugsgruppe' oder 'Milieu' eine große Rolle. Die Altersgruppen der Gleichaltrigen sind kein gesellschaftliches Potential und kein soziales Problem.

Altersgruppen

Das ändert sich mit Durkheims soziologischen Untersuchungen der bereits entwickelten Industriegesellschaft.[6] Der seit Rousseaus Emile weiter fortge-

---

5 Z.B. bei Augustinus in den „confessiones", bei Seneca „de senectute", in Platons „Symposion"; vgl. Böhm (1985) über Pädagogik, Erziehung, Poiesis.
6 Zur Theorie der Moderne sind Durkheims Arbeiten erstrangige klassische Beiträge, so Durkheims Untersuchungen zur Arbeitsteilung und zum Recht (Durkheim 1977), zu Individualisierung, Anomie und Selbstmord (Durkheim 1973) sowie zu den elementa-

schrittene soziale Wandel und damit die Folgen der erreichten gesellschaftlichen Modernisierung bestimmen Durkheims Blick auf Altersgruppen als soziale Gruppen und kollektive Akteure. Zentrales Kennzeichen der modernen Industriegesellschaft ist nach Durkheim (1977) die zunehmende Arbeitsteilung, die zur Ausdifferenzierung in immer kleinere Gruppen von Spezialisten geführt hat. Mit der wachsenden Arbeitsteilung wechselt die Form der gesellschaftlichen Solidarität. Stammes- und Feudalgesellschaften waren homogene, sozial und kulturell einfach segmentierte Einheiten, geprägt von 'mechanischer' Solidarität der Gleichen; die moderne, arbeitsteilig organisierte und ausdifferenzierte Industriegesellschaft wird statt dessen bei großer individueller Unterschiedlichkeit der Personen durch weitgehende wechselseitige Abhängigkeit, durch 'organische' Solidarität, zusammengehalten. Ein guter Indikator für diesen tiefgreifenden sozialen Wandel ist die schrittweise Ergänzung und teilweise Ablösung des Strafrechts, das der Ahndung verletzter Kollektivität dient, durch ein restitutives Zivilrecht, das die Bindung von Sachen an Personen und die Kooperation von Personen untereinander regelt.[7]

In der arbeitsteilig spezialisierten, differenziert organisierten Zivilgesellschaft verliert das kollektive Bewußtsein seine Bindung an Personen und Orte. Die individuelle Persönlichkeit löst sich von den Kollektiven. Gesellschaftliche Differenzierung, Individualisierung und Mobilität schwächen den Einfluß der Alten und damit der Tradition. Wandert die junge Generation vom Land in die Städte, so bricht der Einfluß der Alten auf Tradition und soziale Kontrolle zusammen. Neuerungen finden wenig Widerstand: „... weil die Bevölkerung der großen Städte sich aus der Zuwanderung rekrutiert, besteht sie im wesentlichen aus Leuten, die als Erwachsene die Heimat verlassen und sich damit der Wirkung der Alten entzogen haben. ... Die Solidarität der Zeiten wird weniger gespürt, weil sie keinen materiellen Ausdruck im beständigen Kontakt der einander folgenden Generationen mehr hat. ... Einmal geschlagen, entwickelt sich dieser Schwächekeim mit jeder Generation mehr" (ebd. 336). Alte und Junge stehen sich als Altersgruppen mit unterschiedlichen Lebensumständen, Erfahrungen, Regeln und Interessen gegenüber; die Entfremdung der Altersgruppen voneinander wächst. Generationen werden zum Symbol sozialen Wandels in modernen, verstädterten Gesellschaften.

Bei Durkheim ist im heute noch üblichen Sinne von Altersgruppen als der Gruppe der jeweils Gleichaltrigen die Rede. Die ehemals für alle Altersgruppen gleiche, sorgsam tradierte Ortskultur zerfällt in Milieus, von denen sich das städtisch-junge schnell ändert. In den großen Städten, stellt Durkheim fest, ist der mäßigende Einfluß des Alters am geringsten, und zur gleichen Zeit haben

---

ren Formen des sozialen (religiösen) Lebens (Durkheim 1981). Interessant auch die Aufsätze über Gesellschaftstheorie in Deutschland und ihren Einfluß auf die französische Soziologie (Durkheim 1995). Zu Durkheims ambivalenter, aber doch überwiegend positiver Einschätzung moderner Gesellschaften Peter 1997.

7 Die Vertragsfreiheit der Bürger wird allerdings durch administratives und konstitutionelles Recht reglementiert.

deshalb auch die Überlieferungen der Alten die geringste Macht über die Geister. „Der Sinn ist hier von Natur aus auf die Zukunft gerichtet. Daher wandelt sich hier das Leben mit einer außerordentlichen Geschwindigkeit: Glaubensüberzeugungen, Geschmack, Leidenschaften sind in beständiger Gärung, und kein Boden für Evolutionen aller Art ist günstiger" (ebd. 337).

Simmel treibt das Konzept der Ausdifferenzierung von Altersgruppen in modernen Gesellschaften noch einen Schritt weiter voran. In seiner Philosophie des Geldes (Simmel 1987) entwickelt er eine 'analytische' Geld- und Werttheorie.[8] Das Geld perfektioniert die Distanz zwischen Subjekt und Objekt und zwischen den Menschen. Es ist der perfekte Ausdruck des allgemeinen Tauschverhältnisses zwischen den Menschen. Menschliche Beziehungen sind Tauschverhältnisse. Die Wirtschaft ist lediglich ein Spezialfall der allgemeinen Lebensform des Tausches. Die Vergeldlichung der sozialen Beziehungen erzeugt als zentrale Folge die Stiftung vielfältigerer Verbindungen, als dies in früheren historischen Epochen möglich war. Durch die Vergeldlichung sozialer Beziehungen wächst über die Vielfalt der Beziehungen auch die Freiheit, denn Freiheit ist das Ergebnis der Komplizierung, Partialisierung und Formalisierung der Abhängigkeiten, nicht aber ihres Verschwindens. „Während in vorgeldlichen Zeiten der Einzelne unmittelbar auf seine Gruppe angewiesen war und der Austausch der Dienste jeden eng mit der Gesamtheit verband, trägt nun jeder seinen Anspruch auf die Leistungen von anderen in verdichteter, potenzieller (Geld)Form mit sich herum" (ebd. 371). Frühere Verhältnisse waren entschieden und total, heutige sind halbherzig und partikular.

Die Freiheit und vielfältige, arbeitsteilige Beziehungen vergrößern die Ungleichheit unter den Menschen, denn es können sich die Kompetenzen der einzelnen Personen weiter als je zuvor entfalten. Auch auf diesem Wege wächst mit der Individualisierung der Personen die Distanz untereinander. Das gilt nicht nur für formale Organisationen und Korporationen, es gilt auch für die Familie. Das Individuum bleibt auch hier autonom trotz Vereinigung. Die Freiheit der Gattenwahl ist groß geworden und ohne soziale Kontrolle, die persönlichen Maßstäbe sind sehr individuell und schwer erfüllbar.[9] Die familiäre

---

8 Alle Dinge haben zwei Ordnungen: die der Einheit und die des Wertes. Die Werte bestimmen sich gegenseitig im Tausch. Im Tausch wird der Wert intersubjektiv. Das sich Aufwiegen der Gegenstände, ihre Relativität zueinander, bedeutet ihre Objektivierung. Die Verkörperung der Relativität und Objektivierung ist das Geld, weil es selbst nicht genossen werden kann und eine mathematische Größe hat.

9 „... im modernen Familienleben, gelockert, atomisiert, tausendfach von inneren Fremdheiten und antagonistischen Selbständigkeiten zerrissen, wie es sich darstellt - ist eigentlich das einzige, was die Familie noch als *eine* in der Ablösung der Generationen charakterisiert, der physiologische Zusammenhang und allenfalls die Erbfolge, die sehr eng mit ihm verbunden ist. Von all den anderen Banden, die früher die Kontinuität des Familienzusammenhanges trugen - beruflichen, religiösen, traditionellen, durch die Pietät vermittelten, standesmäßigen - wird eines nach dem anderen weniger wirksam, die überindividuelle Einheit der Familie zu tragen" (Simmel 1992: 564). In-

Gruppe kontrolliert nicht mehr, gibt aber auch nur noch wenig Schutz. Die Kontinuität wird nur deshalb nicht zum Problem, weil der Generationenwechsel individuell-sukzessive, nicht altersgruppenweise erfolgt.[10] Würden die Generationen sich als geschlossene Altersgruppen ablösen, wäre die Kontinuität moderner Gesellschaften aufgrund der großen Verschiedenheit der Generationen und der starken Individualisierung ihrer Mitglieder gebrochen.

Mit dem Siegeszug des Parsonsschen Strukturfunktionalismus als dominierende soziologische Theorie (Parsons 1949; Merton 1967) werden Altersgruppen schließlich ein Kernstück soziologischer Analyse sozialer Systeme (Parsons 1964).[11] Der Zustand eines Systems ist dann stabil, wenn die Reaktion von B auf die Handlung von A den Erwartungen von A an B entspricht, d.h. die Bedürfnisse von A erfüllt. Dies ist im allgemeinen auch der Fall. Aber es gibt zwei kritische Punkte: Der erste betrifft den Umstand, daß Menschen nicht bereits mit den erforderlichen Orientierungen und Motiven geboren werden, um in einer sozialen Rolle in einer bestimmten Gesellschaft zufriedenstellend zu funktionieren. Parsons hat hier sehr drastisch von einer Invasion von Barbaren gesprochen.[12] Gesellschaften müssen deshalb über (lebenslange) Sozialisation dafür sorgen, daß die erforderlichen Orientierungen und Motive von neuen und alten Mitgliedern (immer wieder) gelernt werden. Der zweite kritische Punkt betrifft abweichendes Verhalten. Abweichendem Verhalten muß gegebenenfalls mit Mechanismen sozialer Kontrolle begegnet werden, um die Konformität wieder herzustellen. Insgesamt besteht das Stabilitätsproblem also in der optimalen Allokation der richtigen Personen am richtigen Platz, trotz des steten Zustroms unsozialisierter Barbaren und der Möglichkeit abweichenden Verhaltens.

Altersgruppen bieten in der Regel eine funktionale Lösung für dieses Problem, sie können aber auch disfunktional sein und damit selbst zu einer Gefahr werden. Mit Hilfe der begrifflichen und analytischen Mittel des Parsonsschen Strukturfunktionalismus hat Eisenstadt eine Untersuchung zur Funktion und Disfunktion von Altersgruppen im interkulturellen Vergleich in Gegenwart und Vergangenheit durchgeführt (Eisenstadt 1966; vgl. Eisenstadt 1979).[13]

---

dividualisierung ist ein zentrales Thema Simmels. Es wird allerdings in den verschiedenen Abhandlungen theoretisch nicht einheitlich behandelt (vgl. Junge 1997).

10 „Der Zeugungszusammenhang der aufeinanderfolgenden Generationen ist für die Erhaltung des einheitlichen Selbst der größeren Gruppen deshalb von so unvergleichlicher Bedeutung, weil der Ersatz einer Generation durch die folgende, das Nachrücken der einen an die Stelle der anderen *nicht mit einem Male erfolgt*. Dadurch wird die Kontinuität hergestellt, welche die ungeheure Mehrzahl der Individuen, die in einem gegebenen Augenblicke leben, in den nächsten hinüberführt" (ebd. 564 f.).

11 Vgl. zu diesem Punkt auch die Sammelbände Parsons 1973 und Parsons 1979 zu Familie, Kindheit, Jugend, Schule und Alter.

12 Vgl. Kapitel 4.2.

13 „Die Absicht dieses Buches ist es, die verschiedenen sozialen Phänomene zu analysieren, die als Altersgruppen, Jugendbewegungen usw. bekannt sind, und zu versu-

Die Familie vermittelt Kindern als den neu eintretenden Gesellschaftsmitgliedern Identifikation mit Eltern, Geschwistern, Primärgruppe und auch darüber hinausgehende soziale Bindungen an die Gesellschaft. Es gibt jedoch für Erwachsene kulturell in einer Gesellschaft festgelegte Orientierungen und Rollen, die man in der Familie nicht lernen kann, und es gibt in der Familie erworbenes kulturelles Erbe, das man als Erwachsener ablegen muß. In diesem Übergangsprozeß zwischen Familie und Gesellschaft hilft die Gruppe der Gleichaltrigen, indem sie ein Gleichgewicht zwischen dem expressiven Status eines Menschen in der Familie und seinem instrumentellen Status in der Gesellschaft ermöglicht. In Altersgruppen werden die für den jeweiligen neuen Lebensabschnitt notwendigen Rollen gelernt, wird soziale und personale Identität gefestigt, werden altersangemessene Kooperation, Autorität und soziale Verantwortung geübt. Über den Wechsel von jüngeren zu älteren Altersgruppen wird schrittweise die sexuelle und soziale Vollmitgliedschaft in einer Gesellschaft erworben.

Weil Altersgruppen für das Gelingen des Übergangs in den Erwachsenenstatus eine zentrale Rolle spielen, sind sie fundamentale und verbreitete Erscheinungsformen sozialer Organisation. Altersgruppen sind für die Sicherung der Stabilität einer Gesellschaft funktional, denn sie tragen zur Kontinuität der Gesellschaft bei. Dies gelingt um so leichter, je größer die Wertharmonie zwischen Familie und Gesellschaft, je ähnlicher beider Autoritätsstruktur, je wichtiger die gesellschaftliche Rolle von Familien und je besser die gatekeeping Chancen der Familien für ihre Kinder sind, also die Möglichkeiten gesellschaftlich Türen zu öffnen. Sind diese Voraussetzungen nur noch geringfügig oder gar nicht mehr gegeben, und dies ist in nichtfamilialistischen und universalistischen, modernen Gesellschaften in der Regel der Fall, bestehen z.B. große Unterschiede zwischen familialer Rollenstruktur (partikular, zugeschrieben, diffus) und gesellschaftlicher Rollenstruktur (universal, erworben, spezialisiert), oder sind gesellschaftliche Chancen für die nachfolgende Generation durch wirtschaftliche oder politische Stagnation blockiert, so wächst zwar die Bedeutung von Jugendaltersgruppen, aber es nimmt auch das Risiko disfunktionaler Entwicklungen abweichender Jugendgruppen zu.

Eisenstadt überprüft die strukturfunktionalistische Theorie der Altersgruppen an familialistischen und nicht-familialistischen Gesellschaften in Gegenwart und Vergangenheit: an segmentären Stämmen ohne Führer, an Dörfern mit (führerloser) Ratsversammlung, an zentralisierten Häuptlingstümern, an bäuerlichen Dörfern und schließlich an modernen Gesellschaften mit kollektiver und mit individueller Orientierung. Je weniger die gatekeeping Funktion durch die Familie in kulturell hochdifferenzierten, arbeitsteiligen und individualisierten universalistischen Gesellschaften erfüllt werden kann, desto eher bilden sich

chen, die sozialen Bedingungen zu spezifizieren, unter denen sie entstehen, bzw. die Typen von Gesellschaften, in denen sie auftreten. Die Hauptthese dieses Buches ist, daß die Existenz dieser Gruppen nicht zufällig ist, sondern daß sie nur unter ganz spezifischen sozialen Bedingungen entstehen und bestehen" (1966: 7).

disfunktionale Formen von Altersgruppen, z.B. unorganisierte und organisierte kriminelle Gruppen oder revolutionäre Jugendgruppen. Letztere gedeihen oft in Abhängigkeit und als Speer von ideologisch-theoretischen Großorganisationen in Zeiten schnellen sozialen Wandels. Es gibt auch besondere nationale Traditionen in der Herausbildung von Altersgruppen wie z.B. die deutsche Jugendbewegung. Eisenstadt beschreibt sie als einen sektiererischen, auf radikale Ablehnung und Erneuerung ausgerichteten, naturromantischen Jugend- und Gemeinschaftskult mit einer Vorliebe für Primärgruppen und charismatische Führer und mit politischen Auswirkungen auf Bildungswesen und Parteien. Die Geschichte der Jugendbewegung illustriert das Scheitern an diesen Eigenarten und am eigenen Alternsprozeß der Mitglieder. Sie hinterließ eine ungelöste politische Spannung.[14]

Altersschichtung

Eisenstadts Studie sieht Altersgruppen als Element der Altersschichtung von Gesellschaften an. Gesellschaften sind demzufolge nach Alter in einer Weise hierarchisch geschichtet, wie dies auch für Einkommen, Vermögen, Bildung, Status, Stand und Klasse gilt. Individuen durchlaufen die Altersschichten in einem Prozeß lebenslanger Sozialisation von Altersgruppe zu Altersgruppe.

Dieses theoretische Bild ist im wesentlichen statisch. Obwohl die Studie mit historischem Material arbeitet, sind Altersschichtung, Altersgruppen und die Sozialisation der Individuen zeitlos, ohne eigenen sozialen Wandel. Faktisch handelt es sich aber um dynamische Prozesse in Lebenszeit und geschichtlicher Zeit. Altersgruppen und Individuen sind überdies nicht nur Träger gesellschaftlicher Funktionen und Sozialisationsobjekte, sie sind selbst biographisch-individuelle bzw. kollektiv-historische Akteure.

5.2 Lebenswelten, Generationen und Generationsverhältnisse

Die Theorie der Generationen und der Generationsverhältnisse unterscheidet sich in beiden Punkten von der Theorie der Altersgruppen und der Altersschichtung.[15] Generationen sind in den Strom des historischen Geschehens eingebettete Geburtskohorten, und ihre Mitglieder sind, jedenfalls potentiell, ihrer

---

14 Diese Beschreibung, die Eisenstadt 1956 von der historischen Eigenart deutscher Jugendbewegungen gibt, läßt sich auf spätere Jugendbewegungen der 68er Studentenbewegung, der Grünen und Alternativen leicht übertragen. Die Inhalte politischer Jugendbewegtheit wechseln, ihre Formen haben Kontinuität. Vgl. jedoch die ganz andere Interpretation der Studentenbewegung als radikalisierte Aufklärung bei Bude/ Kohli 1989.

15 Der heutige Generationsbegriff folgt sozial- und theoriegeschichtlich den Begriffen Altersphasen, Altersgruppen und Altersschichten nach (genauer dazu Weymann 1994b).

selbst als Generationszugehörige bewußte Akteure. Bekannte Beispiele für ihrer selbst bewußte und auch in der Außensicht als Generationen anerkannte Geburtskohorten sind in Deutschland die Kriegsgeneration und die Wiederaufbaugeneration oder die 68er-Generation. In den USA spricht man von der Vietnam Generation, der baby-boom Generation oder der Generation X. Für die Niederlande unterscheiden Becker/Hermkens die Vorkriegsgeneration, die stille Generation, die Protestgeneration und die verlorene Generation (Becker/Hermkens 1993a). Die Entstehung von Generationen und Generationsverhältnissen als Merkmale der Sozialstruktur ist ein Kennzeichen moderner Gesellschaften mit schnellem sozialen Wandel, der die Lebensverhältnisse aufeinanderfolgender Geburtskohorten in unterschiedlicher Weise prägt.

Vergangenheit und Zukunft

Die Idee des Fortschritts durch sozialen Wandel und Modernisierung ist ein typisches Leitthema der Neuzeit, wie wiederholt gezeigt wurde. Seit Humanismus, Renaissance und Aufklärung definiert sich die europäische Gesellschaft als modern in bewußter Differenzsetzung zur mittelalterlichen, religiösfeudalen Gesellschaft. Der Fortschritt ist rational begründet, planbar, machbar, eine Aufgabe von Vernunft und Wissenschaft. Die nationalstaatliche Entwicklung vor allem Frankreichs, Englands und der USA lieferte das Muster für die Realisierung des zukunftsoptimistischen Entwurfs der politischen, sozialen, wirtschaftlichen Entwicklung europäischer Gesellschaften.[16]

Je schneller und umfassender die Modernisierung durch fortgesetzten, gewollten Fortschritt sich durchsetzte, desto größer wurde die Distanz zwischen Vergangenheit und Zukunft. Lübbe hat im Auseinandertreten von Herkunfts- und Zukunftskultur den Kern des Erfahrungsverlustes und der Unsicherheit in der Selbstbeschreibung der Moderne gesehen. Zwar ist das Leben in modernen Gesellschaften faktisch weniger riskant als es in früheren historischen Zeiten je war, aber die Zukunft ist der Vergangenheit und Gegenwart nicht mehr ähnlich. Aus der Gegenwart und insbesondere der alltäglichen Lebenswelt läßt sich auf die Zukunft nicht mehr schließen. „Ersichtlich ist die Vorstellung absurd, Lebenserfahrung könnte noch als Basis der Urteilsbildung ... in modernen Gesellschaften taugen" (Lübbe 1983: 55).

Die wachsende Distanz zwischen Vergangenheit und Zukunft hat Konsequenzen für das Verhältnis der Generationen zueinander. Die Ratgeberkompetenz der Alten aus kumulierter Erfahrung (Weisheit) schwindet, die Zukunftswelt ist Sache der jeweils aktuell geschulten Jungen. Als Folge beschleunigter Modernisierung kehren sich die Kompetenzverhältnisse zwischen den Generationen

---

16 Ein immer noch lesenswerter Kommentar zur Rolle Deutschlands in der Modernisierung sind Plessners Groninger Vorlesungen während der Emigration 1935 (Plessner 1988). Zu Deutschland vgl. auch Lepsius (1990 und 1993) und Collins (1995) sowie zu nationalen und europäischen Besonderheiten die polemischen Essays von Finkielkraut (1989) und Glucksmann (1991).

um. „Damit hängt es zusammen, daß das Thema 'Väter und Söhne', wo es in der modernen Literatur auftaucht, stets Reflexionen über die Lebensfolgen der historischen Distanz einschließt, die sich in der modernen Welt zwischen den Generationen aufgetan hat" (Lübbe 1983: 83).

Lebenslagen und Generationsverhältnisse

Das Thema Generationen und Generationsverhältnisse spiegelt seit alters den Versuch wider, die historische Zeit sozialer Gemeinschaften und die individuelle Lebenszeit in Beziehung zu setzen. Dies zeigen bereits die griechischen und lateinischen Sprachwurzeln des Begriffs Generation (Lüscher/Schultheis 1993). Das Individuum tritt in die Geschichte einer Familie, einer Orts- oder Religionsgemeinschaft ein und findet darin seinen Platz. In neueren Fassungen überschreitet der Generationsbegriff jedoch den Bereich der Familie, des Stammes oder der Gemeinschaft der Gläubigen. Er wird ein makrosoziologisches Konzept. Insbesondere seit Mannheims klassischem Aufsatz über das 'Problem der Generationen' (Mannheim 1928/29) verbindet sich die Konstruktion der Verflechtung verschiedener historischer Zeiten mit der Vorstellung differierender sozialer Lagerung von Geburtsjahrgängen im gesellschaftlichen Wandel und mit der Idee einer damit einhergehenden Entwicklung jeweils historisch unterschiedlichen sozialen Wissens der Generationen. Das historisch alte Thema der Generationen erhält eine sozialstrukturelle, kulturelle und politische Makrodimension.

Eine sehr anschauliche Studie zum Thema Generationen und Generationsverhältnisse in Deutschland ist Walter Jaides Untersuchung der Generationen eines Jahrhunderts (Jaide 1988).[17] Von 1871 bis 1985 wird hier die Struktur der historischen Lagerung von fünf Generationen gezeichnet, und es wird jeweils das besondere Generationsbewußtsein skizziert. Grundlage der Entwicklung von Generationslagerungen und -verhältnissen sind u.a. die Veränderungen der Bevölkerungsstruktur seit 1871, die wirtschaftliche Entwicklung, Vermögensentwicklung, Einkommen und Lebensstandard, der Strukturwandel des Bildungswesens, der Familie und der Partnerschaften. Die sich wandelnde Sozialstruktur führt zu unterschiedlichen und immer schneller aufeinanderfolgenden Generationen. Sie bestimmt aber nicht nur die jeweilige Gestalt und das Schicksal einer Generation, sondern auch die Wechselwirkungen zwischen den gleichzeitig lebenden Generationen einer Gesellschaft. Mannheim hat diese Situation des Zusammenlebens historischer Generationen in Wechselwirkung untereinander anschaulich als die 'Gleichzeitigkeit der Ungleichzeitigen' bezeichnet.

Musterfälle des Wechselverhältnisses zwischen den Generationen heute sind das unterschiedliche Technikverständnis und Umweltbewußtsein der verschie-

---

17 Die Studie arbeitet im Inter-Kohorten-Vergleich, gelegentlich auch in der Intra-Kohorten-Perspektive.

denen Generationen (Sackmann/Weymann 1994),[18] der funktionierende Generationsaustausch bzw. die Blockade des Generationsaustausches auf dem Arbeitsmarkt,[19] die sozialpolitische Solidarität zwischen den Generationen im Generationenvertrag der Alterssicherung (Leisering 1992; Becker/Hermkens 1993b) oder die allgemeinere Frage nach der Gerechtigkeit gegenüber nachfolgenden Generationen in der Gestaltung der gegenwärtigen Gesellschaft (Rawls 1975; auch 1992 und 1998). Die Entstehung von Generationen und die Entwicklung des Generationsverhältnisses ist Produkt und Akteur sozialen Wandels in modernen Gesellschaften zugleich. Dabei ist „der Gestaltung der ... Generationsbeziehungen ... ein spezifisches Potential zur Verarbeitung der für 'postmoderne' Lebens- und Gesellschaftsformen kennzeichnenden Ambivalenzen und Widersprüche eigen" (Lüscher 1993: 44).

Das hier verwendete soziologische Generationskonzept entstammt der Wissenssoziologie und der Phänomenologie (Mannheim 1928/29; Schütz/Luckmann 1979 und 1984). Eine seiner Annahmen lautet, daß mit der Beschleunigung des sozialen Wandels und mit der Pluralisierung der Lebensformen in modernen Gesellschaften die Generationslagerungen differenter werden, und daß damit auch die Anschlußfähigkeit des sozialen Wissens der Generationen abnimmt. Folgt man dieser These, so überrascht es nicht, daß das Thema Generationen im Laufe der letzten hundert Jahre an öffentlicher und sozialwissenschaftlicher Aufmerksamkeit gewann.

Demographischer Metabolismus

Da die erste bewußte Partizipation einer Generation an einem zeitlich umgrenzten Ausschnitt der Geschichte in die Adoleszenz und frühe Erwachsenenzeit ihrer Mitglieder fällt, entsteht in dieser Lebensphase die erste Stufe einer lebenslangen Erfahrungsaufschichtung. Sie bildet den Filter für alle weiteren Ereigniswahrnehmungen und Erlebnisgehalte. Eine Altersgruppe, z.B. die der Jugendlichen und Heranwachsenden, ist in eine bestimmte historische Zeit hineingeboren. Damit verbinden sich zeitspezifische Erfahrungen, die ihr Selbstverständnis formen. Im Gang der Altersgruppe durch das Leben wird die erworbene Generationsidentität nicht aufgegeben. Eine Altersgruppe ist in diesem Konzept also nicht statisch und passiv, sondern dynamisch und aktiv. Mannheim (1928/29; vgl. Matthes 1985) definiert Generationen als Geburtsjahrgänge, die „im historischen Strom gesellschaftlichen Geschehens" durch eine „gemeinsame schicksalsmäßig-verwandte Lagerung im ökonomisch-machtmäßigen Gefüge" verbunden sind (Mannheim 1978: 39). Die gemeinsame Lagerung führt zu selektiven Wahrnehmungen und Informationen und fördert eine kollektive Tendenz zu spezifischen „Verhaltens-, Gefühls- und Denkweisen" (ebd.

---

18 Zu Jugend und Technik Jaufmann/Kistler 1988; Jaufmann/Kistler/Jänsch 1989; Jaufmann/Kistler 1991.
19 Zum Generationsaustausch auf dem Arbeitsmarkt, analysiert mit Hilfe der Transaktionskostentheorie und der Figurationssoziologie, vgl. Sackmann 1998.

42). Als Generationen sind Altersgruppen Träger von Deutungen der historischen Lagerung ihrer Jugendzeit. Selbstbeschreibungen und Deutungen werden als gesellschaftliche Semantik bewahrt und weitergegeben. So entstehen die in der Alltagssprache gebräuchlichen und allgemein akzeptierten Bezeichnungen wie Vorkriegsgeneration, Kriegsgeneration, Trümmerfrauen, 68er, Umweltgeneration und Computer-Kids.

Das Generationskonzept eignet sich in besonderer Weise für die Beschreibung der Rolle von Altersgruppen im sozialen Wandel, da die gemeinsame Lagerung einer Altersgruppe als Geburtsjahrgänge an eine bestimmte historische Periode gebunden ist, und da die Altersgruppe als Generation eine Lebensgeschichte hat. Der Wechsel der Generationen durch Eintritt neuer und Austritt alter Generationen, der demographische Metabolismus, ist ein Grundphänomen von sozialem Wandel und Innovation. Nach Mannheim hat er folgende soziologisch relevante Konsequenzen: (1) Der Generationswechsel sorgt in der Abfolge von Kohorten für das stete Neueinsetzen von Kulturträgern, die sich die vorgefundenen sozialen Verhältnisse neu aneignen; (2) die Neuaneignung geht mit dem Vergessen bisheriger kultureller Traditionen durch Nicht-Vollzug oder durch problematisierende Reflexion und bewußte Ablehnung einher; (3) da die früheste bewußte Partizipation einer Generation an einem zeitlich umgrenzten Ausschnitt des Geschichtsprozesses in deren Adoleszenz und frühe Erwachsenenzeit fällt, entsteht mit ihr die erste Stufe in einer lebenslangen Erlebnisschichtung; (4) die erste Erlebnisschichtung bildet das Filter für alle weiteren Ereigniswahrnehmungen und Erlebnisgehalte; (5) die Neuaneignung von Kultur durch die jeweils nachfolgende Generation wirkt auf die ältere Generation zurück. Während statische gesellschaftliche Verhältnisse ein Gefühl der Pietät gegenüber der Tradition und den älteren Generationen als deren Trägern erzeugen (ebd. 49), begünstigt rascher sozialer Wandel die Neuaneignung von Kultur unter entfremdeter Perspektive.

Die Welt der Zeitgenossen und die Vorwelt

Generationen bringen die geteilte Erfahrung ihrer als gemeinsam erlebten Lagerung aber nicht nur für sich selbst und für andere Generationen auf den alltagssprachlichen Begriff. Generationen leben in unterschiedlichen Lebenswelten, deren Grenzen sie aufgrund der Zugehörigkeit zu verschiedenen historischen Zeiten erfahren. Schütz/Luckmann (1979; 1984) unterscheiden zwischen der Welt der Zeitgenossen und der Welt früherer Generationen.[20] Die zeitgenössische Welt ist eine Welt „in aktueller oder potentieller Reichweite". In ihr können soziale Beziehungen zwischen Mitmenschen (Du-Einstellung) und Zeitgenossen (Ihr-Einstellung) aktiv gepflegt, subjektive Sinnzusammenhänge reziprok und kommunikativ aufgebaut werden. Hierin unterscheidet sie sich von der Vorwelt früherer Generationen. „Der Vorfahre lebte in einer Welt, die radi-

---

20 Vgl. auch das Kapitel zur Phänomenologie der natürlichen Lebenswelten des Alltags (Kapitel 3.4).

kal von der meinen abweicht. Die Generalthese der Reziprozität der Perspektiven, die der Sozialisierung der Lebenswelt zugrunde liegt, sich in Wir-Beziehungen bestätigt und mit Einschränkungen auf die zeitgenössische Welt ausgedehnt wird, ist, strikt genommen, auf die Vorwelt nicht anwendbar" (Schütz/Luckmann 1979: 121).

Die Grenze zwischen der Welt der Wir-Beziehungen bzw. der Welt der Zeitgenossen einerseits und der Vorwelt früherer Generationen andererseits ist aber nicht undurchlässig. So stehen Familienmitglieder als Kinder, Eltern und Großeltern in Beziehungen zu mehreren Generationen. Sie teilen eine gemeinsame Welt der Wir-Beziehungen und stoßen zugleich auf Erfahrungen ihrer Vorfahren. Letztere konstituierten sich allerdings in abgeschlossenen, nicht mehr reziprok aufschlüsselbaren früheren Wir-Beziehungen. Die Kette aufeinanderfolgender Generationen repräsentiert also gleichzeitig generationsspezifisches und generationsübergreifendes Wissen. Dabei können traditionale Wissensbestände der Vorwelt auch in der Gegenwart noch eine Rolle spielen. Welche Rolle dies ist, hängt „von der gesellschaftlichen Struktur einerseits und dem 'Tempo' gesellschaftlichen Wandels andererseits ab, ob nämlich die Lebenserfahrungen der Generationen in den gleichen Lebenslagen verwurzelt sind oder nicht" (Schütz/Luckmann 1984: 169).

Arbeitsteilige Spezialisierung, soziale und kulturelle Differenzierung, persönliche Individuierung und gesellschaftliche Individualisierung sind universale Merkmale der Modernisierung in westlichen Industriegesellschaften. Diese Entwicklung macht Altersgruppen mit unterschiedlichen Lebenslagen, Lebensstilen und Milieus möglich und unterwirft sie dem Wandel über die Zeit. Im strukturfunktionalistischen Konzept stehen Altersgruppen deshalb für die hierarchische Altersschichtung einer Gesellschaft. Im phänomenologischen und wissenssoziologischen Generationskonzept hingegen stehen Altersgruppen für die Mitglieder von Geburtsjahrgängen, die in bestimmte historische Zeiten gemeinsam eintreten, die durch ähnliche Erfahrungen eine Generationsidentität finden, und die ihre Generationssicht der Welt mit sich durch das Leben nehmen und weitergeben. Altersgruppen sind im ersten Fall universal und funktional beschreibbar, im zweiten Fall sind sie historisch geprägt und damit zeitgebunden. Es ist offensichtlich, daß beide theoretische Annahmen empirische Evidenzen für sich in Anspruch nehmen können. Einerseits lassen sich universale Eigenschaften von Altersgruppen benennen: Kindheit, Jugend, Erwachsenenzeit und Alter sind nicht beliebig in ihren Rollen und Merkmalen und nicht austauschbar in ihrer Reihenfolge. Andererseits sind Lebenssituationen und Eigenarten bestimmter Altersgruppen historisch variabel. Spektakulär auffällig wird dies von Zeit zu Zeit, wenn in Medien und öffentlicher Meinung wieder ein aktuelles Schlagwort zur pauschalen Charakterisierung der Jugend oder der Alten favorisiert wird: Von der skeptischen Generation über den neuen Sozialisationstyp zur verunsicherten und verlorenen Generation, von den armen und pflegebedürftigen alten Alten zu den jungen Alten und grauen Panthern.[21]

Altersgruppen haben die Aufmerksamkeit der Sozialwissenschaften nicht nur im Rahmen theoretischer Erklärung moderner Gesellschaften und gesellschaftlicher Modernisierung gefunden. Auch das Interesse der empirischen Sozialforschung richtete sich früh auf Altersgruppen, insbesondere auf altersspezifische soziale Probleme. Als typische altersspezifische Probleme gelten in Kindheit und Jugend Erziehungs- und Bildungsprozesse; bei Jugendlichen und jungen Erwachsenen die Berufseinmündung, politische Orientierungen, Konsum und Lebensstil; bei Alten materielle Sicherheit und Pflegebedürftigkeit. Nicht zuletzt abweichendes Verhalten in der Altersgruppe der Jugendlichen und jungen Erwachsenen fand und findet die Aufmerksamkeit der Sozialforschung.

Zur Etablierung einer empirischen Altersgruppensoziologie Jugendlicher und junger Erwachsener haben in den zwanziger Jahren die schon erwähnten Untersuchungen des Departments für Soziologie der Chicagoer Universität entscheidend beigetragen.[22] Diese Studien beschreiben die natürlichen Lebenswelten in den Quartieren der expandierenden Metropole mit ihren sozialen, kulturellen, professionellen und ethnischen Milieus, und die zu diesen Lebenswelten gehörenden natürlichen Lebensgeschichten ihrer Bewohner, wobei insbesondere Jugendliche und Heranwachsende als individuelle und kollektive Akteure im Gemeinwesen Aufmerksamkeit finden. Seit diesen Studien kann man von einer professionellen Altersgruppenforschung in den Sozialwissenschaften sprechen. Altersgruppen sind als soziales Problem und soziologisches Thema fest etabliert.

Die Gleichzeitigkeit der Ungleichzeitigen

Eine klassische sozialwissenschaftliche Untersuchung der Chicagoer Schule zu generationsspezifischen Lebenslagen und Lebenswelten unter hohem Modernisierungstempo und zu den daraus hervorgehenden Generationsverhältnissen, Lebensläufen und Biographien ist Thomas' und Znanieckis „Polish Peasant in Europe and America" (Thomas/Znaniecki 1918-20).[23] In dieser Studie sind Briefwechsel abgedruckt und interpretiert, die zu Beginn dieses Jahrhunderts zwischen jungen polnischen Auswanderern in die USA und der in Polen verbliebenen Elterngeneration geführt wurden. Durch die Briefwechsel ziehen sich emotionsreiche, ja dramatische Konflikte zwischen Eltern und Kindern. Der

---

21 Zur Kritik kultursoziologischer und politischer Deutungsmuster Bertram 1987, auch Leisering 1992 und 1993. Zur differenzierten Situation der Alten gibt z.B. die Berliner Altenstudie Auskunft (Baltes/Mayer 1996).

22 Zur sogenannten Chicago-Schule auch Faris 1970; Bulmer 1984.

23 Die Erstauflage erschien in 5 Bänden (Thomas/Znaniecki 1918-1920). Besser greifbar ist der zweibändige, ungekürzte, aber umgegliederte Nachdruck von 1958 (Thomas/Znaniecki 1958). Eine gute Kurzfassung ist Thomas/Znaniecki 1984. Vgl. auch Blumer 1939; Kurtz 1984.

Wandel der Gesellschaftsformen im Prozeß der Modernisierung entfremdet die Lebenswelten des Alltags von Daheimgebliebenen und Auswanderern voneinander. Zeitgenössische Welt und Vorwelt sind nicht mehr in derselben Lebenserfahrung verwurzelt. Die entscheidende Differenz in den Lebenswelten der beiden Generationen ist der Übergang von Gemeinschaft zu Gesellschaft. Während die zurückbleibende Elterngeneration noch durch Geburt in die örtliche Gemeinschaft der durch gleiche Gesinnung, Sitte und Religion kollektiv Geprägten eingebunden ist, hat die Auswanderergeneration ihre Mitgliedschaft in der amerikanischen Gesellschaft durch Beitritt individuell erworben, wobei die Vergesellschaftung primär auf Inklusion in Recht und Ökonomie beruht.

Durch die Auswanderung aus dem rückständigen Polen in die USA, hier in die moderne Metropole Chicago, verdichten sich sehr unterschiedliche historisch-gesellschaftliche Lagerungen zweier Generationen zu einem abrupten biographischen Wechsel innerhalb einer kurzen Lebensspanne. Erfahrungen wirtschaftlicher, sozialer und kultureller Stagnation treffen auf Erfahrungen rapiden sozialen, wirtschaftlichen und kulturellen Fortschritts. Durch die Auswanderung liegen Erfahrungen des Umbruchs zwischen historischen Perioden zeitlich dicht und biographisch kontrastreich nebeneinander. Um Mannheims Formulierung zu gebrauchen: Die Gleichzeitigkeit der Ungleichzeitigen im Zusammenleben von Generationen als Repräsentanten verschiedener historischer Perioden wird intensiver erfahren als üblich. Verschiedenheit und Unvermittelbarkeit zwischen Vorwelt und Wir-Welt wachsen, der Zwang zur Konstitution eines geteilten Sinnzusammenhangs innerhalb von Familie und Ortsgemeinschaft nimmt ab. Die Generationen entfremden sich.

Für den heutigen Leser der Briefwechsel wird in drastischer Weise deutlich, daß es nicht nur primäre und sekundäre Risiken in Moderne und Postmoderne gibt, sondern auch Gefahren und Risiken, die aus sozialer und kultureller Stagnation hervorgehen.[24] Die Briefe aus dem Polen der Jahrhundertwende dokumentieren eine Lebenserfahrung der Stagnation, die einen religiös gefärbten Fatalismus erzeugt. Die Resignation bezieht sich vor allem auf die wirtschaftlichen Verhältnisse, die in der Regel gerade zum Überleben reichen. Der Alltag ist von außerordentlicher Armut, chronisch und fatal verlaufenden Krankheiten, zahlreichen Todesfällen bestimmt. Sorge um Gesundheit und Überlebensaussichten von Frau, Mann oder Kindern bestimmen in weitem Umfang die Briefwechsel. Hoffnungen auf Wandel werden enttäuscht. Die gesellschaftliche Sta-

---

24 Theoretische und z.T. auch empirische Analysen der primären und sekundären Gefahren und Risiken der modernen Gesellschaft sind so alt wie die Sozialwissenschaften: klassisch Adam Smith zu Marktwirtschaft und Sozialstaat, Karl Marx zur politischen Ökonomie des Kapitalismus, Simmel zur Philosophie des Geldes oder Max Weber zur okzidentalen Rationalisierung. Das Thema erhielt in den letzten Jahren vor allem durch Beck (Beck 1986; 1993) einen bis in die öffentliche Diskussion und die Massenmedien hineinreichenden, neuen Anstoß. Zum Thema Gefahr und Risiko in der Geschichte der modernen Gesellschaft ist die Habilitationsschrift von W. Bonß aufschlußreich (Bonß 1994).

gnation schlägt sich als Passivität in den Lebensverläufen nieder. Soweit die Lebenserfahrung etwas lehrt, ist es die Sinn- und Zwecklosigkeit langfristiger Entwürfe, die Notwendigkeit der Tagesbewältigung und der Wert der Solidarität der Großfamilie. Das Zeitgefühl ist durch ein intensives Verhältnis zur Vergangenheit bestimmt.

Ganz anders die Lebenslagen und Lebenserfahrungen der ausgewanderten jungen Generation. Dem vorherrschenden Gefühl, dem Schicksal ausgesetzt zu sein, steht die Erfahrung der Gestaltbarkeit von Lebensläufen gegenüber. Die neuen Spielräume verlangen zugleich kluge Voraussicht. Chancen, die man später wahrnehmen will, sind vorzubereiten, Risiken sind zu kalkulieren und zu verringern. So zeigen die Briefe neben dem Sinn für Handlungsspielräume auch bereits das Gespür für den Zwang, die neue Freiheit in eine disziplinierte, langfristige Lebensplanung umsetzen zu müssen.[25] Lebensplanung wird ein Element der neuen Lebenswelt, über die man sich brieflich austauschen kann. Vorausplanung und Selbststeuerung richten sich vor allem auf die Sicherung des Erwerbslebens: auf Sprachkenntnisse, Bildungszertifikate, Arbeitsplatzattraktivität, die Beachtung betriebs- und branchenspezifischer Prosperität, auf das Versicherungswesen, ja selbst auf die vermuteten wirtschaftlichen Konsequenzen von Wahlperioden und Parteiprogrammen.

Die Individualisierung der Lebensentwürfe wird von einer neuen Zeitstruktur begleitet. Die wenigen Anmerkungen zur historischen Zeit mit ihren zu Beginn des Jahrhunderts teilweise dramatischen Ereignissen stützen sich in den Briefen der polnischen Seite in der Regel auf erzählende Quellen. Im Kontrast zu dieser traditionellen Weise der Bezugnahme auf historische Ereignisse orientiert man sich in den USA an den Massenmedien. Auch die Zeitstruktur von Biographie ändert sich. Die biographischen Zeitnormen der Alten sind ethnozentrisch und unausweichlich. Mit der Auswanderung verliert die traditionale Zeitstruktur der Normalbiographie an normativer und faktischer Kraft. Ergänzend tritt eine Ausdifferenzierung der Struktur der Lebenswelt in private, geschäftliche und öffentliche hinzu. Sie erlaubt es, verschiedene Angelegenheiten besser zu trennen, so Ehekonflikte von Geschäftsangelegenheiten oder Weltanschauungen von Familienbeziehungen.

Unter den Briefeschreibern findet ein expliziter Austausch über Modernisierungserfahrungen statt. Man kann dies bereits als Zeichen für lebensweltliche 'reflexive Modernisierung' ansehen - die nur scheinbar ein neues Thema der letzten Jahre ist. Dabei spielt das Bewußtsein der jüngeren Generation eine Rolle, mit ihren Eltern in asynchron gewordenen sozialen Welten zu leben. Das Wissen um die Gleichzeitigkeit der Ungleichzeitigen macht sich in der Regel an jenen Dingen und Verrichtungen des Alltags fest, die auch heute noch thematisiert werden: Religion, Technik, Geldangelegenheiten, Rechtsverhältnisse, Familienbeziehungen, Geschlechterrollen. Nicht immer ist der Fortschritt erfreulich. Über die Veränderung der Familien- und Geschlechterrollen wird von

---

25 Zum Thema Handlungsspielräume im Lebenslauf Weymann 1989.

Männern auch schon mal im Klageton der durch den Fortschritt Geschädigten berichtet.

Je schneller der soziale Wandel, dem Gesellschaften unterworfen sind, desto mehr wachsen Varianz und Kurzlebigkeit der Abfolge historischer Lagerungen der Generationen und damit die Differenz ihrer Lebenswelten. In der Situation der Auswanderung wird dieser Kontrast zwischen den Generationen besonders deutlich erfahren. Die vielfältigen institutionellen Strukturen, in denen sich Lebensläufe vollziehen, und die verfügbaren normativen Deutungsmuster akzeptierter Normalbiographien ändern sich kurzfristiger als sonst. Am Beispiel des Polish Peasant zeigt sich der im Modernisierungsprozeß der Neuzeit stattgefundene, historische Umbruch des Heraustretens von Generationsverhältnissen aus der Großfamilie und aus der örtlichen Lebensgemeinschaft in die öffentliche Sphäre von Politik und Diskurs. Erst in der modernen Gesellschaft können Generationen als kollektive Akteure strukturbildend und innovativ wirken.

Das Generationskonzept arbeitet mit historischer Lagerung von Geburtskohorten, mit wissenssoziologischen Annahmen über kohortenspezifisches kollektives Wissens in Lebenswelten und mit der Aufschichtung von biographischen Lebenserfahrungen der Generationsmitglieder. Dieses Generationskonzept ist in eine Theorie - pietätlos - fortschreitender Modernisierung eingebunden. Die Gleichzeitigkeit der Ungleichzeitigen in den Generationsverhältnissen macht ein Kernstück der Erfahrung des sozialen Wandels aus.

5.3 Die Ökonomie des modernen Lebenslaufs

Der Polish Peasant ist nicht nur ein Musterbeispiel phänomenologischer Beschreibung der Lebenswelten von Generationen und der sich im Verlauf der Modernisierung wandelnden Generationsverhältnisse. An dieser Studie läßt sich noch ein weiteres, theoretisch interessantes Element der Modernisierung zeigen: die Ökonomisierung des Umgangs mit Zeit, insbesondere der im Zuge des sozialen Wandels von Generation zu Generation rechenhaftere Umgang mit der eigenen Lebenszeit.

Inklusion und Individualisierung

Die rechenhafte Ökonomie der Lebenszeit ist eine Folge der wirtschaftlichen und rechtlichen Entwicklung in demokratischen und marktwirtschaftlichen Industriegesellschaften und der damit verbundenen Inklusion von immer mehr Bürgern in den historischen Prozeß wachsender Freiheit und Gleichheit. Der Bürger moderner Gesellschaften sieht sich als Gleicher unter Gleichen, auf sich gestellt und autonom in der Lebensführung.[26] Einen frühen Hinweis auf diesen

---

26 Dies ist eine verbreitete Fehleinschätzung der Menschen der Gegenwart. Tatsächlich waren Individuen und Kollektive in der Geschichte der Menschheit niemals zuvor so völlig voneinander abhängig wie heute. Durkheim baute darauf seine Theorie der or-

Effekt der gesellschaftlichen Modernisierung, der ihm im Kontrast zwischen Frankreich und den USA auffiel, gab Tocqueville in seinem Mitte des 19. Jahrhunderts publizierten Band „Über die Demokratie in Amerika" (Tocqueville 1985). Lange vor Thomas und Znaniecki beschrieb hier Tocqueville Gleichstellung und Individualisierung als zentrale Merkmale moderner Gesellschaften. „Je stärker die gesellschaftlichen Bedingungen sich einander angleichen, desto größer wird die Zahl der Individuen, die zwar nicht mehr reich und mächtig genug sind, um einen großen Einfluß auf das Schicksal ihrer Mitbürger ausüben zu können, die aber hinreichend Bildung und Güter erworben oder behalten haben, um sich selbst zu genügen. Sie sind niemandem etwas schuldig und erwarten sozusagen von niemandem etwas; sie gewöhnen sich daran, sich immer nur in ihrer Isolierung zu betrachten, und stellen sich gern vor, daß ihr Schicksal nur von ihnen selbst abhinge" (Tocqueville 1985: 240).[27]

In modernen Gesellschaften mit ausdifferenzierten bürgerlichen, politischen und sozialen Rechten (Marshall 1992) und mit einer hochentwickelten Marktwirtschaft ergeben sich Lebenschancen in einer Kombination individueller Nutzungsmöglichkeiten von Anrechten und Angeboten (Dahrendorf 1979). Der im Polish Peasant geschilderte, im Zuge der Auswanderung erfahrene Modernisierungsschub ist dafür ein Musterfall. Die USA bieten Einwanderern weitgehende Bürgerrechte an und den freien Zutritt zum Kampf um wirtschaftliche Angebote. Zugleich aber sind die wohlfahrtsstaatlichen sozialen Anrechte sehr begrenzt.[28] Die in Polen verbliebene Großfamilie kann keinen hinreichenden Schutz mehr bieten. Die allgemeine und weitreichende Inklusion der Auswanderer in den Wettbewerb um wirtschaftliche Angebote gewinnt oder verliert jedes Familienmitglied für sich. Die gewonnene rechtliche und wirtschaftliche Freiheit der Ausgewanderten fördert deshalb ein individualisiertes Wettbewerbsverhalten auf Kosten der überkommenen familiären Solidarität. In den Briefen der Auswanderer wird diese neue konjunktive Generationserfahrung der amerikanischen Lebenslage in ihrer Ambivalenz von Freiheit und Risiko klar angesprochen. Einerseits ist man stolz auf die neue Freiheit, andererseits schätzt man das persönliche Risiko als hoch ein.

Die Folge der neuen Lebenslage ist eine zwischen den Generationen veränderte Ökonomie der Lebenszeit (Gershuny/Jones/Baert 1991). Lebenszeit wird zu einem Gut wie andere auch. Der Preis der Zeit wird über Knappheit und Opportunitätskosten bestimmt. Beide haben sich durch die Auswanderung in eine moderne Gesellschaft und dort zusätzlich über den Lebenslauf hin geändert. So steigt für die junge Generation zunächst der Lohn für in Arbeit investierte Zeit allein schon durch Auswanderung in eine produktive Industriegesellschaft.

---

ganischen Solidarität auf. Auf dieser Sicht der Dinge beruhen auch die Ideen des Gesellschaftsvertrages und der rationalen antagonistischen Kooperation.

27 Zum Zielkonflikt zwischen Freiheit und Gleichheit in Tocquevilles Studie über die Demokratie in Amerika siehe Schmidt 1997.

28 Diese Politik gilt bis heute, deutlich sichtbar anläßlich der Kürzungen der Sozialleistungen in den letzten Jahren: workfare statt welfare.

Kommt es dann zur erfolgreichen Integration in den USA, so schlagen sich berufliche Qualifizierung, Berufserfahrung, Betriebszugehörigkeit, Mobilitätsbereitschaft im Laufe der Jahre in zusätzlichem Lohnzuwachs nieder.

Investition in Humankapital

Ein wichtiger Aspekt der veränderten Ökonomie der Lebenszeit ist die Möglichkeit, mit Gewinn in Humankapital zu investieren. In den USA sind Investitionen in Humankapital attraktiv, weil sie die Produktivität der Arbeit erhöhen. Ein wesentliches Element des Humankapitals sind Bildungsinvestitionen. Aufgrund ihres hohen Wertes lohnen sie sich in historisch neuer Weise nicht nur für Kinder, Jugendliche und Männer, sondern auch für Frauen. Bildung vor allem als Humankapital zu sehen, unterscheidet grundsätzlich moderne von traditionalen Gesellschaften, wie Schultz betont: „... man läßt sich doch nicht ausbilden, zumindest nicht in erster Linie, nur um ein inneres Bedürfnis zu befriedigen oder zum Vergnügen. Man wendet vielmehr öffentliche und private Kosten für seine Ausbildung auf, um einen Bestand an Wissen und Können anzulegen, von dem man meint erwarten zu können, daß er einem in der Zukunft Vorteile in Gestalt von Leistungen bieten wird. Diese in der Zukunft zu erwartenden Leistungen bestehen bei abhängiger Tätigkeit aus künftigen Löhnen und Gehältern, bei selbständiger Tätigkeit aus Gewinnen des eigenen Unternehmens und schließlich im Haushalt sowohl aus künftiger Bedürfnisbefriedigung beim Konsum als auch aus Ersparnissen, die das Monatseinkommen erhöhen" (Schultz 1986: 37).

In modernen Gesellschaften lohnt es sich, in Humankapital zu investieren. So haben sich - historisch gesehen - im Verlauf der Modernisierung westlicher Industriegesellschaften die Realeinkommen pro Stunde in einem Jahrhundert verfünffacht. Humankapital wurde gegenüber Erträgen aus Boden und materiellen Ressourcen bislang immer wertvoller, während der relative Anteil am Volkseinkommen aus Vermögenswerten und Zinserträgen sank.[29] Auf diese Weise wurden Bildung und Ausbildung zu einer Ressource mit ökonomischem Wert. Bildungsausgaben sind daher in modernen Gesellschaften notwendige Investitionen, nicht Konsumgut oder Wohlfahrtsausgaben, wie Schultz (1986) betont.

Personen produzieren ihr eigenes Humankapital im Lebenslauf, indem sie einen Teil ihrer verfügbaren Zeit und Marktgüter dazu benutzen, eine Schule oder Universität zu besuchen und berufliche Qualifikationen zu erwerben. Die Veränderungsrate des Humankapitals ist dabei gleich der Differenz zwischen der Produktionsrate und der Abschreibungsrate auf das Grundkapital (Becker 1982: 137). Zur Lebensmitte hin nehmen mit steigendem Einkommen die Investitionen in Bildung, der konsumtive Verbrauch von Zeit und die eigene Erzeugung

---

29 Es ist natürlich nicht sicher, daß sich diese Entwicklung wie bislang auch weiterhin fortsetzt. Zu Erwerbstätigkeit und Arbeitslosigkeit vgl. z.B. die Einschätzungen der Kommission für Zukunftsfragen der Freistaaten Bayern und Sachsen (1996; 1997a; 1997b).

von Dienstleistungen ab, weil die Opportunitätskosten steigen. Es müßten Lohneinbußen in Kauf genommen werden, die höher sind als die ersparten Kosten. Mit voranschreitendem Lebensalter sinkt auch der Gegenwartswert zukünftiger Erträge. Je höher das im Leben akkumulierte Humankapital, desto später tritt dieser Effekt ein.

Der Preis der Zeit

Mit der Modernisierung der Gesellschaft wird ein weiterer Effekt im Generationsvergleich erfahrbar: Die Wertrelationen von Zeit zu Gütern und Dienstleistungen ändern sich. Güter werden preiswert, Zeit wird kostbar. Einige Briefe im Polish Peasant schildern begeistert und im Kontrast zu Polen die Technisierung der Arbeitswelt in Chicago, die die Produktivität der eingesetzten Arbeitszeit durchgreifend erhöht. Diese Beobachtung ist exemplarisch für die sich mit der Modernisierung wandelnde Organisation der Arbeit. Aber nicht nur für Betriebe, auch für den Privathaushalt wird Zeit ein knappes, genau kalkuliertes Gut.[30] Viele Güter und Dienstleistungen, die private Haushalte früher selbst herstellten, werden käuflich erworben. Dies ist nicht nur eine Folge der eigenen Inkompetenz. Der Kauf von Gütern und Dienstleistungen ist oft schlicht billiger als deren eigenhändige Herstellung. Deshalb werden nicht nur in der Berufswelt, sondern auch im Privathaushalt erhebliche Kapitalinvestitionen in den Arbeitsplatz getätigt. Arbeitszeit wird durch Kapitalinvestitionen in Haushaltstechnik ersetzt.[31]

Jedoch wird nicht alle frei disponierbare Zeit der erwachsenen Haushaltsmitglieder in bezahlte Arbeit investiert. So wird der Lohn der Arbeit abgewogen gegen die Opportunitätskosten für Kinderbetreuung, Gaststättenbesuch oder Putzarbeiten. Daß Zeitverwendung eine Entscheidung über Humankapital ist (Schultz 1986), wird z.B. am alltäglichen Konflikt zwischen bildungs-, berufs- und familienbiographischen Entscheidungen sichtbar, besonders in der Biographie von Frauen. So hat die Ökonomie des Lebenslaufs einen Einfluß darauf, daß bei Ankunft von Kindern der besserverdienende Mann in der Regel immer noch seiner Erwerbstätigkeit unbeschränkt weiter nachgeht, während das geringere Einkommen der Frau jenen Ausgaben entgegengerechnet wird, die durch notwendige Haushaltshilfen entstehen.[32]

---

30 „Consequently the allocation and efficiency of non-working time may now be more important to economic welfare than that of working time" (Becker 1965: 493).

31 „Die Tendenz zum sparsamen Gebrauch von Zeit und zum verschwenderischen Umgang mit Gütern ... kann zum Teil einfach eine Reaktion auf Unterschiede in den relativen Kosten sein" (Becker 1982: 125). In Deutschland kommt seit den fünfziger Jahren sukzessive eine Vollausstattung mit Haushaltstechnik in Gang. Zur Ausstattung von Haushalten mit technischem Gerät im Generationsvergleich dieses Jahrhunderts siehe Sackmann/Weymann 1991, Sackmann/Weymann 1994; Weymann/Sackmann 1993. Vgl. auch Becker 1981; Glatzer 1991; Gräbe 1993.

32 Gut ist dieser Effekt in den neuen Bundesländern zu beobachten, nachdem durch die Wiedervereinigung die Zahl der Arbeitsplätze und die Beschäftigungsquote sanken,

Rationale Lebensführung und Familiensolidarität

Wirtschaftliche Kalkulationen der Zeit bleiben nicht auf den Berufs-, Technik- und Bildungsbereich beschränkt, sie dringen auch in den privaten Bereich ein und ändern hier die Normen biographischer Normalität. Die Briefe aus dem 'Polish Peasant' zeigen, daß es immer teurer wird, Lebenszeit mit Aktivitäten wie religiösen Übungen, familiären Pflichten, Geselligkeit oder Muße zu verbringen, wenn sie in bezahlte Arbeit investiert werden kann. Zeit ist Geld. Die Lebensführung ist rational zu organisieren (Weber 1978). So löst die Ökonomie knapper Lebenszeit die traditionellen, religiösen und ortsgesellschaftlichen biographischen Zeitnormen für Heiratsreihenfolgen, für altersgemäße Verhaltensregeln, für religiöse Zeiteinteilungen des Tages, des Jahres und des Lebens ab. In den Briefwechseln des Polish Peasant wird sogar bereits Familienplanung in Abwägung zu anderen, vor allem wirtschaftlichen Zeitnutzungen möglich und sinnvoll, und zur beruflichen Erfolgsgeschichte paßt schon mal die moderne Lebensform nichtehelicher Lebensgemeinschaften, die Zeitökonomie des Single-Lebens.

Insgesamt gerät die neue Ökonomie der Lebenszeit in Widerspruch zur traditionellen Familiensolidarität. Da die Großfamilie nicht mehr hinreichend schützt, bietet sie weder einen Anreiz zu solidarischem Verhalten ihrer weit entfernten Mitglieder noch ist sie zu wirksamen Sanktionen in der Lage. Die Großfamilie dachte und handelte notfalls auch gegen das Interesse einzelner Mitglieder, denn Nutzen und Kosten des Kollektivguts familiärer Solidarität waren dauerhaft gemeinsam zu tragen. In der modernen, individualisierten Gesellschaft aber geraten die familienbedingten Kosten der Auswanderer in ein Mißverhältnis zum erwartbaren Ertrag an sozialem Kapital. So sinken schnell die Aufwendungen an Zeit, Dienstleistungen und Gütern für die Solidarität in der Großfamilie.

In freien, egalitären und individualisierten Gesellschaften ist, wie weiter oben gezeigt wurde, die Erzeugung und Erhaltung kollektiver Güter generell schwierig. Dies ist ein ebenso altes wie immer noch aktuelles Thema moderner Gesellschaften (Hardin/Baden 1977; Ostrum 1990). Nur in sehr kleinen Gruppen gibt es wenig Probleme, ein Kollektivgut wie z.B. familiäre Solidarität bereitzustellen. In größeren oder latenten Gruppen wird kein Kollektivgut ohne besondere Anreize mehr hergestellt werden. Die Richtigkeit dieser theoretischen Annahme zeigt sich im 'Polish Peasant' deutlich an der Lebensführung der polnischen Emigranten im Unterschied zu deren heimischer Großfamilie in Polen.[33]

---

kostenlose staatliche Leistungen an Familien mit Kindern entfielen und gleichzeitig die individuellen Einkommen aus Erwerbsarbeit stark stiegen (vgl. Weymann 1998; Sackmann/Rasztar/Struck-Möbbeck/Weymann/Wingens 1996; auch Becker 1965 und 1981).

33 Utilitaristisch orientierte Individuen werden selbst dann nicht freiwillig zusammenarbeiten, wenn sie die gleichen persönlichen Interessen teilen. Die Erzeugung kollekti-

Soziales Kapital

Die Briefe des 'Polish Peasant' verbinden die Humankapitalperspektive des individuellen Lebenslaufs mit einem generationstheoretischen Aspekt. Dies geschieht jedoch lediglich implizit, ohne theoretische Ausarbeitung durch Thomas und Znaniecki. Eine gut ausgearbeitete humankapitaltheoretische Erklärung der Verbindung von individuellem Lebenslauf und Generationsverhältnis findet sich bei Coleman (1990; 1996). Coleman führt die historischen Veränderungen der Bereitschaft zu Investitionen in Humankapital bei Eltern und Kindern im Verlaufe der letzten beiden Jahrhunderte auf modifizierte Ertragserwartungen zurück. Er unterscheidet drei Perioden des Wandels der Investitionen in Humankapital. In der ersten Periode bis etwa 1880 sind Kinder für ihre Eltern noch eine unmittelbar produktive Ressource (z.B. als Arbeitskräfte und für die Alterssicherung). In der zweiten Periode bis 1950 mußten Eltern (und Kinder) bereits erhebliche Anstrengungen unternehmen, um das für ein auskömmliches Leben notwendige Humankapital durch eine ausreichende Bildung und Ausbildung zu erzeugen. Gute Bildung und Ausbildung lohnten sich für Eltern und Kinder aber noch. In der gegenwärtigen, dritten Periode hingegen zahlen sich auch kostspielige Investitionen in Humankapital für Eltern und Kinder nicht mehr mit Sicherheit oder nur in zu geringem Maße aus. Humankapitalinvestitionen, insbesondere in Bildung, werden deshalb auch weniger getätigt als es gesellschaftlich wünschenswert wäre. Also übernimmt der Staat eine wachsende Vielzahl der ursprünglich familiären Aufgaben.[34]

Der Staat kann nun zwar in Humankapital durch Schulen investieren, ggf. auch durch Sozialarbeit und Fürsorge, aber er kann nicht zugleich das ebenfalls notwendige soziale Kapital, das Familien bieten, ersetzen. Seine hilfsweisen Maßnahmen, insbesondere für schwierige Kinder und für Jugendliche mit abweichendem Verhalten und ohne ausreichendes soziales Kapital in den Familien, sind deshalb nicht nur sehr teuer, sondern oft auch Fehlschläge. Aus den wachsenden öffentlichen Kosten, aus der veränderten elterlichen Investitionsbereitschaft in Humankapital, aus dem Übergang von traditionalen zu modernen korporativen Akteuren wie im Fall der Schule (Coleman 1986) und aus dem Schwinden des sozialen Kapitals in Familien, leitet Coleman deshalb die Forderung nach einer radikal geänderten Politik zur Erzeugung öffentlicher Güter in Bildung und Erziehung ab. Durch selektive Anreize in Form von handelsfähigen Gutscheinen (vouchers) soll auf die rationalen biographischen Akteure, auf Eltern wie auf andere Erzieher, in der Weise eingewirkt werden, daß sich für sie die Investition in das Humankapital von Kindern und Jugendlichen individuell wieder lohnt.

---

ver Güter gelingt nur durch selektive, positive oder negative Anreize (vgl. Kapitel 4.4).

34 „There is, however, one actor with strong interests in having a child's value to society maximized, or its cost to society minimized. This is the state" (Coleman 1996: 188).

Um es zusammenzufassen: Die Ökonomie des Lebenslaufs bietet eine besondere Perspektive auf die Verflechtung von sozialem Wandel, Modernisierung, Lebensläufen und Biographien. Die ökonomische Theorie rationaler Entscheidung stellt das utilitaristische Individuum in das Zentrum der Analyse.[35] Biographische Entscheidungen werden als Wahlhandlungen unter gegebenen wie auch unter selbst bereits geschaffenen Bedingungen gesehen, sie sind Entscheidungen unter Knappheit. Zeit ist ein knappes Gut, das auf Konsum, Erwerbstätigkeit oder Investition in Humankapital verteilt werden kann. Die Verteilung richtet sich nach dem Gegenwartswert zukünftiger Erträge und nach Opportunitätskosten. Die Ökonomie als Theorie der Allokation materieller Güter, des Marktes, und der Allokation knapper Mittel zur Verfolgung konkurrierender Ziele unterstellt dabei nutzenmaximierendes Verhalten.[36] Immer messen Preise die Opportunitätskosten knapper Ressourcen, auch wenn sie sich nicht unbedingt in Geld ausdrücken, sondern in Lebenszeit.

Entsolidarisierung

Unter generationstheoretischer Perspektive zeigen die Briefe des Polish Peasant, wie Menschen von einer Generation zur nächsten im Prozeß gesellschaftlicher Modernisierung in andere Lebenslagen und Lebenswelten eintreten, aus denen sie formative (Mannheim) generationsspezifische Erfahrungen schöpfen. Da jede Generation nur an einem begrenzten Geschichtsausschnitt partizipiert, werden Generationen zu Repräsentanten unterschiedlicher historischer Epochen. Durch das fortlaufende Neueinsetzen und Abgehen von Generationen als Kulturträger wirkt der Generationsaustausch an Erneuerung von Kultur und Gesellschaft mit. Aus der Perspektive des individuellen Akteurs wird Modernisierung als Veränderung des Lebenslaufs und seiner biographischen Deutung erfahren. Unter traditionalen Verhältnissen wird die Lebensführung kollektiv verbindlich nach normativen Vorgaben der Religion, durch Sitten und Gebräuche der örtlichen Gemeinschaft strukturiert. In einer modernen, städtisch-industriellen Gesellschaft mit (im Prinzip) egalitären und universalen Inklusionen der Individuen in Politik, Recht und Wirtschaft wird die Lebensführung den Regeln des individuellen Wettbewerbs um Angebote und Anrechte unterworfen. Eine wichtige Ressource in diesem Wettbewerb, deren Wert sich über Knappheit und Opportunitätskosten bestimmt, ist die Lebenszeit. Mit wachsendem Humankapital des Individuums wird der Einsatz der Zeit immer genauer kalkuliert, werden Kosten und Nutzen der Zeitverwendung Objekt ra-

---

35 Vgl. Ramb/Tietzel 1993; Becker 1965, 1981, 1982; Malewski 1967; Esser 1993.
36 Die Ökonomie geht von einer unvollkommenen Gesellschaft und unvollkommenen Menschen aus mit eigennützigem und ehrgeizigem Verhalten im Kampf um Erwerb, Besitz und Verwendung knapper Mittel. Sie zielt nicht auf ein utopisches Ideal, sondern auf eine Verhaltensanalyse zur Bestimmung von Bedarf und Nachfrage. Diese Perspektive wirft ein auch für Sozialwissenschaftler interessantes Licht auf Lebensläufe und Biographien im sozialen Wandel der Modernisierung.

tionaler Entscheidung. Darunter leidet die Erzeugung des kollektiven Gutes familiärer Solidarität.

Die unterschiedliche Rationalität der Lebensführung und des Einsatzes von Lebenszeit bei den Angehörigen der aufeinanderfolgenden Generationen ruht also auf der Differenz von Lebenslagen. Lebenslagen formen je unterschiedliche, besondere Lebenswelten des Alltags. Die individuelle und kollektive Allokation von Zeit (und Gütern) über den Lebensverlauf geschieht von Generation zu Generation unter veränderten Bedingungen und Erfahrungen. Die Familiensolidarität als Möglichkeit der Erzeugung kollektiver Güter verliert deshalb bereits in der ersten Auswanderergeneration an Boden, obwohl es in den USA kein leistungsadäquates Wohlfahrtssystem als Auffangnetz gibt.

Tocqueville hatte auch diese Folge von rechtlicher Gleichstellung und wirtschaftlicher Inklusion in modernen demokratischen Gesellschaften historisch frühzeitig beobachtet - eine Entsolidarisierung nicht nur der Individuen, sondern auch der Generationen: „So sorgt die Demokratie nicht nur dafür, daß ein jeder seine Ahnen vergißt, sondern sie verbirgt ihm auch die Nachfolger und entfremdet ihn auch seinen Zeitgenossen; ständig wirft sie ihn auf sich selbst zurück und droht, ihn gänzlich in die Einsamkeit seines eigenen Herzens einzusperren" (Tocqueville 1985: 240).[37]

5.4 Zivilisationsprozeß und Sozialcharakter

Theorien des sozialen Wandels und der Modernisierung hatten immer wieder den Zusammenhang zwischen gesellschaftlichen und personalen Prozessen beleuchtet. Aber dieses Interesse wurde oft eher en passant gestreift. Zu den Theorien, die das Wechselspiel von Zivilisationsprozeß und Sozialcharakter im sozialen Wandel der Geschichte in den Mittelpunkt stellen, gehört die Figurationssoziologie von Norbert Elias (Elias 1980).[38]

---

37 Mit Tönnies (vgl. das Kapitel 3.5 über Gemeinschaft und Gesellschaft) läßt sich die Differenz zwischen dem Leben in der modernen amerikanischen Gesellschaft einerseits und den lebensweltlichen polnischen Gemeinschaften der Herkunftsfamilien andererseits auch als Unterschied von Gemeinschaft und Gesellschaft definieren. Die Freisetzung aus traditionalen Bindungen und die rechtliche und wirtschaftliche Inklusion in eine moderne Gesellschaft lösen einen Individualisierungsschub aus, der - wie Tönnies fomulierte - von der Substitution echten Zusammenlebens in Gemeinschaft durch mechanisches Aggregat und Artefakt begleitet wird (Tönnies 1979: 4).

38 Zum Thema Figurationen - biographisch und systematisch - sei auf den Beitrag des Berliner Journal (2) 1997 zum 100. Geburtstag von Norbert Elias hingewiesen. Zum Zusammenhang von Gesellschaft und Generationen in figurationstheoretischer Sicht auch Sackmann 1998. Materialien, Theorieanwendungen und Kommentare zur Figurationssoziologie finden sich bei Gleichmann/Goudsblom/Korte 1984. Weitere prominente soziologische Beiträge zu Zivilisation und Sozialcharakter sind z.B. Bellahs Kultursoziologie (Bellah u.a. 1985; 1987), Sennetts These der Aufhebung der Differenz zwischen öffentlicher und privater Sphäre (Sennett 1986), Lasch' Studien zum Zeitalter des Narzißmus (Lasch 1980), Foucaults Untersuchungen zum Wahnsinn,

Soziologische Theorie, so Elias, sei immer ein Kind ihrer Zeit. Historisch denkende soziologische Theorie hatte ihre Hochzeit deshalb im neunzehnten Jahrhundert, im Kontext einer fortschrittsbewußten Gesellschaft. Träger der historischen Fortschrittsgewißheit und der fortschrittsgewissen Theorien waren die aufstrebenden Klassen des Bürgertums und der Arbeiterschaft. Das Objekt dieser Theorien waren die weltweit siegreichen, modernen kolonialen und imperialen europäischen Nationen. Das zwanzigste Jahrhundert unterscheidet sich vom neunzehnten dadurch, daß die ehedem aufstrebenden Klassen selbst die herrschenden Klassen geworden sind, und daß die ehemals aufstrebenden und dominanten europäischen Nationen sich einer wachsenden Konkurrenz mit ungewisser Zukunftsaussicht ausgesetzt sehen. Dieser Wandel der historischen Situation habe sich auch in den soziologischen Theorien niedergeschlagen.[39]

Zivilisation und Zivilisierung

Elias führt das Problem der Leistungsfähigkeit soziologischer Theorien also auf historische Bedingungen der Theoriegenese zurück. Wir wollen hier nicht die Frage beantworten, ob Theoriegenese - auch für den Fall, daß sie richtig beschrieben ist - überhaupt etwas zum Wahrheitsanspruch einer Theorie aussagen kann, sondern uns Elias theoretischer Zielsetzung zuwenden. Elias geht es darum, historische Prozesse wieder in den Mittelpunkt der soziologischen Theorie zu rücken. Insbesondere interessiert ihn die Geschichte des Zivilisationsprozesses europäischer Länder und die Frage, ob es einen Zusammenhang zwischen dem Zivilisationsprozeß und der Entwicklung der Sozialcharaktere gibt. Oder mit anderen Begriffen: ob ein Wechselverhältnis zwischen Sozio- und Psychogenese, zwischen Zivilisationsgeschichte der Gesellschaft und Zivilisierung der Individuen besteht.

Elias verbindet Untersuchungen der gesellschaftlichen Entwicklung mit dem Studium des Wandels im alltäglichen Verhalten - beim Essen, bei der Konversation, beim Schneuzen, im Umgang der Geschlechter, im Schlafraum etc. Seine These lautet, daß im Zuge der modernen Arbeitsteilung die Handlungsketten in Zeit und Raum immer länger und die Querverflechtungen in Wirtschaft und Kultur immer umfassender geworden seien. Dadurch wuchs die wechselseitige Abhängigkeit der Institutionen und der Menschen untereinander, und es intensivierten sich die wechselseitigen Kooperationen und Wissensverflechtungen. Mit der äußeren Entfaltung der Zivilisation in einem ausgreifenden Zentralstaat mit Gewaltmonopol, einheitlichem Recht und Markt, ging eine innere Zivilisation der Sozialcharaktere einher. Nur so konnte die äußere Zivilisierung dauerhaft gelingen. Der Eindämmung der willkürlichen Spontanität und Gewalt im

---

zur Klinik und zur Sexualität (Foucault 1968; 1969; 1973; 1977) und Giddens' Studien zu Modernität und Identität (Giddens 1991 und auch 1996). Einen theoretisch vergleichenden Überblick zum nachliberalen Sozialcharakter gibt Dubiel (1986).

39 Elias sieht in Parsons Strukturfunktionalismus den exemplarischen Vertreter einer unhistorisch gewordenen, auf Bewahrung bedachten und daher undynamischen Analyse des Sozialen. Zu Elias Zivilisationstheorie vgl. auch Kapitel 4.5.

gesellschaftlichen Umgang der Gruppen und Individuen untereinander entspricht die Affektkontrolle des modernen, zivilisierten Menschen nach innen. Die Schlachtfelder der äußeren Gewalttätigkeit verlagern sich in Schlachtfelder innerer Konflikte. Fremdzwänge werden zu Selbstzwängen. Staatliches Gewaltmonopol, Zivilisierung im gesellschaftlichen Umgang und disziplinierendes Über-Ich bilden in ihrer historischen Genese einen engen Zusammenhang.

Elias Fragestellung erinnert an Max Webers Versuch, zu einer Theorie okzidentaler Rationalität vorzustoßen. Die Theorie okzidentaler Rationalität verbindet ja ebenfalls die Rationalisierung von Wirtschaft, Recht, Technik, Verwaltung, Wissenschaft und Bildung mit der Rationalisierung der persönlichen Lebensführung, so exemplarisch in der innerweltlichen Askese der protestantischen Ethik. Elias These eines Zusammenhangs von äußerem Zivilisationsfortschritt und innerer Zivilisierung erinnert hinsichtlich des miteinander verbundenen inneren und äußeren Gewaltverhältnisses aber auch an Hobbes und hinsichtlich des Unbehagens in der Kultur und des inneren (neurotischen) Schlachtfeldes an Freuds Psychodynamik.[40] Die wachsenden Verflechtungen in Zeit und Raum schließlich, die die individuelle Wahlfreiheit durch institutionelle Selbstbindungen beschränken (einschließlich des Übergangs von Gemeinschaft zu Gesellschaft), kennen wir von Durkheims Theorie der Arbeitsteilung, des Rechts und des Selbstmordes als Ausdruck der Säkularisierung und Individualisierung sowie aus der Transaktionskostentheorie und der Theorie der Evolution antagonistischer Kooperation. Auch in Simmels Philosophie des Geldes findet sich der Gedanke, daß Zivilisation und Individualisierung die zwingenden Folgen einer Gesellschaft sind, deren Vergesellschaftungsgrundlage der Tausch ist. In der Philosophie des Geldes hatte Simmel historisch wachsende Individualisierung und individuelle Freiheit mit der Zunahme der Zahl von Personen begründet, die voneinander in Tauschprozessen abhängig sind. Denn durch Anzahl und Partialisierung der Abhängigkeiten geht zugleich die Totalität der Bindungen an einzelne Personen und Gruppen zurück. Die Vergeldlichung der Vergesellschaftung macht Beziehungen daher nicht nur mannigfaltiger in Zeit und Raum, sondern auch beliebig spezialisierbar und partiell, als Bindung unpersönlich und unverbindlich.

Elias hat dieses für das Selbstverständnis der europäischen Zivilisationen und Sozialcharaktere so kennzeichnende Spektrum von sozialwissenschaftlichen Theorien zu einer Figurationssoziologie fortentwickelt,[41] von der er sagt, daß sie „das vertrackte Problem des Zusammenhangs von individuellen, psychologischen Strukturen, also von sogenannten Persönlichkeitsstrukturen, und von Figurationen, die viele interdependente Individuen miteinander bilden, also von Sozialstrukturen, der Lösung etwas näher bringt, und zwar gerade, weil hier diese beiden Strukturtypen nicht ... als unwandelbare Strukturen, sondern viel-

---

40 Zum Spannungsverhältnis von Gesellschaft und Kultur bei Freud und Hobbes siehe Waibl 1980. Zur Psychoanalyse des Sozialen bei Norbert Elias auch Bude 1997.
41 Ohne auf die hier angesprochenen Parallelen in der Theoriegeschichte systematisch Bezug zu nehmen.

mehr als sich wandelnde Strukturen, als interdependente Aspekte der gleichen langfristigen Entwicklung anvisiert werden" (Elias 1980: XIII).

Studie über die Deutschen

Eine Anwendung der Figurationssoziologie ist Elias Studie über die Deutschen (Elias 1989). Elias unternimmt hier den Versuch, den gegenwärtigen sozialen und nationalen Habitus eines Volkes mit dessen Zivilisationsgeschichte und mit dessen Staatsentwicklung zu verknüpfen. Er tut dies im Kontrast zwischen Deutschland und seinen Nachbarn. Vier Punkte werden herausgearbeitet, in denen er nationale Besonderheiten Deutschlands und der Deutschen verzeichnet, die als Voraussetzungen des Aufstiegs des Nationalsozialismus und der Entzivilisierung im Dritten Reich bezeichnet werden.

Als *ersten* Punkt benennt Elias die Mittellage der Deutschen zwischen romanischen und slawischen Völkern. Diese Mittellage hat zu einem tausend Jahre währenden Kampf um Siedlungsgebiet und sichere Grenzen geführt, in dem alle Seiten rücksichtslos jede Chance der Expansion nutzten. Die Staatsbildung der Deutschen ist von der Figuration der Mittellage tief beeinflußt. Denn, und dies führt zum *zweiten* Punkt, der Ausscheidungskampf der Völker um den Rang untereinander ist eng mit dem Ausscheidungskampf der Eliten im Inneren verbunden. Die Verlagerung der Macht von der Integrationsebene des Kaisers auf die Landesfürsten, und die Konkurrenzkämpfe der Religionsgemeinschaften der Protestanten und Katholiken verbanden die innere Schwächung mit der Unfähigkeit zum äußeren Rangerhalt. Deutschland wird im 16. und insbesondere im 17. Jahrhundert zum Schauplatz der Eroberung durch fremde Heere, des inneren Zerfalls und des Abfalls von Gebietsteilen. Die eigene historische Katastrophe steht in krassem Gegensatz zum Aufstieg von nichtdeutschen nachbarlichen Zentralstaaten zu europäischen Führungsmächten. Diese Katastrophe hinterließ „permanente Spuren im Habitus der Deutschen" (Elias 1989: 12). Sie idealisierte die militärische Leistung in der Abwehr der Feinde, den militärischen Habitus und die Offiziersklasse. Auch der Wiederaufstieg des Reiches im 19. Jahrhundert war nicht zuletzt eine militärische Leistung, die Leistung des monarchischen Preußens, nicht des Bürgertums. Als *dritten* Punkt deutscher Besonderheiten benennt Elias den dauerhaften regionalen Partikularismus, der Deutschland im Unterschied zu den meisten anderen europäischen Nationalstaaten unter anderem keine gewachsene Hauptstadt gebracht hat.[42] Der *vierte* Punkt betrifft die Rolle des deutschen Bürgertums, das trotz einer langen Geschichte städtischer Republiken nicht zur führenden Klasse auf nationalstaatlicher Ebene werden konnte. Der politisch gescheiterte deutsche Idealismus und Liberalismus wurde durch eine konservativ-nationalistische Strömung abgelöst, die ihr Idealbild in der militärischen und staatlichen Oberschicht Preußens fand.

---

42 Wie richtig diese Beobachtung noch heute ist, zeigte der Widerstand gegen den Umzug der Bundesregierung nach Berlin und die virulente Abneigung gegen eine Hauptstadt, die an Attraktivität die Provinzkapitalen übertreffen könnte.

Bürgerliche machten sich die Lebenshaltung und Normen des Militäradels zu eigen. Als ein Musterbeispiel bezeichnet Elias die Übernahmen des Duells durch das Bürgertum beispielsweise in studentischen Korporationen. Hierarchisch kontrollierte Militärgewalt statt der Gewalt des Wortes wird zu einem zentralen Habitus.

Die deutsche Geschichte führte immer schon durch ihre vielen Brüche zur Unsicherheit über den Wert und Sinn, den es hat, ein Deutscher zu sein. Nach der NS-Zeit hat sich diese Unsicherheit extrem gesteigert.[43] „Generationen kommen und gehen. Sie müssen sich immer von neuem mit der Tatsache auseinandersetzen, daß das Wir-Bild der Deutschen durch die Erinnerung an die Exzesse der Nazis beschmutzt ist und daß andere, daß vielleicht sogar ihr eigenes Gewissen ihnen anlastet, was Hitler und die Seinen getan haben. Vielleicht sollte man aus dieser Erfahrung die Konsequenz ziehen, daß die Wahrnehmung der eigenen Person als eines ganz auf sich gestellten Individuums falsch ist. Man ist immer, ob man will oder nicht, ein Mitglied von Gruppen" (Elias 1989: 25).

Elias Arbeiten drücken das Vertrauen in die Gültigkeit der Figurationssoziologie ebenso aus wie das Vertrauen in den Prozeß der Zivilisation und der Zivilisierung. Natürlich sieht auch Elias, daß die Menschheit inzwischen als Ganze bedroht ist, und daß neue Aufgaben ohne Parallelen in der Vergangenheit auftauchen. Aber er zweifelt nicht an der Richtigkcit des beobachteten und analysierten Prozesses der europäischen Zivilisation und der Zivilisierung der Sozialcharaktere als universalem Prozeß.[44]

Die Figurationssoziologie unterscheidet sich in dieser Hinsicht von anderen, aktuellen Beiträgen zur Zivilisationstheorie wie Samuel P. Huntingtons populärer Studie über den Zusammenstoß der Kulturen. Bei Elias gehen - in der alten europäischen Tradition optimistischer evolutionärer Aufklärung und Geschichtsphilosophie - die Prozesse der äußeren Zivilisation der Gesellschaft und der inneren Zivilisierung der Sozialcharaktere als Fortschritt miteinander einher. Bei Huntington hingegen scheint das Hobbessche Weltbild des Kampfes aller gegen alle wieder auf, diesmal allerdings als Krieg im Weltmaßstab, der nicht innerhalb der Nationalstaatsentwicklung zu lösen ist.

---

43 „Das Problem des nationalen Stolzes bleibt unerörtert. ... Ich finde, man sollte nicht zögern, das heiße Eisen anzupacken" (Elias 1989: 25).
44 Dies ist eine bemerkenswerte Haltung angesichts des Schicksals der eigenen, jüdischen Familie, angesichts der Kriege und Genozide des zwanzigsten Jahrhunderts, der ungelösten Zivilisierung des Umgangs der Nationen untereinander sowie neuer ökologischer und technischer Risiken. Eine scharfe Kritik an Elias Sammlung und Interpretation von Materialien zur Zivilisationsgeschichte findet sich bei Duerr (1988).

5.5 Lebensverläufe vor und nach der Wende

Auch zu diesem Kapitel geben wir wieder Anwendungsbeispiele für die vorgestellten Theorien.

Lebensverläufe, Kohorten und Generationen eignen sich in besonderer Weise als Indikatoren sozialen Wandels. In der Beobachtung individueller Abfolgen von Lebensereignissen und Entscheidungen wie aber auch im Studium von aggregierten Kohortenschicksalen über die historische Zeit und im Vergleich unterschiedlicher Kohorten untereinander zeigen sich sowohl der Einfluß von sozialstrukturellem und institutionellem Wandel auf individuelle und aggregierte Lebensverläufe wie auch die Nutzung von Entscheidungsspielräumen angesichts sich verändernder Optionen und Ressourcen. Die besonderen Möglichkeiten und Stärken der Lebensverlaufsforschung lassen sich am Beispiel der Transformation zeigen (Diewald/Mayer 1996).

Einen zweiten, theoretisch reizvollen Aspekt bietet die Anwendung der Eliasschen Kategorien auf die Transformation. Die Annahmen der Figurationssoziologie über den konstitutiven Zusammenhang zwischen äußerer Zivilisation und innerer Zivilisierung werfen ein interessantes Licht auf die Analyse des sozialen Wandels in Transformationsgesellschaften des ehemaligen realen Sozialismus (Engler 1992).

Fremdzwangdominierte und reflexive Zivilisierung

Die Rivalität zwischen Staatssozialismus und bürgerlicher Gesellschaft bezog sich nicht zuletzt auf die von beiden Gesellschaftsformen jeweils reklamierte Herrschaft über den sozialen Wandel, auf den eigenen Platz und den Platz des Konkurrenten in der Geschichte. Im Staatssozialismus lebte man in der eigentlichen Geschichte, deren Dynamik man aufgrund der Lehren des Marxismus-Leninismus verstand, und die man über die Diktatur des Proletariats und die Kaderrolle der Partei auch beherrschte. Man war Sieger der Geschichte, faktisch und moralisch. Demgegenüber befand sich der Rest der Menschheit noch im Zustand der unbegriffenen und unbeherrschten, anomischen und unmenschlichen Vorgeschichte. Aber auch in den westlichen Gesellschaften gab es natürlich geschichtsphilosophische Vorstellungen. Sie definierten (und definieren) das eigene Gesellschaftsmodell als modern, alle anderen als vormodern. Zu den vormodernen gehörte auch der Sozialismus. Die Postmoderne in all ihren Schattierungen konnte in der Regel nur aus dem modernen bürgerlichen Gesellschaftssystem hervorgehen, eventuell auch noch aus Konzepten eines dritten Weges zwischen Kapitalismus und Sozialismus.

Engler beschreibt im Kontrast zu diesen Selbstbildern die faktische Entdifferenzierung der russischen Gesellschaft und der vom russischen Sozialismus bestimmten Gesellschaften seit der Oktoberrevolution. Die Welt hatte sich dem orthodoxen Kanon der marxistisch-leninistischen Lehre zu fügen. Jetzt, nach dem Zusammenbruch, kehren ihre Differenzierungen und Konflikte schlagartig zurück, ohne daß der Umgang mit ihnen in den letzen Generationen geübt worden wäre. Die Zivilisation ist gefährdet, weil - mit Elias Begriffen - die instrumentelle Zivilisation der äußeren Natur, die institutionelle Zivilisation der gesellschaftlichen Verhältnisse und Abhängigkeiten und die psychische Zivilisierung der inneren Natur nicht im Wechselspiel zueinander und aus einem kollektiven Lern- und Reflexionsprozeß vorangeschritten sind. Im Staatssozialismus erfolgte die Zivilisierung durch äußeren Zwang, sie war fremdzwangdominiert. „In allen Gesellschaften, die über den Kernprozeß mit seinem Zentralstück, der Bildung stabiler staatlicher Gewaltmonopole, nicht hinausgelangen, folgt die Verhaltenszivilisierung einem fremdzwangdominierten Muster" (Engler 1992: 42). Wirtschaftliche, politische und kulturelle Modernisierung bedingen sich jedoch wechselseitig. Wenn die subjektive Modernisierung ausbleibt, wird auch die objektive scheitern. Es ist eine nachholende reflexive Zivilisierung notwendig, die aus positiver Erfahrung hervorgeht (nicht aus Zwang), die zu einer akzeptierten Balance von Selbstbestimmung und Selbstzwang gelangt. „Es wird zweier, vielleicht dreier Generationen bedürfen, ehe sich die Lücke ... schließt" (Engler 1992: 48).[45]

Strukturwandel, Institutionen und Lebensverlauf

Die exemplarische Studie zu sozialem Wandel und Lebensverlauf im Transformationsprozeß kommt vom Max-Planck-Institut für Bildungsforschung in Berlin (Huinink/Mayer 1995; Diewald/Mayer 1996). Die Berliner Lebensverlaufsstudie hatte für Westdeutschland bereits die Lebensverläufe der Kohorten 1929/31 bis 1959/61 im Zehnjahresabstand erhoben, ehe infolge der Wiedervereinigung auch eine Erhebung der gleichen Kohorten in der ostdeutschen Bevölkerung möglich wurde. Diese Kohorten haben alle entscheidenden historischen Perioden der DDR durchlaufen, den Zeitraum der Wende und die nachfolgenden Jahre. Da die gleichen Kohorten in Ost und West befragt wurden, sind gesamtdeutsche Vergleiche möglich.[46]

---

45 In einem späteren Band erweitert Engler diese von Elias Zivilisationstheorie (aber auch durch Parsons und Luhmann) angeregten Überlegungen auf die westlichen Gesellschaften (Engler 1995). Die Balance zwischen Ich und Wir ist kein spezifisches Problem der Transformation, sie ist auch im Westen ungelöst. Denn jede der vielen Freisetzungen hat Gemeinschaftsverluste verursacht. Wie eine Sphäre privater Verhältnisse aussehen könnte, die weder dem Staat (Ost) noch dem Markt (West) ihr Dasein verdankt, dafür gibt es keine Erfahrung. „Ob am Ende ... die 'Verwestlichung des Ostens' oder ihr allseits befürchtetes Gegenteil steht oder, wenn keins von beiden, ... die welthistorische Abdankung des 'okzidentalen Rationalismus' zugunsten anderer Ismen, weiß derzeit niemand zu sagen" (Engler 1995: 8). Vgl. auch Engler 1977. Zu den psychosozialen Kosten der deutschen Einheit, theoretisch anders argumentierend, auch Schmitz (1995).

46 Wenngleich hier eine gewisse Einschränkung zu machen ist, die mit der institutionellen Unterschiedlichkeit der zu vergleichenden Gesellschaften an Gewicht gewinnt: „Whereas within-country modeling of single life transitions is by now well established, especially since the use of event-history-analysis, their embeddedness in in-

Die Erhebung von Lebensverläufen in der DDR gibt Auskunft über Ausbildungs- und Erwerbsverläufe, Familienphasen und Nutzung der Sozialpolitik, Gleichstellungsprozesse zwischen den Geschlechtern, soziale Netzwerke und soziale Ungleichheiten, die staatliche Dienstklasse (Huinink/Mayer 1995). Da Lebensverlaufsstudien individuelle Verläufe als Indikatoren für sozialstrukturelle und institutionelle Prozesse sozialen Wandels nutzen, ermöglichen sie einen vielfältigen Einblick in die Wechselbeziehungen zwischen Mikro- und Makroebene. Sichtbar werden die Abschaffung und die Neubildung von Positionen, die Änderung der Ressourcenzuweisung an Positionen, die Änderung von Allokationskriterien und die Zuweisung von Personen an Positionen.

Hat es eine schlichte Übernahme der Differenzierungen sozialer Ungleichheit der alten Bundesrepublik in den neuen Bundesländern gegeben? Wie steht es um Statuserhalt und Qualifikationsbewertungen? Gibt es eine Geschlechterdiskriminierung, gezielte Alters- und Kohortenpolitik? Wie steht es um den Verbleib der alten Kader? Die Studie beantwortet diese und andere Fragen anhand der individuellen Lebensverläufe. Die gravierendste Beobachtung ist die Schrumpfung des Arbeitsmarktes, die insbesondere für ältere Kohorten zum Ausscheiden führte und für Frauen zur Angleichung der Erwerbsquote an die westliche Größenordnung. Auch gering Qualifizierte sind stark vom Strukturwandel des Arbeitsmarktes betroffen, weniger hingegen Hochschulabsolventen, jüngere Kohorten, professionelle und stark verberuflichte Tätigkeiten, wenngleich in vielen Fällen dem Zugang zu einer neuen, adäquaten Position Arbeitslosigkeit und Berufswechsel vorausgingen. Insbesondere der staatliche Sektor erweist sich als relativ gut geschützt. Dieses kam besonders den zu hohen Anteilen dort beschäftigten Frauen zugute. Insgesamt zeigt sich neben der allgemeinen starken Anhebung des Lebensstandards eine erstaunlich hohe Kontinuität gerade bei Personen, die sich schon zu Zeiten der DDR in den besseren Positionen befanden. Soziale Ungleichheiten haben sich durch den Zusammenbruch der DDR und die Transformation zwar verstärkt, jedoch weniger als erwartet. Massenhafte Dequalifizierungen haben sich unter jenen, die im Erwerbsleben verblieben, nicht ergeben: Aufstiege und Abstiege halten sich in etwa die Waage.

„Zumindest für den Arbeitsmarkt zeichnet sich mehr als deutlich ab, daß die Probleme des Arbeitskräfteüberangebots genau wie im Westen behandelt werden: durch Aufschub des Erwerbszugangs für Jüngere, durch Verdrängung der Älteren und z.T. der Frauen, durch Kompensation aus dem sozialen Sicherungssystem, durch geschützte Löhne der Arbeitsplatzbesitzer, d.h. nicht durch mehr, sondern durch weniger Markt" (Mayer 1996: 344).

---

stitutional contexts is not well-understood" (Mayer 1997: 203). Zum Vergleich mit der Situation in der DDR auch Solga 1995.

Kinder der Wende

Eine andere Forschungsgruppe, die Transformationsforschung als Lebensverlaufsforschung betreibt, ist das Projekt „Berufsverläufe im Transformationsprozeß" des Sonderforschungsbereichs 186 an der Universität Bremen.[47] In dieser
Untersuchung werden die Berufsverläufe der Kinder der Wendezeit verfolgt.
Die Beobachtung richtet sich auf erfolgreiche und erfolglose Berufsverläufe
von Absolventen des dualen Systems und der Hochschulen, die in den Jahren
1985, 1990 und 1995 ihre Bildungseinrichtungen verließen. Wir haben es hier
mit drei unterschiedlichen Kohorten zu tun, die man als Vertreter der jungen
Generation der Wendezeit oder als Vertreter dreier Generationen der Wendezeit
ansehen kann.[48] Die erste Generation wurde noch unter den Bedingungen der
DDR ausgebildet und mündete noch nach deren Berufslenkungssystem in die
ersten Beschäftigungsverhältnisse ihrer Berufslaufbahn ein. Die zweite Generation erhielt ebenfalls noch ihre Bildung und Ausbildung im Bildungswesen
der DDR, mußte aber bereits mit den beginnenden dramatischen Brüchen des
Beschäftigungssektors zurechtkommen, mit umfassenden Anpassungen der
Sektoren, der Branchen und der Relation von Angebot und Nachfrage. Die
letzte Generation erhielt bereits den Abschluß ihrer Bildungs- und Ausbil-
dungszeit unter den neuen, gesamtdeutschen Verhältnissen, und sie mündete in
einen sich wieder stabilisierenden, aber geschrumpften Arbeitsmarkt ein.

Eine der interessanten Fragen, die hier zu stellen ist, richtet sich auf Unterschiede und Ursachen von Erfolg und Mißerfolg der Berufsverläufe dieser drei
Kohorten. Wie weit sind die beruflichen Wechselprozesse bei allen drei Generationen allein durch den dramatischen sozialen Wandel der plötzlichen Transformation verursacht? Wie weit hängen sie vom jeweiligen Lebensalter ab, in
dem sich die drei Kohorten zur Zeit der Wende jeweils befanden? Oder ist der
Haupteffekt kohortenspezifisch, zu erklären aus den unterschiedlichen Soziali-
sationsprozessen, Kompetenzen, Biographien und Lebenserfahrungen der drei
Generationen, die im Allokationsprozeß des Arbeitsmarktes dadurch zur Geltung kommen, daß der neue Optionsspielraum in unterschiedlicher Weise genutzt oder nicht genutzt wird?

Insgesamt ist zu verzeichnen, daß die Kinder der Wende umso besser mit den
neuen Verhältnissen zurechtkommen, je später ihre Kohorte in den Arbeitsmarkt eintritt. Noch wichtiger ist das erreichte Qualifikationsniveau der Bildung und Ausbildung für die Bewältigung der Transformation des Arbeitsmarktes. Und schließlich zeigt sich, daß die Berufsförmigkeit der Ausbildung

---

47 Mitglieder der Forschergruppe sind Rasztar, Sackmann, Struck, Weymann, Wingens.
  Vgl. dazu Weymann 1998; Weymann/Heinz 1996; Sackmann u.a. 1996; Struck-Möbbeck u.a. 1996; Rasztar u.a. 1996; Sackmann 1998; Rasztar 1997; Sackmann/Win-
  gens 1996; Sackmann/Rasztar 1998.
48 Zu Generationen als ihrer selbst bewußte und gesellschaftlich anerkannte Kohorten
  vgl. Sackmann/Weymann 1994 sowie die Kritik von Ryder 1965. Es ist bislang noch
  offen, ob sich eine Generation der Wende herausbilden wird, eine 89er Generation
  als Pendant zur 68er Generation.

und der Arbeit einen dritten entscheidenden Faktor bildet. Bei allen Änderungen in der Größenordnung der Wirtschaftssektoren durch die Transformation, bei allen Unterschieden zwischen schrumpfenden und expandierenden Branchen ist die für Deutschland typische Berufsform der Arbeit eine sehr einflußreiche Größe. Die Berufsform der Arbeit ist eine ost-westdeutsche Gemeinsamkeit trotz der Jahrzehnte strikter Trennung geblieben. Sie hat die Berufsverläufe in der Transformation stabilisiert. Die Beruflichkeit der Arbeit blieb erhalten und schaffte Kontinuität in der Passung zwischen Bildung und Beruf ebenso wie auch beim Wechsel des Arbeitsplatzes oder Betriebes.

Allerdings ist der Preis für den stabilisierenden Effekt eines von Berufen geprägten Arbeitsmarktes, daß alle jene Personen ausgeschlossen sind, die entweder über keine Berufsausbildung verfügen oder die aus den berufsförmigen Beschäftigungsverhältnissen durch Betriebsschließungen und Arbeitslosigkeit herausgefallen sind. Der schon Max Weber bekannte Schließungsmechanismus des Berufes schützt also die in ihm Tätigen wirksam, hält jedoch auch die nicht Zugehörigen ebenso wirksam außerhalb der Wettbewerbsmöglichkeit (Weymann 1998).

6. Die utilitaristische Gesellschaft und die Idee des Fortschritts

„...und es geschieht nichts Neues unter der Sonne"
(Salomon)[1]

„Alles fließt und nichts bleibt wie es ist" lautete die Beobachtung des Vorsokratikers Heraklit angesichts des ewigen Werdens und Vergehens der Welt. Auch die Theorien des sozialen Wandels sind sich in der Beobachtung einer großen sozialen Dynamik einig.

Die Sozialwissenschaften stellen dabei den Anspruch, den beobachteten sozialen Wandel richtig zu beschreiben und wissenschaftlich zutreffend zu erklären. Häufig formulieren sie darüber hinaus allgemeine Regeln für die vernünftige Gestaltung des sozialen Wandels in einer säkularisierten Welt ohne Religion, in der der Mensch zwar nicht mehr im Bunde mit Gott steht, dafür aber zum Herren der Geschichte wurde oder es zumindest werden könnte und sollte.

Zwei unterschiedliche Grundtypen von Theorien lassen sich in den großen Traditionen der Theorien sozialen Wandels und in ihren zahlreichen Varianten ausmachen. Es gibt einerseits utilitaristisch geleitete, an individuellen Interessen orientierte, von der Ökonomie und der Privatsphäre beeinflußte, situativ optimierende Theorien sozialen Wandels, und es lassen sich andererseits fortschrittsgeleitete, an kollektiven Normen orientierte, von der Politik und der öffentlichen Sphäre beeinflußte, historisch weltverbessernde Theorien ausmachen.

Vor allem die Soziologie als Fachdisziplin im engeren Sinne ist ein Kind der zweiten Tradition, des Fortschrittsgedankens des 19. Jahrhunderts, der Aufklärung, der politischen und der industriellen Revolution sowie der sozialen Frage. An dieser historischen Dynamik moderner Gesellschaften hat sie ihr zustimmendes Verständnis vom Fortschritt ebenso wie auch ihre kritischen Alternativen anderer Fortschrittsideale gewonnen. Am Typus moderner Gesellschaften und ihrer Entwicklungskonflikte hat sie ihre Objekte gefunden, ihre Erkenntnisinteressen definiert, Begriffe und Theorien entfaltet, das Instrumentarium der empirischen Forschung entwickelt. Der Fortschrittsgedanke des 19. Jahrhunderts wirkt immer noch bis in die Gegenwart der Modernisierungstheorie, der kritischen Theorie, der Soziologie sozialer Probleme und sozialer Bewegungen hinein.[2]

---

1 Die Bibel: Der Prediger Salomo, 1(9).
2 Dieses Erbe kann sich auch als eine Last erweisen, die das Fach in fataler Weise an das 19. Jahrhundert bindet (Weymann 1989b).

In dieser Perspektive läßt sich der soziale Wandel als ein Wechselspiel zwischen den Kräften des Fortschritts und des Rückschritts, zwischen Progression und Reaktion sehen. Zumindest bis 1989 hat dieses Weltbild nicht nur die Sozialwissenschaften und insbesondere die Soziologie, sondern auch die praktische Politik in sehr starkem Maße bestimmt. Aber nichts spricht dafür, daß seither wirklich endgültig das „Ende der Illusion" (Furet 1995) oder gar das „Ende der Geschichte" (Fukuyama 1992) gekommen ist. Im Wechselspiel zwischen Progression und Reaktion hat die Soziologie ganz überwiegend die Rolle der Anwältin des Fortschritts, der sozialen Probleme und der sozialen Bewegungen übernommen. Hirschman formuliert es so: Die Progressiven neigen dazu, die Gesellschaft nach ihren Vorstellungen umzugestalten, wobei es für sie außer Frage steht, daß sie auch fähig sind, den Lauf der Dinge wirksam und vernünftig zu steuern. Sie lieben die große Theorie und den großen Wurf des Szenarios, verachten eher das Bestehende und die Kleinarbeit am Detail.[3]

Seit 1989 ist zwar nicht das Ende der Illusion oder gar der Geschichte zu vermelden, wohl aber scheint es eine Tendenz zu geben, das dialektische Verhältnis von Progression und Reaktion, im 20. Jahrhundert exemplarisch im Konflikt zwischen Kommunismus und Sozialismus, Faschismus und Imperialismus exekutiert, aufzugeben. Das Weltbild wird differenzierter, subtiler und unübersichtlicher.[4] Die alten ideologischen Fronten der Geschichtsphilosophie des 19. Jahrhunderts verlieren ihren dominanten Einfluß. Statt dessen drängen sich andere Phänomene in den Vordergrund, die jedoch bei aller Aktualität historisch ebenfalls bekannt wirken: Es ist das Bild des Zerfalls einer vertrauten Welt, vertrauter Kollektive und Tradition - wie zu Beginn der Neuzeit. Nur geht es heute nicht um den Verlust der gottgewollten feudalen Gesellschaftsordnung und um die vertraute religiöse, katholische Tradition, sondern um das dem Menschen der Gegenwart vertraute moderne Regime der souveränen Nationalstaaten mit ihrem nationalen und europäisch-humanistischen Kulturverständnis, ihrer Volkswirtschaft oder Nationalökonomie, ihren liberalen Verfassungen und rechtsstaatlichen Regeln. Wie im Umbruch vom Mittelalter zur Neuzeit steht ein grundlegender Wandel der tradierten Ordnungsprinzipien und eine Neuordnung an, die diesmal nicht nur die Gesellschaften Europas ergreift, sondern die Weltgesellschaft insgesamt.

Das populärste Schlüsselwort zur Beschreibung dieses grundlegenden Wandels lautet gegenwärtig Globalisierung.[5] Mit Globalisierung ist vor allem zweierlei gemeint: einmal die Beschleunigung und vollständige Durchsetzung des - im Prinzip schon bei Adam Smith und Karl Marx beschriebenen - weltweiten Marktes von Kapital, Arbeit und Information, sowie zum anderen die Verallgemeinerung des utilitaristischen Prinzips im Verkehr der Menschen untereinander, in Gemeinschaft, Gesellschaft und Kultur. Die Globalisierung hat Folgen

---

3 Die Progressiven „triefen nach wie vor von Ernst. Meist lag ihre Stärke in der moralischen Entrüstung und ihre Schwäche in der Ironie" (Hirschman 1995).
4 Schon vor 1989 zur neuen Unübersichtlichkeit Habermas 1985b.
5 Anregend dazu z.B. die Debatten im Heft 9/10 (1997) des Merkur.

für die Regeln der Solidarität in der Politik, die traditionell von der Unterscheidung zwischen Freund und Feind lebt, von klarer Inklusion und Exklusion, wobei sich seit dem 19. Jahrhundert als Organisationsebene schrittweise der Nationalstaat durchgesetzt hat. Läßt sich ein weltweit siegreicher Kapitalismus politisch ebenso zügeln wie ein nationalstaatlich organisierter? Oder ist er das Schicksal der Nationalstaaten und der nationalstaatlichen Politik? Kann die Radikalisierung der Demokratie und die Revitalisierung bzw. das Neuaufkommen immer neuer kollektiver Akteure Abhilfe schaffen (Dubiel 1997)? Brauchen wir einen geschärfteren Sinn für die Grenzen der Freiheit? Muß den sozialphilosophischen Konzepten, wie sie idealtypisch Popper und Hayek repräsentieren, ein Riegel vorgeschoben werden (Müller 1997)? Ist die Balance zwischen Wohlstand, Solidarität und Freiheit, die die modernen Nationalstaaten in unterschiedlichen Figurationen mehr oder weniger erfolgreich boten, zu erhalten? Was wird aus dem Wohlfahrtsstaat, aus der sozial bindenden Kraft der gesellschaftlichen Teilung der Arbeit, aus dem Finanzaufkommen des Steuerstaates? Wird es eine autoritäre Antwort auf die Folgen der Globalisierung nach der Periode liberaler und utilitaristischer Freiheiten geben? „Wettbewerbsfähigkeit und soziale Solidarität sind schwer genug zu erreichen. Es gibt daher die große Versuchung des Autoritarismus, für mein Gefühl die schlimmste Versuchung in den freien Ländern der Welt, ja in allen Ländern der Welt" (Dahrendorf 1997).

In solchen Diskussionen wird die alte Frage der Sozialwissenschaften wieder aufgeworfen, was eigentlich moderne Gesellschaften zusammenhält, welche dynamischen Kräfte und welche Akteure sie antreiben, und was das Ziel des Wandels ist.[6]

Auf den ersten Blick scheint sich der Typus der utilitaristischen Gesellschaft über antagonistische Kooperation auf dem Markt und über gesellschaftsvertragliche Regelungen auf Kosten der älteren, normativ kollektiv geregelten Gemeinschaften und Lebenswelten durchzusetzen. Dies ist die Sicht der frühen Gesellschaftswissenschaften zu Beginn der Neuzeit (Hobbes, Locke, Hume, Smith) ebenso wie die Analyse der rational choice Theorie und der von der Ökonomie her beeinflußten Theorien von Institutionen und kollektivem Handeln oder der figurativen Zivilisationstheorie. Auf den zweiten Blick ist nicht zu übersehen, daß diesem Typus immer wieder die Restitution normativ kollektiv geprägter Gemeinschaften im Wechselspiel gefolgt ist: religiöse Erneuerungsbewegungen ebenso wie autoritäre Regime, Kommunismus und Faschis-

---

6 Dazu nochmals einige, teilweise schon angeführte Literatur. Fortschrittsvorstellungen enthalten Alexander/Sztompka 1990 und Beck/Lash/Giddens 1996; einen guten Überblick über unterschiedliche Konzepte von der Zukunft sozialen Wandels geben die Monographien von Loo/Reijen 1992, Sztompka 1993, Hamm 1996 und die Sammelbände von Berger 1986, Haferkamp/Smelser 1992 und Müller/Schmid 1995. Ein Klassiker der Sozialphilosophie der offenen Gesellschaft ist Popper 1957/58, ein liberalistisches Hohelied enthält Hayek 1991; eine Apokalypse des Liberalismus hingegen malt der populärwissenschaftlich geschriebene Band von Bork 1996 aus. Sehr eigenwillig zum „krassen sozialen Wandel" der Katastrophensoziologie Clausen 1994.

mus. Die Wiedervergemeinschaftung ist eine Reaktion auf die Verlierersituation im Wettbewerb, auf Anomie, Perspektiv- und Hoffnungslosigkeit oder schlicht auf die Unerträglichkeit einer als kontingent und unerklärt erfahrenen menschlichen Existenz, mit der ein ausreichend großer Teil der Bevölkerung im Zuge der Modernisierung nicht fertig wird.

Das Spannungsverhältnis zwischen utilitaristischen versus normativen Gesellschaftstheorien und gesellschaftspolitischen Konzepten, in denen die Formen des gesellschaftlichen Verkehrs und ihre alltägliche Deutung unterschiedlich geregelt sind, wird anhalten. Frühe Sozialwissenschaftler wie heutige Utilitaristen und Liberale sehen eher eine klare historische Tendenz in Richtung auf eine liberale Gesellschaft mit in antagonistischer Kooperation und über Vertrag verbundenen Individuen. Demokratie und Handel sind die pazifierten Nachfolger des Krieges und Bürgerkrieges in modernen, posttraditionalen Gesellschaften. Diese Gesellschaftsordnung ist und bleibt aber fragil. Sie ruht nicht zuletzt auf positiven Erfahrungen mit evolutiver politischer und wirtschaftlicher Kooperation, mit Massenkonsum, Wohlfahrt, sozialer Sicherheit, moderner Wissenschaft, Technik und Kommunikation. Sie nimmt ein gewisses Maß an sozialer Ungleichheit, Spaltungen, Enttraditionalisierung, Kolonialisierung der Lebenswelt und Anomie als unabwendbaren Preis hin. Der Fortschritt ist ein Prozeß konflikthafter Innovation in antagonistischer, aber zivilisierter Detailarbeit.

Ganz anders sah die Fortschrittsidee prägender Sozialwissenschaftler des 19. Jahrhunderts aus, die noch eine klare Vorstellung von dynamischen Kräften, Akteuren und Zielführungen hatten, wie vor allem Comte und Marx. Typischer für einen großen Teil der Soziologie ist jedoch das ambivalent kritische Verhältnis zum Fortschritt sozialen Wandels als Modernisierung. So sah Durkheim in der gesellschaftlichen Teilung der Arbeit zwar wirtschaftliche und rechtliche Gewinne, sorgte sich aber um die anomischen Folgen der Säkularisierung und Individualisierung.[7] Besonders anschaulich sind die ambivalenten Wirkungen der sich auflösenden kollektiven Gemeinschaften und kollektiven Bewußtseinslagen in Simmels Philosophie des Geldes beschrieben, in der er in der Vergeldlichung der gesellschaftlichen Beziehungen die Grundlage nicht nur einer neuen Vielfalt von gesellschaftlichen Verflechtungen und der individuellen Freiheit sieht, sondern zugleich auch die Ursache von Nivellierung, Einsamkeit und Gleichgültigkeit. Auch bei Weber sind die ambivalenten Wirkungen der okzidentalen Rationalität ein auffallendes Element der Theorie.

Die Frage ist, ob sich heute auf der Ebene der Weltgesellschaft ein ähnlicher Prozeß der Modernisierung mit den bekannten Dynamiken, Akteuren, Problemen und Teillösungen wiederholt, wie wir ihn aus der europäischen Neuzeit kennen, oder ob es zu gänzlich neuen Evolutionsdynamiken des sozialen Wan-

---

7 Zur Kritik utilitaristischer Elemente bei Durkheim aus der Position der Systemtheorie bzw. der Diskurstheorie heraus siehe Luhmann (1977: 17-35) und Habermas (1981: 171-181).

dels kommt. Zu beobachten ist, daß sich das spannungsreiche Wechselspiel zwischen ökonomischer Entgrenzung politischer Ordnungen und politischen Wiedereingrenzungsversuchen fortsetzt. Wieder finden sich Auflösungen kollektiver Gemeinschaften und religiös geprägter Kulturen. Wachsende Wohlfahrtsproduktion und Freiheitsgewinne stehen neben Entsolidarisierungen alter Gemeinschaften und moderner Sozialsysteme, Individualisierungsgewinne gehen mit Orientierungsverlusten und Anomie einher. Neue Formen internationaler und supranationaler Regime einerseits, Zerlegungen von Nationalstaaten andererseits sind Reaktionen auf eine internationale Weltwirtschaft, auf weltumspannende Informations-, Kommunikations- und Verkehrsnetze, auf neue internationale Zentren, die die Dominanz des Nationalstaates als gesellschaftlicher Ordnungsform einschränken (Hobsbawm 1996).

Gibt es nichts Neues unter der Sonne - oder fließt alles und nichts bleibt wie es ist?

Weder die eine noch die andere Weisheit ist eine gute Beschreibung sozialen Wandels. Tatsächlich sind Wandel und Kontinuität zwei Seiten derselben Münze in einem von den Sozialwissenschaften sorgfältig zu beobachtenden und zu erforschenden Prozeß.

Literatur

Adorno, Theodor W. 1963: Eingriffe. Neun praktische Modelle. Frankfurt: Suhrkamp

Adorno, Theodor W. u.a. 1969: Der Positivismusstreit in der deutschen Soziologie, Neuwied/Berlin: Luchterhand

Adorno, Theodor W. 1970: Erziehung zur Mündigkeit. Frankfurt: Suhrkamp

Adorno, Theodor W./Bettelheim, Bruno u.a. 1968: Der autoritäre Charakter (2 Bände). Amsterdam

Alexander, Jeffrey C. 1990: Between progress and apocalypse: social theory and the dream of reason in the twentieth century. In: Alexander, Jeffrey C./Sztompka, Piotr 1990: Rethinking Progress. Movements, Forces, and Ideas at the End of the 20th Century. Boston: Unwin Hyman, 15-38

Alexander, Jeffrey C./Sztompka, Piotr 1990: Rethinking Progress. Movements, Forces, and Ideas at the End of the 20th Century. Boston: Unwin Hyman

Alheit, Peter 1994: Zivile Kultur. Verlust und Wiederaneignung der Moderne. Frankfurt/New York: Campus

Alheit, Peter u.a. 1998: Gebrochene Modernisierung. Der langsame Wandel des proletarischen Milieus. Bremen: Donat

Almond, Gabriel A. 1969: Politische Systeme und politischer Wandel. In: Zapf, Wolfgang 1969: Theorien sozialen Wandels. Köln/Berlin: Kiepenheuer & Witsch, 211-227

Almond, Gabriel A./Powell, G. B. 1966: Comparative Politics. Boston: Little & Brown

Anderson, Nels 1923: The Hobo, Chicago und London: Chicago University Press

Appelbaum, Richard P. 1970: Theories of Social Change. Chicago: Rand McNally

Arbeitsgruppe Bielefelder Soziologen 1980 (5. Aufl. 1981): Alltagswissen, Interaktion und gesellschaftliche Wirklichkeit. Opladen: Westdeutscher Verlag

Aries, Philippe 1975: Geschichte der Kindheit. München: Hanser

Axelrod, Robert 1987: Die Evolution der Kooperation. München: Oldenbourg (Engl. 1984: The Evolution of Cooperation. New York: Basic Books)

Baltes, Paul 1979: Entwicklungspsychologie der Lebensspanne. Stuttgart: Klett-Cotta

Baltes, Paul/Mayer, Karl Ulrich 1996: Die Berliner Altenstudie. Berlin: Akademieverlag

Bauman, Zygmund 1994 (2. Aufl.): Dialektik der Ordnung. Die Moderne und der Holocaust. Hamburg: Europäische Verlagsanstalt

Baumann, Bedrich 1967: George H. Mead and Luigi Pirandello: Some Parallels between the Theoretical and Artistic Presentation of the Social Role Concepts. In: Social Research (34), 399-415

Beck, Ulrich 1986: Risikogesellschaft. Frankfurt: Suhrkamp

Beck, Ulrich 1988: Gegengifte. Die organisierte Unverantwortlichkeit. Frankfurt: Suhrkamp

Beck, Ulrich 1993: Die Erfindung des Politischen. Frankfurt: Suhrkamp

Beck, Ulrich/Giddens, Anthony/Lasch, Scott 1996: Reflexive Modernisierung. Eine Kontroverse. Frankfurt: Suhrkamp (engl. Ausgabe Cambridge 1994: Polity Press)

Becker, Gary S. 1965: A Theory of the Allocation of Time. In: Economic Journal (75), 493-517

Becker, Gary S. 1981: A Treatise on the Family. Cambridge, Mass: Harvard University Press

Becker, Gary S. 1982: Ökonomische Erklärung menschlichen Verhaltens. Tübingen: J. C. B. Mohr (Paul Siebeck) (Orig. 1976: The Economic Approach to Human Behavior. Chicago: The Univ. of Chicago Press)

Becker, Howard S. 1981: Außenseiter. Zur Soziologie abweichenden Verhaltens. Frankfurt (Orig.: Outsiders. Studies in the Sociology of Deviance. New York 1963: The Free Press of Glencoe)

Becker, Henk A./Hermkens, Piet L. J. 1993a: Generations between market and solidarity. In: Becker, Henk A./Hermkens, P. L. J.: Demographic, Economic and Social Change and its Consequences. Amsterdam, 17-46

Becker, Henk A./Hermkens, Piet L. J. 1993b: Demographic, Economic and Social Change and its Consequences. 2 volumes. Amsterdam: Thesis

Becker, Jens 1996: What is sociological about economic sociology? Uncertainty and the embeddedness of economic action. In: Theory and Society (25), 803-840

Bell, Daniel 1975: Die nachindustrielle Gesellschaft. Frankfurt/New York: Campus

Bellah, Robert N./Madsen, R./Sullivan, W. M./Swidler, A./Tipton, St. M. 1985: Habits of the Heart. Individualism and Commitment in American Life. Berkeley/Los Angeles/London: Univ. of California Press

Bellah, Robert N./Madsen, R./Sullivan, W. M./Swidler, A./Tipton, St. M. 1987: Individualism and Commitment in American Life. Readings on the Themes of Habits of the Heart. New York et al.: Harper & Row

Bendix, Reinhard 1964: Max Weber. Das Werk. Darstellung - Analyse - Ergebnisse. München 1994: Pieper (Engl. 1960: Max Weber. An Intellectual Portrait. Garden City, New York: Doubleday)

Bendix, Reinhard 1965: Die vergleichende Analyse historischer Wandlungen. In: Kölner Zeitschrift für Soziologie und Sozialpsychologie (17), 429-446 (Nachdruck in Zapf 1969: Zapf, Wolfgang 1969: Theorien sozialen Wandels. Köln/Berlin: Kiepenheuer & Witsch, 177-187

Bendix, Reinhard 1969: Nationbuilding and Citizenship. Studies of our Changing Social Order. New York: Anchor Books

Berger, Johannes 1986: Die Moderne - Kontinuitäten und Zäsuren. Göttingen: Schwartz (Sonderband 4 der Sozialen Welt)

Berger, Peter A./Hradil, Stefan 1990: Lebenslagen, Lebensläufe, Lebensstile. Göttingen: Schwartz (Sonderband 7 der Sozialen Welt)

Berger, Peter L. 1994: Sehnsucht nach Sinn. Glauben in einer Zeit der Leichtgläubigkeit. Frankfurt/New York: Campus

Berger, Peter L./Luckmann, Thomas 1969: Die gesellschaftliche Konstruktion der Wirklichkeit. Eine Theorie der Wissenssoziologie. Frankfurt: Fischer (engl. 1966: The Social Construction of Reality. Garden City, New York: Doubleday)

Berger, Peter L./Berger, Brigitte/Kellner, Hansfried 1987: Das Unbehagen in der Modernität. Frankfurt/New York: Campus

Bertaux, Daniel 1981: Biography and Society. The Life History Apporach in the Social Sciences. Beverly Hills/London: Sage

Bertram, Hans 1987: Jugend heute. Die Einstellung der Jugend zu Familie, Beruf und Gesellschaft. München: C. H. Beck

Bertram, Hans 1995: Ostdeutschland im Wandel: Lebensverhältnisse - politische Einstellungen. Opladen: Leske + Budrich

Bertram, Hans/Bayer, Hiltrud/Bauereiß, Renate 1993: Familien-Atlas: Lebenslagen und Regionen in Deutschland. Opladen: Leske + Budrich

Beyme, Klaus v. 1993: Die politische Klasse im Parteienstaat. Frankfurt: Suhrkamp

Bibel. Altes und Neues Testament. Naumann & Göbel

Bloom, Allan 1987: The Closing of the American Mind. New York: Simon and Schuster

Blossfeld, Hans-Peter 1989: Kohortendifferenzierung und Karriereprozeß. Eine Längsschnittstudie über die Veränderung der Bildungs- und Berufschancen im Lebenslauf. Frankfurt/New York: Campus

Blossfeld, Hans-Peter/Hamerle, Alfred/Mayer, Karl Ulrich 1989: Event History Analysis. Statistical Theory and Application in the Social Sciences. Hillsdale, N. J., Hove and London: Erlbaum

Blumer, Herbert 1938: Social Psychology. In: Schmidt E. (ed.), Man and Society. New York, 144-198

Blumer, Herbert 1939: An Appraisal of Thomas and Znaniecki's Polish Peasant in Europe and America. New York: Social Science Research Council

Blumer, Herbert 1969: Symbolic Interactionism. Perspective and Method. Englewood Cliffs/New Jersey

Blumer, Herbert 1981: Der methodologische Standort des Symbolischen Interaktionismus. In: Arbeitsgruppe Bielefelder Soziologen, 80-146

Böhm, Winfried 1985: Theorie und Praxis. Eine Erörterung des pädagogischen Grundproblems. Würzburg

Bonß, Wolfgang 1994: Die Erfindung des Risikos - Unsicherheit und Ungewißheit in der Moderne. Bremen/Hamburg: Habilitationsmanuskript

Bork, Robert H. 1996: Slouching towards Gomorrah. Modern Liberalism and American Decline. New York: HarperCollins (ReganBooks)

Bornschier, Volker 1988: Westliche Gesellschaften im Wandel. Frankfurt/New York: Campus

Boudon, Raymond 1986: Theories of Social Change. A Critical Appraisal. Berkeley and Los Angeles: University of California Press

Bourdieu, Pierre 1970: Zur Soziologie der symbolischen Formen. Frankfurt: Suhrkamp

Bourdieu, Pierre 1982: Die feinen Unterschiede. Kritik der gesellschaftlichen Urteilskraft. Frankfurt: Suhrkamp

Bourdieu, Pierre 1985: Sozialer Raum und 'Klassen'. Leçon sur la leçon. Zwei Vorlesungen. Frankfurt: Suhrkamp

Bourdieu, Pierre 1988: Homo academicus. Frankfurt: Suhrkamp

Brouwer, Steve/Gifford, Paul/Rose, Susan D. 1996: Exporting the American Gospel: Global Christian Fundamentalism. New York and London: Routledge

Brussig, Thomas 1995: Helden wie wir. Berlin: Verlag Volk und Welt

Bude, Heinz 1997: Die „Wir-Schicht" der Generation. In: Berliner Journal für Soziologie (2), 197-204

Bude, Heinz/Kohli, Martin 1989: Radikalisierte Aufklärung. Studentenbewegung und Soziologie in Berlin 1965-1970. Weinheim und München

Bulmer, Martin 1984: The Chicago School of Sociology. Institutionalization, Diversity, and the Rise of Sociological Research. Chicago and London: University of Chicago Press

Calhoun, Craig/Light, Donald/Keller, Suzanne 1994: Sociology. New York et al.: McGraw-Hill

Calvez, Jean-Yves 1964: Karl Marx. Darstellung und Kritik seines Denkens. Olten und Freiburg: Walter-Verlag

Charon, Joel M. 1979: Symbolic Interactionism. An Introduction, an Interpretation, an Integration. London et al.

Cicourel, Aaron V. 1970: Methode und Messung in der Soziologie. Frankfurt (Orig.: Method and Measurement in Sociology. New York 1964: The Free Press of Glencoe)

Clausen, Lars 1994: Krasser sozialer Wandel. Opladen: Leske + Budrich

Coleman, James S. 1986: Die asymetrische Gesellschaft. Vom Aufwachsen mit unpersönlichen Systemen. Weinheim/Basel: Beltz (engl. 1982: The Asymmetric Society. Syracuse: Syracuse Univ. Press)

Coleman, James S. 1990: Foundations of Social Theory. Cambridge, Mass./ London: Harvard University Press

Coleman, James S. 1991: Grundlagen der Sozialtheorie, Band 1: München 1991; Band 2: München 1992, Band 3: München 1994

Coleman, James S. 1996: Bringing New Generations into the New Social Structure. In: Weymann, A./Heinz, W. R.: Society and Biography. Interrelationships between Social Structure, Institutions and the Life Course. Weinheim: Deutscher Studien Verlag, 175-190

Collins, Randall 1995: Bashing the Germans. In: Zeitschrift für Soziologie (24), 3-21

Comte, Auguste 1974: Die Soziologie. Die positive Philosophie im Auszug. Stuttgart: Alfred Kröner

Courtois, Stéphane 1998: Das Schwarzbuch des Kommunismus. München: Piper

Cressey, Paul G. 1968: The Taxi Dance Hall. A Sociological Study in Commercialized Recreation and City Life. New York (Orig. Chicago 1932): Greenwood Press

Dahrendorf, Ralf 1967: Pfade aus Utopia. Arbeiten zur Theorie und Methode der Soziologie. München: R. Piper & Co.

Dahrendorf, Ralf 1979: Lebenschancen. Anläufe zur sozialen und politischen Theorie. Frankfurt: Suhrkamp

Dahrendorf, Ralf 1990: Betrachtungen über die Revolution in Europa. Stuttgart

Dahrendorf, Ralf 1992: Der moderne soziale Konflikt. Essay zur Politik der Freiheit. Stuttgart

Dahrendorf, Ralf 1997: Weltmarkt und Sozialökonomie. In: Merkur (51), 821-829

Delanty, Gerard 1997: Habermas and Occidental Rationalism: The Politics of Identity, Social Learning, and the Cultural Limits of Moral Universalism. In: Sociological Theory (15), 30-59

Denzin, Norman K. 1978: The Research Act. A Theoretical Introduction to Sociological Methods. New York et al.: McGraw-Hill

Deutsch, Karl W. 1969: Nationalism and social communication. Cambridge Mass: The M.I.T. Press

Deutsch, Karl W. 1969a: Soziale Mobilisierung und politische Entwicklung. In: Zapf, Wolfgang 1969: Theorien sozialen Wandels. Köln/Berlin: Kiepenheuer & Witsch, 329-350

Deutsch, Karl W. 1969b: Macht und Kommunikation in der internationalen Gesellschaft. In: Zapf, Wolfgang 1969: Theorien sozialen Wandels. Köln/Berlin: Kiepenheuer & Witsch, 471-483

Deutsch, Karl W. 1969c: Neue Forschungsmethoden, Modelle, Theorien. In: Zapf, Wolfgang 1969: Theorien sozialen Wandels. Köln/Berlin: Kiepenheuer & Witsch, 188-208

Diewald, Martin/Mayer, Karl Ulrich 1996: Zwischenbilanz der Wiedervereinigung. Strukturwandel und Mobilität im Transformationsprozeß. Opladen: Leske + Budrich

Dokumente der Weltrevolution: Die frühen Sozialisten (Band 1) 1967; Arbeiterdemokratie oder Parteidiktatur (Band 2) 1967; Die Linke gegen die Parteiherrschaft (Band 3) 1970; Der Anarchismus (Band 4) 1972; Die Technik der Macht (Band 5) 1974; Religiöse Sozialisten (Band 6) 1976; Olten/Freiburg: Walter

Dreitzel, Hans Peter 1967: Sozialer Wandel. Zivilisation und Fortschritt als Kategorien der soziologischen Theorie. Neuwied und Berlin: Luchterhand

Dubiel, Helmut 1988 (2. Aufl. 1992): Kritische Theorie der Gesellschaft. Eine einführende Rekonstruktion von den Anfängen im Horkheimer-Kreis bis Habermas. Weinheim und München: Juventa

Dubiel, Helmut 1992: Autonomie oder Anomie. Zum Streit über den nachliberalen Sozialcharakter. In: Berger, Johannes: Die Moderne - Kontinuitäten und Zäsuren. Göttingen: Schwartz, 263-281

Dubiel, Helmut 1997: Der utopische Realismus der Demokratie. In: Merkur (51), 796-804

Duerr, Hans Peter 1988: Nacktheit und Scham. Der Mythos vom Zivilisationsprozeß. Frankfurt: Suhrkamp

Durkheim, Émile 1973: Der Selbstmord. Neuwied und Berlin. Luchterhand (Orig. 1897)

Durkheim, Émile 1977: Über die Teilung der sozialen Arbeit. Frankfurt (Orig. 1893)

Durkheim, Émile 1981: Die elementaren Formen des religiösen Lebens. Frankfurt: Suhrkamp

Durkheim, Émile 1995: Über Deutschland. Konstanz: Universitätsverlag

Dux, Günter 1982: Die Logik der Weltbilder. Sinnstrukturen im Wandel der Geschichte. Frankfurt: Suhrkamp

Eco, Umberto 1982: Der Name der Rose. München/Wien: Hanser

Eco, Umberto 1989: Das Foucaultsche Pendel. München/Wien: Hanser

Eder, Klaus 1988: Die Vergesellschaftung der Natur. Studien zur sozialen Evolution der praktischen Vernunft. Frankfurt: Suhrkamp

Eder, Klaus 1995: Die Institutionalisierung sozialer Bewegungen. Zur Beschleunigung von Wandlungsprozessen in fortgeschrittenen Industriegesellschaften. In: Müller, Hans-Peter/Schmid, Michael 1995: Sozialer Wandel. Modellbildung und theoretische Ansätze. Frankfurt: Suhrkamp, 267-290

Eisenstadt, Shmuel N. 1956: From Generation to Generation - Age Groups and Social Structure. Glencoe (Deutsch 1966: Von Generation zu Generation. Altersgruppen und Sozialstruktur. München: Juventa)

Eisenstadt, Shmuel N. 1979: Tradition, Wandel und Modernität. Frankfurt: Suhrkamp (engl. 1973: Tradition, Change, and Modernity. New York: John Wiley & Sons)

Elder, Glen H. 1985: Life Course Dynamics. Trajectories and Transitions, 1968-1980. Ithaca and London: Cornell University Press

Elias, Norbert 1980: Über den Prozeß der Zivilisation. 2 Bände. Frankfurt: Suhrkamp

Elias, Norbert 1989: Studien über die Deutschen. Machtkämpfe und Habitusentwicklung im 19. und 20. Jahrhundert. Frankfurt: Suhrkamp

Elster, Jon 1987: Subversion der Rationalität. Frankfurt/New York: Campus

Elster, Jon 1989: The Cement of Society. Cambridge et al.: Cambridge University Press

Engels, Friedrich 1970: Die Entwicklung des Sozialismus von der Utopie zur Wissenschaft. Berlin: Dietz

Engels, Friedrich 1975: Der Ursprung der Familie, des Privateigentums und des Staates. In: Karl Marx/Friedrich Engels, Werke, Band 21, Berlin: Dietz , 27-173

Engler, Wolfgang 1992: Die zivilisatorische Lücke. Versuche über den Staatssozialismus. Frankfurt: Suhrkamp

Engler, Wolfgang 1995: Die ungewollte Moderne. Ost-West-Passagen. Frankfurt: Suhrkamp

Engler, Wolfgang 1997: Gegenwartskapitalismus und Zivilisation. Fragen an Norbert Elias' Zivilisationstheorie. In: Berliner Journal für Soziologie (7), 217-226

Erikson, Erik H. 1966: Identität und Lebenszyklus. Frankfurt: Suhrkamp

Erzberger, Christian 1997: Zahlen und Wörter. Die Verbindung quantitativer und qualitativer Daten und Methoden im Forschungsprozeß. Bremen: Dissertation (im Druck: Weinheim 1999: Dt. Studienverlag)

Esping-Andersen, Gøsta 1990: The Tree Worlds of Welfare Capitalism. Cambridge et al.: Polity Press

Esser, Hartmut 1991: Alltagshandeln und Verstehen. Zum Verhältnis von erklärender und verstehender Soziologie am Beispiel von Alfred Schütz und „Rational Choice". Tübingen: J. C. B. Mohr

Esser, Hartmut 1993: Soziologie. Allgemeine Grundlagen. Frankfurt/New York: Campus

Esser, Hartmut 1994: Von der subjektiven Vernunft des Menschen und von den Problemen der kritischen Theorie damit. Auch ein Kommentar zu Millers 'kritischen Anmerkungen zur Rational Choice Theorie'. In: Soziale Welt (45), 16-32

Etzioni, Amitai 1968: The Active Society. A Theory of Societal and Political Processes. London 1968: Collier-Macmillan; New York: Free Press (dt.

1975: Die aktive Gesellschaft. Eine Theorie gesellschaftlicher und politischer Prozesse. Opladen: Westdeutscher Verlag)

Etzioni, Amitai 1969: Elemente einer Makrosoziologie. In: Zapf, Wolfgang: Theorien des sozialen Wandels. Köln/Berlin: Kiepenheuer & Witsch, 147-176

Etzioni, Amitai 1991: A Responsive Society. Collected Essays on Guiding Deliberate Social Change. San Francisco/Oxford: Jossey-Bass

Etzioni, Amitai 1995: Die Entdeckung des Gemeinwesens. Ansprüche, Verantwortlichkeiten und das Programm des Kommunitarismus. Stuttgart: Schäffer-Poeschel (Orig. 1993: The Spirit of Community. Rights, Responsibilities, and the Communitarian Agenda. New York: Crown)

Etzioni, Amitai 1997: Die Verantwortungsgesellschaft. Individualismus und Moral in der heutigen Demokratie. Frankfurt/New York: Campus (engl. 1996: The New Golden Rule. Community and Morality in a Democratic Society. New York: HarperCollins/BasicBooks)

Etzioni-Halevy, Eva 1981: Social Change. The advent and maturation of modern society. London & New York: Routledge and Kegan Paul

Faris, Robert E. L. 1970: Chicago Sociology 1920-1932. Chicago and London: The University of Chicago Press

Fetscher, Iring 1967: Der Marxismus. Seine Geschichte in Dokumenten. Philosophie, Ideologie, Soziologie, Ökonomie, Politik. München: Piper

Feyerabend, Paul 1976: Wider den Methodenzwang. Frankfurt: Suhrkamp

Finkielkraut, Alain 1989: Die Niederlage des Denkens. Reinbek bei Hamburg: Rowohlt

Flora, Peter 1974: Modernisierungsforschung. Zur empirischen Analyse der gesellschaftlichen Entwicklung. Opladen: Westdeutscher Verlag

Forst, Rainer 1993: Kommunitarismus und Liberalismus - Stationen einer Debatte. In: Honneth, Axel (Hg.) 1993: Kommunitarismus. Eine Debatte über die moralischen Grundlagen moderner Gesellschaften. Frankfurt/New York: Campus, 181-212

Foucault, Michel 1968: Psychologie und Geisteskrankheit. Frankfurt: Suhrkamp

Foucault, Michel 1969: Wahnsinn und Gesellschaft. Eine Geschichte des Wahns im Zeitalter der Vernunft. Frankfurt: Suhrkamp

Foucault, Michel 1973: Die Geburt der Klinik. Eine Archäologie des ärztlichen Blicks. München: Hanser

Foucault, Michel 1977: Sexualität und Wahrheit. Der Wille zum Wissen. Frankfurt: Suhrkamp

Fourastié, Jean 1963: Le grand espoir du XXe siècle. Paris: Gallimard (dt.: Die große Hoffnung des zwanzigsten Jahrhunderts. Köln: Bund)

Fukuyama, Francis 1992: Das Ende der Geschichte. Frankfurt: Kindler

Furet, Francois 1995: Das Ende der Illusion. Der Kommunismus im 20. Jahrhundert. München/Zürich: Piper

Frey, Hans-Peter/Haußer, Karl 1987: Identität. Entwicklungen psychologischer und soziologischer Forschungen. Stuttgart

Geertz, Clifford 1996: Welt in Stücken. Kultur und Politik am Ende des 20. Jahrhunderts. Wien: Passagen

Geertz, Clifford/Geertz H./Rosen. L. 1979: Meaning and order in Moroccan society. Cambridge et al.: Cambridge Univ. Press

Gehlen, Arnold 1957: Die Seele im technischen Zeitalter. Sozialpsychologische Probleme in der industriellen Gesellschaft. Reinbek bei Hamburg: Rowohlt

Gehlen, Arnold 1961: Anthropologische Forschung. Zur Selbstbegegnung und Selbstentdeckung des Menschen. Reinbek bei Hamburg: Rowohlt

Geißler, Rainer 1996: Die Sozialstruktur Deutschlands. Zur gesellschaftlichen Entwicklung mit einer Zwischenbilanz zur Vereinigung. Opladen: Westdeutscher Verlag

Gennep, Arnold van 1960: The rites of passage. Chicago: Chicago University Press

Gershuny, Jonathan S./Jones, S./Baert, P. 1991: The Time Economy or the Economy of Time. An Essay on the Interdependence of Living and Work Conditions. Oxford/Bath

Gershuny, Jonathan 1988: Die Ökonomie der nachindustriellen Gesellschaft. Frankfurt/New York: Campus

Giddens, Anthony 1970: The Consequences of Modernity. Stanford: Stanford University Press

Giddens, Anthony 1984: Interpretative Soziologie. Frankfurt/New York

Giddens, Anthony 1988: Die Konstitution der Gesellschaft. Frankfurt/New York (The Constitution of Society. Cambridge 1984: Polity Press)

Giddens, Anthony 1991: Modernity and Self-Identity. Self and Society in the Late Modern Age. Cambridge: Polity Press/Blackwell

Giddens, Anthony 1996: Leben in einer posttraditionalen Gesellschaft. In: Beck, Ulrich/Giddens, Anthony/Lash, Scott, Reflexive Modernisierung. Eine Kontroverse. Frankfurt: Suhrkamp, 113-194

Giesen, Bernd/Leggewie, Claus 1991: Experiment Vereinigung. Ein sozialer Großversuch. Berlin: Rotbuch

Glaser, Barney G. 1992: Basics of Grounded Theory Analysis. Mill Valley: Sociology Press

Glaser, Barney G./Strauss, Anselm L. 1967: The Discovery of Grounded Theory. Strategies for Qualitative Research. New York: Aldine

Glaser, Barney G./Strauss, Anselm L. 1971: Status Passage. Chicago/New York: Aldine und London 1971: Routledge & Kegan Paul

Glatzer, Wolfgang u.a. 1991: Haushaltstechnisierung und gesellschaftliche Arbeitsteilung. Frankfurt/New York: Campus

Glatzer, Wolfgang/Noll, Heinz-Herbert 1995: Getrennt vereint. Lebensverhältnisse in Deutschland seit der Wiedervereinigung. Frankfurt/New York: Campus

Gleichmann, Peter/Goudsblom, Johan/Korte, Hermann 1984: Macht und Zivilisation. Materialien zu Elias' Zivilisationstheorie. Frankfurt: Suhrkamp

Glenn, Norval D. 1977: Cohort Analysis. Beverly Hills/London

Glucksmann, André 1977: Die Meisterdenker. Reinbek bei Hamburg: Rowohlt (Orig. Les maîtres penseurs. Paris 1977: Bernard Grasset)

Glucksmann, André 1991: Am Ende des Tunnels. Das falsche Denken ging dem katastrophalen Handeln voraus. Eine Bilanz des 20. Jahrhunderts. Berlin: Siedler

Gobineau, Arthur Graf 1935: Die Ungleicheit der Menschenrassen. Berlin: Kurt Wolff

Göckenjan, Gerd 1996: Alter als Diskurs. Altersbilder und Bedeutung des Alters im historischen Vergleich. Bremen: Habilitationsschrift

Goffman, Erving 1967: Stigma. Über Techniken der Bewältigung beschädigter Identität. Frankfurt: Suhrkamp

Goffman, Erving 1969: Presentation of Self in Everyday Life. London: Allen. The Pinguin Press

Goffman, Erving 1971a: Interaktionsrituale. Über Verhalten in direkter Kommunikation. Frankfurt: Suhrkamp

Goffman, Erving 1971b:Verhalten in sozialen Situationen. Gütersloh: Bertelsmann

Goffman, Erving 1972: Asyle. Über die soziale Situation psychiatrischer Patienten und anderer Insassen. Frankfurt: Suhrkamp

Goffman, Erving 1976: Wir alle spielen Theater. Die Selbstdarstellung im Alltag. München: Pieper

Goffman, Erving 1977: Rahmen-Analyse. Ein Versuch über die Organisation von Alltagserfahrungen. Frankfurt: Suhrkamp

Graathoff, Richard 1989: Milieu und Lebenswelt. Einführung in die phänomenologische Soziologie und die sozialphänomenologische Forschung. Frankfurt: Suhrkamp

Gräbe, Sylvia (Hg.) 1993: Der private Haushalt im wissenschaftlichen Diskurs. Frankfurt/New York

Habermas, Jürgen 1962: Strukturwandel der Öffentlichkeit. Untersuchungen zu einer Kategorie der bürgerlichen Gesellschaft. Frankfurt: Suhrkamp

Habermas, Jürgen 1967: Zur Logik der Sozialwissenschaften. In: Philosophische Rundschau. Beiheft 5, (2), 1-195

Habermas, Jürgen 1968a: Technik und Wissenschaft als 'Ideologie'. Frankfurt: Suhrkamp

Habermas, Jürgen 1968b: Erkenntnis und Interesse. Frankfurt: Suhrkamp

Habermas, Jürgen 1971a: Vorbereitende Bemerkungen zu einer Theorie der kommunikativen Kompetenz. In: Habermas, Jürgen/Luhmann, Niklas: Theorie der Gesellschaft oder Sozialtechnologie. Frankfurt: Suhrkamp, 101-141

Habermas, Jürgen 1971b: Theorie der Gesellschaft oder Sozialtechnologie? Eine Auseinandersetzung mit Niklas Luhmann. In: Habermas, Jürgen/Luhmann, Niklas: Theorie der Gesellschaft oder Sozialtechnologie. Frankfurt: Suhrkamp, 142-290

Habermas, Jürgen 1973: Legitimationsprobleme im Spätkapitalismus. Frankfurt: Suhrkamp

Habermas, Jürgen 1981: Theorie des kommunikativen Handelns. (2 Bände) Frankfurt: Suhrkamp

Habermas, Jürgen 1985a: Der philosophische Diskurs der Moderne. Zwölf Vorlesungen, Frankfurt: Suhrkamp

Habermas, Jürgen 1985b: Die Neue Unübersichtlichkeit. Frankfurt: Suhrkamp

Habermas, Jürgen 1990: Die nachholende Revolution. Frankfurt: Suhrkamp

Habermas, Jürgen 1992: Faktizität und Geltung. Beiträge zur Diskurstheorie des Rechts und des demokratischen Rechtsstaats. Frankfurt: Suhrkamp

Habermas, Jürgen/Luhmann, Niklas 1971: Theorie der Gesellschaft oder Sozialtechnologie. Frankfurt: Suhrkamp

Haferkamp, Hans/Smelser, Neil J. 1992: Social Change and Modernity. Berkeley/Los Angeles/Oxford: University of California Press

Hallinan, Maureen L. 1997: The Sociological Study of Social Change. In: ASR (62), 1-11

Hamm, Bernd 1996: Struktur moderner Gesellschaften. Opladen: Leske + Budrich

Hannan, Michael T./Freeman, John 1995: Die Populationsökologie von Organisationen. In: Müller, Hans-Peter/Schmid, Michael: Sozialer Wandel. Modellbildung und theoretische Ansätze. Frankfurt: Suhrkamp, 291-339

Hardin, Garrett/Baden John 1977 (Hg.): Managing the Commons. Freeman and Co., San Francisco/Reading

Hareven, Tamara K./Adams, Kathleen J. 1982: Aging and Life Course Transitions: An Interdisciplinary Perspective. New York/London: The Guilford Press

Harper, Charles L. 1989: Exploring Social Change. Englewood Cliffs: Prentice Hall

Hayek, Friederich A. von 1959: Missbrauch und Verfall der Vernunft. Ein Fragment. Frankfurt am Main: Fritz Knapp

Hayek, Friederich A. von 1976: Law, Legislation and Liberty. Volume 2: The Mirage of Social Justice. Chicago: University of Chicago Press

Hayek, Friederich A. von 1978: New Studies in Philosophy, Politics, Economics and the History of Ideas. London and Henley: Routledge & Kegan Paul

Hayek, Friederich A. von 1991: Die Verfassung der Freiheit. Tübingen: J. C. B. Mohr (Paul Siebeck). (Engl. Originalausgabe 1960: The Constitution of Liberty. Chicago: Chicago University Press und London: Routledge & Kegan Paul)

Hegel, Georg Wilhelm Friedrich 1968: Grundlinien der Philosophie des Rechts oder Naturrecht und Staatswissenschaft im Grundrisse. Frankfurt: Fischer (Hegel Studienausgabe, Band 2)

Helle, Horst Jürgen 1992: Verstehende Soziologie und Theorie der Symbolischen Interaktion. Stuttgart (2. erw. Auflage)

Hernes, Gudmund 1995: Prozeß und struktureller Wandel. In: Müller, Hans-Peter/Schmid, Michael 1995: Sozialer Wandel. Modellbildung und theoretische Ansätze. Frankfurt: Suhrkamp, 85-138

Hiller, Ernest T. 1928: The Strike. Chicago: Arno & The New York Times

Hinsch, Wilfried 1992: Einleitung. In: John Rawls: Die Idee des politischen Liberalismus. Frankfurt: Suhrkamp, 9-44

Hirschman, Albert O. 1970: Exit, Voice and Loyalty: Responses to Decline in Firms, Organizations, and States. Cambridge, MA: Harvard University Press (deutsch 1974: Abwanderung und Widerspruch. Tübingen: J. C. B. Mohr)

Hirschman, Albert O. 1984: Engagement und Enttäuschung. Über das Schwanken der Bürger zwischen Privatwohl und Gemeinwohl. Frankfurt: Suhrkamp (engl. 1982: Shifting Involvements. Private Interest and Public Action. Princeton, NJ: Princeton University Press)

Hirschman, Albert O. 1989: Entwicklung, Markt und Moral. Abweichende Betrachtungen. Frankfurt: Fischer

Hirschman, Albert O. 1993: Abwanderung, Widerspruch und das Schicksal der Deutschen Demokratischen Republik. In: Leviathan (29), 330-358

Hirschman, Albert O. 1995: Denken gegen die Zukunft. Die Rhetorik der Reaktion. Frankfurt: Fischer (urspr. 1992 bei Hanser/München. Engl. 1991: The Rhetoric of Reaction. Cambridge, MA: The Belknap Press of Harvard University Press)

Hitler, Adolf 1943: Mein Kampf. München: Eher

Hobbes, Thomas 1965: Leviathan oder Wesen, Form und Gewalt des kirchlichen und bürgerlichen Staates. Reinbek bei Hamburg (erschienen 1651)

Hobbes, Thomas 1991: Behemoth oder Das Lange Parlament. Frankfurt

Hobsbawm, Eric J. 1996: Nationen und Nationalismus. München: dtv (urspr. Frankfurt 1991: Campus)

Hodenius, Birgit/Schmidt, Gert 1996: Transformationsprozesse in Mittelost-Europa. Sonderheft 4 der Soziologischen Revue. München: Oldenbourg

Hodgson, Geoffrey. M. 1988: Economics and Institutions. A Manifesto for a Modern Institutional Economics. Oxford: Polity Press (reprint Aldershot 1993: Elgar)

Hondrich, Karl O./Matthes, Joachim 1978: Theorienvergleich in den Sozialwissenschaften, Darmstadt und Neuwied: Luchterhand

Honneth, Axel 1993 (Hg.): Kommunitarismus. Eine Debatte über die moralischen Grundlagen moderner Gesellschaften. Frankfurt/New York: Campus

Honneth, Axel/Joas, Hans 1980: Soziales Handeln und menschliche Natur. Anthropologische Grundlagen der Sozialwissenschaften. Frankfurt: Campus

Honneth, Axel/Joas, Hans 1986 (Hg.): Kommunikatives Handeln. Beiträge zu Jürgen Habermas' 'Theorie des kommunikativen Handelns'. Frankfurt: Suhrkamp

Horkheimer, Max/Adorno, Theodor W. 1947: Dialektik der Aufklärung. Amsterdam

Hradil, Stefan/Immerfall, Stefan 1997: Die westeuropäischen Gesellschaften im Vergleich. Opladen: Leske + Budrich

Huinink, Johannes/Mayer, Karl Ulrich 1995: Kollektiv und Eigensinn. Lebensverläufe in der DDR und danach. Berlin: Akademie Verlag

Hume, David: Ein Traktat über die menschliche Natur. Hamburg 1989 (Band 1) und 1978 (Band 2 und 3). Hamburg: Felix Meiner

Hume, David 1984: Eine Untersuchung über die Prinzipien der Moral. Stuttgart (Original 1777 posthum)

Huntington, Samuel P. 1996: Der Kampf der Kulturen. Die Neugestaltung der Weltpolitik im 21. Jahrhundert. München/Wien: Europa Verlag

Jahrbuch für Soziologie und Sozialpolitik 1989 (Hg. von Gunnar Winkler). Berlin: Akademie Verlag

Jaide, Walter 1988: Generationen eines Jahrhunderts. Opladen: Leske + Budrich

Janowitz, Morris 1986: The Analysis of Diversity and the Diversity of Analysis, In: Lindenberg, Siegwart/Coleman, James. S./Nowak, Stefan: Approaches to Social Theory. New York: Russel Sage Foundation, 25-27

Jaufmann, Dieter/Kistler, Ernst 1988 (Hg.): Sind die Deutschen technikfeindlich? Erkenntnis oder Vorurteil. Opladen: Leske + Budrich

Jaufmann, Dieter/Kistler, Ernst/Jänsch, G. 1989: Jugend und Technik. Wandel der Einstellungen im internationalen Vergleich. Frankfurt/New York: Campus

Jaufmann, Dieter/Kistler, Ernst 1991 (Hg.): Einstellungen zum technischen Fortschritt. Technikakzeptanz im nationalen und internationalen Vergleich. Frankfurt/New York: Campus

Jenkins, Helmut 1992: Sozialutopien - barbarische Glücksverheißungen? Zur Geistesgeschichte der Idee von der vollkommenen Gesellschaft. Berlin: Duncker & Humblot

Joas, Hans 1980: Einleitung des Herausgebers. In: Mead, G. H.: Gesammelte Aufsätze. Band 1, Frankfurt 1980: Suhrkamp, 7-18

Joas, Hans 1980/1993: George H. Mead. Gesammelte Aufsätze. Band 1, Frankfurt 1980; Band 2, Frankfurt 1993: Suhrkamp

Joas, Hans 1985 (Hg.): Das Problem der Intersubjektivität. Neue Beiträge zum Werk George Herbert Meads. Frankfurt: Suhrkamp

Joas, Hans 1988: Symbolischer Interaktionismus. Von der Philososophie des Pragmatismus zu einer soziologischen Forschungstradition. In: KZfSS (40), 417-446

Joas Hans 1992a: Pragmatismus und Gesellschaftstheorie. Frankfurt: Suhrkamp

Joas, Hans 1992b: Die Kreativität des Handelns. Frankfurt: Suhrkamp

Joas, Hans/Kohli, Martin 1993: Der Zusammenbruch der DDR. Soziologische Analysen. Frankfurt: Suhrkamp

Junge, Matthias 1997: Georg Simmels Individualisierungstheorie. Eine systematische Rekonstruktion ihrer Argumentationsfiguren. In: Sociologia Internationalis (35), 1-26

Kant, Immanuel 1992: Zum ewigen Frieden. Ein philosophischer Entwurf. Hamburg: Felix Meiner (Philosophische Bibliothek 443)

Kelle, Udo 1994: Empirisch begründete Theoriebildung. Zur Logik und Methodologie interpretativer Sozialforschung. Weinheim: Deutscher Studienverlag

Kempski, Jürgen von 1974: Einleitung zu Auguste Comte, Die Soziologie. Die positive Philosophie im Auszug. Stuttgart: Alfred Kröner, IX-XXXVII

Kennedy, Paul 1989/1991: Aufstieg und Fall der großen Mächte. Ökonomischer Wandel und militärischer Konflikt von 1500 bis 2000. Frankfurt: S. Fischer

Keynes, John Maynard 1983 (1. Aufl. 1936): Allgemeine Theorie der Beschäftigung, des Zinses und des Geldes. Berlin: Duncker & Humblot

Kindleberger, Charles P. 1996: World Economic Primacy. 1500-1990. Oxford/ New York: Oxford University Press

Klingemann, Carsten 1981: Heimatsoziologie oder Ordnungsinstrument? Fachgeschichtliche Aspekte der Soziologie in Deutschland zwischen 1933 und 1945. In: Lepsius, M. Rainer 1981 (Hg.): Soziologie in Deutschland und Österreich 1918-1945. Opladen: Westdeutscher Verlag (Sonderheft 23/1981 der Kölner Zeitschrift für Soziologie und Sozialpsychologie)

Kocka, Jürgen 1995: Vereinigungskrise. Zur Geschichte der Gegenwart. Göttingen: Vandenhoeck & Ruprecht

König, René 1987: Soziologie in Deutschland. Begründer/Verächter/Verfechter. München/Wien: Hanser

Kohli, Martin 1978: Soziologie des Lebenslaufs. Darmstadt und Neuwied: Luchterhand

Kohli, Martin 1985: Die Institutionalisierung des Lebenslaufs. Historische Befunde und theoretische Argumente. In: Kölner Zeitschrift für Soziologie und Sozialpsychologie, (37), 1-29

Kohli, Martin 1986: Gesellschaftszeit und Lebenszeit. Der Lebenslauf im Strukturwandel der Moderne. In: Berger, Johannes: Die Moderne - Kontinuitäten und Zäsuren. Göttingen: Schwartz, 183-208

Kollmorgen, Raj/Reißig, Rolf/Weiß, Johannes 1996: Sozialer Wandel und Akteure in Ostdeutschland. Empirische Befunde und theoretische Ansätze. Opladen: Leske + Budrich

Kommission für Zukunftsfragen der Freistaaaten Bayern und Sachsen 1996 (Teil I); 1997a (Teil II); 1997b (Teil III): Erwerbstätigkeit und Arbeitslosigkeit in Deutschland. Bonn: Eigendruck

Krasner, Stephen D. 1983: International Regimes. Ithaca and London: Cornell University Press

Krasner, Stephen D. 1985: Structural Conflict. The Third World Against Global Liberalism. Berkeley/Los Angeles/London: University of California Press

Kuhn, Thomas S. 1967: Die Struktur wissenschaftlicher Revolutionen, Frankfurt: Suhrkamp (engl. 1962: The Structure of Scientific Revolution. Chicago: Chicago University Press)

Kuhn, Thomas S. 1977: Die Entstehung des Neuen. Studien zur Struktur der Wissenschaftsgeschichte. Frankfurt: Suhrkamp

Kurtz, Lester R. 1984: Evaluating Chicago Sociology. A Guide to Literature, with Annotated Bibliography. Chicago and London: The University of Chicago Press

Labedz, Leopold 1965: Der Revisionismus. Köln/Berlin: Kiepenheuer & Witsch

Landesco, John 1929: Organized Crime in Chicago. Chicago and London: University of Chicago Press

Lasch, Christopher 1980: Das Zeitalter des Narzismus. München: Steinhausen

Lau, Christoph 1975: Theorien gesellschaftlicher Planung. Eine Einführung. Stuttgart et. al.: Kohlhammer

Lau, Christoph 1981: Die gesellschaftliche Evolution als kollektiver Lernprozeß. Berlin:

Leibfried, Stephan/Leisering, Lutz u.a. 1995: Zeit der Armut. Frankfurt: Suhrkamp

Leibfried, Stephan/Pierson, Paul 1995: Semisovereign Welfare States: Social Policy in a Multitiered Europe. In: Leibfried, St./Pierson, P. 1995 (eds.): European Social Policy. Between Fragmentation and Integration. Washington: The Brookings Institution, 43-77

Leisering, Lutz 1992: Sozialstaat und demographischer Wandel. Wechselwirkungen, Generationsverhältnisse, politisch institutionelle Steuerung. Frankfurt/New York

Leisering, Lutz 1993: Zwischen Verdrängung und Dramatisierung. Zur Wissenssoziologie der Armut in der bundesrepublikanischen Gesellschaft. Bremen: Sfb 186

Lepsius, M. Rainer 1981: Soziologie in Deutschland und Österreich 1918-1945. Opladen: Westdeutscher Verlag

Lepsius, M. Rainer 1990: Interessen, Ideen und Institutionen. Opladen: Westdeutscher Verlag

Lepsius, M. Rainer 1990: Soziologische Theoreme über die Sozialstruktur der „Moderne" und die „Modernisierung". In: Lepsius, M. R. 1990: Interessen, Ideen und Institutionen. Opladen: Westdeutscher Verlag, 211-231

Lepsius, M. Rainer 1993: Demokratie in Deutschland. Göttingen

Lerner, Daniel 1966: The passing of traditional society. New York: Free Press

Lerner, Daniel 1969: Die Modernisierung des Lebensstils. Eine Theorie. In: Zapf, Wolfgang 1969: Theorien sozialen Wandels. Köln/Berlin: Kiepenheuer & Witsch, 362-381

Lindenberg, Siegwart/Coleman, James. S./Nowak, Stefan: Approaches to Social Theory. New York: Russel Sage Foundation

Lobkowicz, Nicholas 1967: Marx and the Western World. Notre Dame/London: Uni. of Notre Dame Press

Locke, John 1974: Über die Regierung. Stuttgart: Reclam (erschienen 1690)

Lockwood, David 1964: Social Integration and System Integration. In: Zollschan, G. K./Hirsch, W.: Explorations in Social Change. London: Houghton Mifflin, 244-257

Lockwood, David 1969: Soziale Integration und Systemintegration. In: Zapf, W. 1969: Theorien sozialen Wandels. Köln/Berlin: Kiepenheuer & Witsch, 124-137

Loo, Hans van der/Reijen, Willem van 1992: Modernisierung. Projekt und Paradox. München: dtv

Lübbe, Hermann 1983: Zeit-Verhältnisse. Zur Kulturphilosophie des Fortschritts. Graz/Wien/Köln: Styria

Lüdtke, Hartmut 1989: Expressive Ungleichheit. Zur Soziologie der Lebensstile. Opladen: Leske + Budrich

Lüschen, Günther 1979: Deutsche Soziologie seit 1945. Opladen: Westdeutscher Verlag

Lüscher, Kurt 1993: Generationenbeziehungen - Neue Zugänge zu einem alten Thema. In: Lüscher, Kurt/Schultheis, Franz: Generationsbeziehungen in „postmodernen" Gesellschaften. Konstanz: Universitätsverlag, 17-47

Lüscher, Kurt/Schultheis, Franz 1993 (Hg.): Generationsbeziehungen in „postmodernen" Gesellschaften. Konstanz: Universitätsverlag

Luhmann, Niklas 1971: Soziologische Aufklärung. Aufsätze zur Theorie sozialer Systeme. Opladen: Westdeutscher Verlag

Luhmann, Niklas 1977: Arbeitsteilung und Moral. Durkheims Theorie. In: Durkheim, Emile 1977: Über die Teilung der sozialen Arbeit. Frankfurt: Suhrkamp, 17-35

Luhmann, Niklas 1984: Soziale Systeme. Grundriß einer allgemeinen Theorie. Frankfurt

Luhmann:, Niklas 1986: Ökologische Kommunikation. Kann die moderne Gesellschaft sich auf ökologische Gefährdungen einstellen? Opladen: Westdeutscher Verlag

Luhmann, Niklas 1988: Die Wirtschaft der Gesellschaft. Frankfurt: Suhrkamp

Luhmann, Niklas 1992: Beobachtungen der Moderne. Opladen: Westdeutscher Verlag

Machiavelli, Niccolò 1986: Der Fürst. Stuttgart: Reclam (Orig. 1532)

MacIntyre, Alasdair 1993: Ist Patriotismus eine Tugend? In: Honneth, Axel 1993 (Hg.): Kommunitarismus. Eine Debatte über die moralischen Grundlagen moderner Gesellschaften. Frankfurt/New York: Campus, 84-102

Magnusson, David/Allen, Vernon L. 1983: Human Development. An Interactional Perspective. New York/London: Academic Press

Malewski, Andrzej 1967: Verhalten und Interaktion. Tübingen 1967: J. C. B. Mohr (Paul Siebeck)

Mann, Thomas 1956: Der Zauberberg. Frankfurt: G. B. Fischer

Mannheim, Karl 1965: Ideologie und Utopie. Frankfurt: Schulte-Bulmke
Mannheim, Karl 1978: Das Problem der Generationen. In: Kohli, M.: Soziologie des Lebenslaufs. Darmstadt und Neuwied: Kiepenheuer & Witsch, 33-53 (teilweiser Nachdruck). Original in: Kölner Vierteljahreshefte für Soziologie, (7), 157-184 und 309-330. Vollständiger Nachdruck in: Wolff, Kurt-H. 1964 (Hg.), Karl Mannheim. Wissenssoziologie. Auswahl aus dem Werk. Berlin-Neuwied, 509-565
Mao Tse-Tung 1967: Worte des Vorsitzenden Mao. Peking: Verlag für fremdsprachige Literatur
Marcuse, Herbert 1970: Der eindimensionale Mensch. Studien zur Ideologie der fortgeschrittenen Industriegesellschaft. Frankfurt: Luchterhand
Marshall, Thomas H. 1992: Bürgerrechte und soziale Klassen. Zur Soziologie des Wohlfahrtsstaates. Frankfurt/New York: Campus
Marx, Karl 1967: Das Kapital. Kritik der politischen Ökonomie. Erster Band. Hamburg: Europäische Verlagsanstalt
Marx, Karl 1970: Ökonomisch-philosophische Manuskripte. Leipzig: Reclam
Marx, Karl 1975 (urspr. 1859): Zur Kritik der politischen Ökonomie. In: Marx, Karl/Engels, Friedrich, Werke Bd. 13. Berlin: Dietz, 7-160
Marx, Karl/Engels, Friedrich 1964: Die heilige Familie. In: Siegfried Landshut (Hg.): Karl Marx. Die Frühschriften. Stuttgart: Kröner
Marx, Karl/Engels, Friedrich 1966: Manifest der kommunistischen Partei. In: Marx, Karl/Engels, Friedrich, Studienausgabe in 4 Bänden. Band 1, Geschichte und Politik. Frankfurt: Fischer
Matthes, Joachim 1973: Einführung in das Studium der Soziologie. Reinbek bei Hamburg: Rowohlt
Matthes, Joachim 1985: Karl Mannheims „Das Problem der Generationen" neu gelesen. In: Zeitschrift für Soziologie (14), 363-372
Mayer, Karl Ulrich 1990: Lebensverläufe und sozialer Wandel. Anmerkungen zu einem Forschungsprogramm. Opladen: Westdeutscher Verlag (Sonderheft 31 der KZfSS).
Mayer, Karl Ulrich 1996: Lebensverläufe und Transformation in Ostdeutschland - eine Zwischenbilanz. In: Diewald, Martin/Mayer, Karl Ulrich 1996: Zwischenbilanz der Wiedervereinigung. Opladen: Leske + Budrich, 329-345
Mayer, Karl Ulrich 1997: Notes on a comparative political economy of life courses. In: Comparative Social Research (16), 203-226
Mayntz, Renate 1995: Zum Status der Theorie sozialer Differenzierung als Theorie sozialen Wandels. In: Müller, Hans-Peter/Schmid, Michael: Sozialer Wandel. Modellbildung und theoretische Ansätze. Frankfurt: Suhrkamp, 139-150
McLeish, John 1969: The Theory of Social Change. Four Views Considered. New York: Schocken Books
Mead, George H. 1968: Geist, Identität und Gesellschaft. Frankfurt: Suhrkamp
Mead, George H. 1969: Philosophie der Sozialität. Frankfurt: Suhrkamp
Mead, George H.: Gesammelte Aufsätze (hg. von Hans Joas). Band 1 Frankfurt 1980, Band 2 Frankfurt 1983 (TB 1987): Suhrkamp
Meier, Artur/Müller, Jörg 1997: Die letzte Generation? Jugend und Familie auf dem Lande in Ostdeutschland und in den USA. Ein empirischer Vergleich während der Agrarrevolution. Berlin: trafo Verlag

Meinefeld, Werner 1995: Realität und Konstruktion. Erkenntnistheoretische Grundlagen einer Methodologie der empirischen Sozialforschung. Opladen: Westdeutscher Verlag

Meja, Volker/Misgeld, Dieter/Stehr, Nico 1987: Modern German Sociology. New York: Columbia University Press

Merton, Robert. K. 1967 (12. Aufl.; urspr. 1957): Social Theory and Social Structure. New York/London: The Free Press

Meulemann, Heiner 1996: Werte und Wertewandel. Zur Identität einer geteilten und wieder vereinten Nation. Weinheim und München: Juventa

Miebach, Bernhard 1984: Strukturalistische Handlungstheorie. Zum Verhältnis von soziologischer Theorie und empirischer Forschung im Werk von Talcott Parsons. Opladen: Westdeutscher Verlag

Miebach, Bernhard 1991: Soziologische Handlungstheorie. Eine Einführung. Opladen: Westdeutscher Verlag

Miller, Max 1994: Ellbogenmentalität und ihre theoretische Apotheose. Einige kritische Anmerkungen zur Rational Choice Theorie. In: Soziale Welt (45), 5-15

Moscovici, Serge 1979: Sozialer Wandel. München et. al.: Urban und Schwarzenberg

Müller, Hans-Peter 1997: Spiel ohne Grenzen? In: Merkur (51), 805-820

Müller, Hans-Peter/Schmid, Michael 1995: Sozialer Wandel. Modellbildung und theoretische Ansätze. Frankfurt: Suhrkamp

Müller, Hans-Peter/Schmid, Michael 1995a: Paradigm Lost? Von der Theorie sozialen Wandels zur Theorie dynamischer Systeme. In: Müller, Hans-Peter/Schmid, Michael 1995: Sozialer Wandel. Modellbildung und theoretische Ansätze. Frankfurt: Suhrkamp, 9-55

Müller, Hans-Peter/Wegener, Bernd 1995 (Hg.): Soziale Ungleichheit und soziale Gerechtigkeit. Opladen: Leske + Budrich

Münch, Richard 1982: Theorie des Handelns. Zur Rekonstruktion der Beiträge von Talcott Parsons, Emile Durkheim und Max Weber. Frankfurt: Suhrkamp

Niehoff, Arthur H. 1966: A Casebook of Social Change. Chicago: Aldine

Niethammer, Lutz 1980: Lebenserfahrung und kollektives Gedächtnis. Die Praxis der 'Oral History'. Frankfurt: Syndikat

Nisbet, Robert A. 1969: Social Change and History. Aspects of the Western Theory of Development. New York: Oxford University Press

North, Douglass C. 1992: Institutionen, institutioneller Wandel und Wirtschaftsleistung. Tübingen: J. C. B. Mohr (Paul Siebeck)

Nowak, Stefan 1990: Models of directional change and human values: the theory of progress as an applied social science. In: Alexander, Jeffrey C./Sztompka, Piotr: Rethinking Progress. Movements, Forces, and Ideas at the End of the 20th Century. Boston: Unwin Hyman, 229-246

Offe, Klaus 1972: Strukturprobleme des kapitalistischen Staates. Frankfurt: Suhrkamp

Offe, Klaus 1994: Der Tunnel am Ende des Lichts. Erkundungen der politischen Transformation im Neuen Osten. Frankfurt/New York: Campus

Olson, Mancur 1968 (3. Aufl. 1992): Die Logik des kollektiven Handelns. Kollektivgüter und die Theorie der Gruppen. Tübingen: J. C. B. Mohr (Paul Siebeck). (Orig. The Logic of Collective Action: Public Goods and the Theory of Groups. Harvard University Press 1965)

Olson, Mancur 1985 (2. Aufl. 1991): Aufstieg und Niedergang der Nationen. Ökonomisches Wachstum, Stagflation und soziale Starrheit. Tübingen: J. C. B. Mohr (Paul Siebeck). (Orig.: The Rise and Decline of Nations: Economic Growth, Stagflation and Social Rigities. New Haven/London 1982: Yale Univ. Press)

Opp, Karl-Dieter 1991: DDR '89. Zu den Ursachen einer spontanen Revolution. In: Kölner Zeitschrift für Soziologie und Sozialpsychologie (43), 302-321

Ostrom, Elinor 1990: Governing the Commons. The Evolution of Institutions for Collective Action. Cambridge Univ. Press, New York/Cambridge

Parsons, Talcott 1937: The Structure of Social Action. A Study on Social Theory with Special Reference to a Group of Recent European Writers. New York: McGraw Hill. (Reprint New York/London 1949: The Free Press)

Parsons, Talcott 1951: The Social System. New York/London: Macmillan. Glencoe 1964: The Free Press (Paper-back edition)

Parsons, Talcott 1964 (3. Aufl. 1973): Beiträge zur soziologischen Theorie. Darmstadt und Neuwied

Parsons, Talcott 1969a: Das Problem des Strukturwandels: eine theoretische Skizze. In: Zapf, Wolfgang 1969: Theorien sozialen Wandels. Köln/Berlin: Kiepenheuer & Witsch, 35-54

Parsons, Talcott 1969b: Evolutionäre Universalien der Gesellschaft. In: Zapf, Wolfgang 1969: Theorien sozialen Wandels. Köln/Berlin: Kiepenheuer & Witsch, 55-74

Parsons, Talcott 1972: Das System moderner Gesellschaften. München: Juventa (engl. 1971: The System of Modern Societies, Englewood Cliffs: Prentice Hall)

Parsons, Talcott 1975: Gesellschaften. Evolutionäre und komparative Perspektiven. Frankfurt: Suhrkamp (engl. 1966: Societies. Evolutionary and Comparative Perspectives. Englewood Cliffs: Prentice Hall)

Parsons, Talcott 1976: Zur Theorie sozialer Systeme. Opladen: Westdeutscher Verlag

Parsons, Talcott 1979 (3. Aufl.): Sozialstruktur und Persönlichkeit. Frankfurt: Fachbuchhandlung für Psychologie (engl. 1964: Social Structure and Personality. New York: Macmillan/Free Press)

Parsons, Talcott/Shils Edward A. 1951: Toward a General Theory of Action. Boston: Harvard University Press (Reprint New York 1962: Harper & Row)

Parsons, Talcott/Smelser, Neil J. 1956: Economy and Society. Glencoe: Free Press

Peter, Lothar 1997: Émile Durkheim - ein früher Kommunitarist? In: Sociologia Internationalis (35/1), 39-59

Peters, Helge 1989: Devianz und soziale Kontrolle. Eine Einführung in die Soziologie abweichenden Verhaltens. Weinheim und München

Peters, Bernhard 1993: Die Integration moderner Gesellschaften. Frankfurt: Suhrkamp

Plessner, Helmuth 1988: Die verspätete Nation. Über die politische Verführbarkeit bürgerlichen Geistes. Frankfurt: Suhrkamp

Plummer, Ken 1983: Documents of Life. An Introduction to the Problems and Literature of a Humanistic Method. London/Boston/Sydney: George Allen & Unwin

Podgórecki, Adam/Los, Maria 1979: Multi-dimensional Sociology. London/Boston/Henley

Polanyi, Karl 1977 (urspr.1944): The Great Transformation. Politische und ökonomische Ursprünge von Gesellschaften und Wirtschaftssystemen. Wien: Europa Verlag. Taschenbuch 1978 (3. Aufl. 1995) Frankfurt: Suhrkamp. (engl. 1957: The Great Transformation; 11. Ausgabe 1971: Beacon Press und Rhinehard & Company).

Polanyi, Karl 1979: Ökonomie und Gesellschaft. Frankfurt: Suhrkamp

Pollack, Detlef 1990: Das Ende einer Organisationsgesellschaft. Systemtheoretische Überlegungen zum gesellschaftlichen Umbruch in der DDR. In: Zeitschrift für Soziologie (19), 292-307

Pollack, Detlef 1996: Sozialstruktureller Wandel, Insitutionentransfer und die Langsamkeit der Individuen. Untersuchungen zu den ostdeutschen Transformationsprozessen in der Kölner Zeitschrift für Soziologie und Sozialpsychologie, der Zeitschrift für Soziologie und der Sozialen Welt. In: Soziologische Revue (19), 412-429

Popper, Karl R. 1957 (Band 1), 1958 (Band 2): Die offene Gesellschaft und ihre Feinde. München: Francke

Popper, Karl R. 1976 (6. verb. Aufl.): Logik der Forschung. Tübingen: J. C. B. Mohr (Paul Siebeck)

Popper, Karl R. 1979: Das Elend des Historizismus. Tübingen: J. C. B. Mohr (Paul Siebeck)

Ramb, Bernd-Thomas/Tietzel, Manfred 1993 (Hg.): Ökonomische Verhaltenstheorie. München: Vahlen

Rammstedt, Otthein 1986: Deutsche Soziologie 1933-1945. Die Normalität einer Anpassung. Frankfurt: Suhrkamp

Rasztar, Matthias 1997: Transformation und Berufsmobilität. Eine empirische Analyse beruflicher Wechselprozesse mit Daten der Bremer Absolventenstudie in dem Zeitraum von 1985-1994. Bremen: Dissertationsschrift

Rasztar, Matthias/Sackmann, Reinhold/Struck-Möbbeck, Olaf/Weymann, Ansgar/Wingens, Matthias 1996: Berufliche Wechselprozesse in Ostdeutschland. Bremen: Sonderforschungsbereich 186, Arbeitspapier 39

Rawls, John 1975: Eine Theorie der Gerechtigkeit. Frankfurt: Suhrkamp (engl: A Theory of Justice. Boston 1971: Harvard College)

Rawls, John 1992: Die Idee des politischen Liberalismus. Frankfurt: Suhrkamp

Rawls, John 1998: Politischer Liberalismus. Frankfurt: Suhrkamp

Reckless, Walter C. 1933: Vice in Chicago. Chicago (reprint 1969 Montclair, N. J.: Patterson Smith)

Renn, Heinz 1987: Lebenslauf - Lebenszeit - Kohortenanalyse. In: Voges, Wolfgang (Hg.): Methoden der Biographie und Lebenslaufforschung. Opladen: Leske + Budrich, 261-298

Riesman, David 1958: Die einsame Masse. Reinbek bei Hamburg: Rowohlt

Rokkan, Stein 1969: Die vergleichende Analyse der Staaten und Nationenbildung. In: Zapf, Wolfgang 1969: Theorien sozialen Wandels. Köln/Berlin: Kiepenheuer & Witsch, 228-252

Rokkan, Stein 1970: Citizens, elections, parties. Oslo: Universitetsforlaget

Rose, Susan D. 1989: Erweckungsbewegungen, Konversionen und Handlungsspielräume im Lebenslauf. In: Weymann, A.: Handlungsspielräume. Untersuchungen zur Individualisierung und Institutionalisierung von Lebensläufen in der Moderne. Stuttgart: Enke

Rosenmayr, Leopold o. J.: Die späte Freiheit. Das Alter - ein Stück bewußt gelebten Lebens. Severin und Siedler

Rosenmayr, Leopold 1977: Die menschlichen Lebensalter. Kontinuitäten und Krisen. München/Zürich: Piper

Rostow Walt W. 1960: The stages of economic growth. Cambridge. A Non-Communist Manifesto: Cambridge Univ. Press (dt. 1960: Stadien wirtschaftlichen Wachstums. Eine Alternative zur marxistischen Entwicklungstheorie Göttingen: Vandehoek & Rupprecht)

Rostow Walt W. 1969: Die Phase des Take-off. In: Zapf, Wolfgang 1969: Theorien sozialen Wandels. Köln/Berlin: Kiepenheuer & Witsch, 286-311

Rostow, Walt W. 1971: Politics and the Stages of Economic Groth. Cambridge: Cambridge University Press

Rostow, Walt W. 1990: Theorists of Economic Growth from David Hume to the Present, with a Perspective on the Next Century. New York: Oxford University Press

Rousseau, Jean-Jacques 1963: Emile oder Über die Erziehung. Stuttgart (Orig. 1762): Reclam

Rousseau, Jean-Jacques 1977: Vom Gesellschaftsvertrag oder Grundsätze des Staatsrechts. Stuttgart (erschienen 1762)

Runciman, Walter G. 1983: A treatise on social theory. Volume I: The methodology of social theory. Cambridge et al.: Cambridge University Press

Runciman, Walter G. 1989: A treatise on social theory. Volume II: Substantive social theory. Cambridge et al.: Cambridge University Press

Ryder, Norman B. 1965: The Cohort as a Concept in the Study of Social Change. In: American Sociological Review (30), 843- 861.

Sackmann, Reinhold 1998: Konkurrierende Generationen auf dem Arbeitsmarkt. Opladen: Westdeutscher Verlag

Sackmann, Reinhold/Hüttner, Bernd/Weymann Ansgar 1992: Technik und Forschung als Thema der Generationen. Bremen: Abschlußbericht an das BMFT (FKZ 216-3190-SWF00566)

Sackmann, Reinhold/Rasztar, Matthias/Struck-Möbbeck, Olaf/Weymann, Ansgar/Wingens, Matthias 1996: Die Dynamik von Erwerbslosigkeit und Geburtenrückgang bei jungen Erwachsenen im Transformationsprozeß. Bremen: Sonderforschungsbereich 186, Arbeitspapier 34

Sackmann, Reinhold/Rasztar, Matthias 1998: Das Konzept Beruf im lebenslauftheoretischen Ansatz. In: Heinz, W. R.: Was prägt Berufsbiographien? Lebenslaufdynamik und Institutionenpolitik. Nürnberg: Beitr. AB (im Druck)

Sackmann, Reinhold/Weymann Ansgar 1991: Generations, Social Time and „Conjunctive Experience". In: Becker Henk A. (ed.): Life Histories and Generations, Utrecht: ISOR, 247-274

Sackmann, Reinhold/Weymann, Ansgar 1994: Die Technisierung des Alltags. Generationen und technische Innovationen. Frankfurt/New York: Campus

Sackmann, Reinhold/Wingens, Matthias 1996: Berufsverläufe im Transformationsprozeß. In: Diewald, Martin/Mayer, Karl Ulrich 1996: Zwischenbilanz der Wiedervereinigung. Strukturwandel und Mobilität im Transformationsprozeß. Opladen: Leske + Budrich, 11-31

Sandel, Michael 1993: Die verfahrensrechtliche Republik und das ungebundene Selbst. In: Honneth, Axel 1993 (Hg.): Kommunitarismus. Eine Debatte über die moralischen Grundlagen moderner Gesellschaften. Frankfurt/New York: Campus, 18-35

Schäfers, Bernhard 1997: Politischer Atlas Deutschland. Gesellschaft, Wirtschaft und Staat. Bonn: Dietz

Schäfers, Bernhard 1998: Sozialstruktur und sozialer Wandel in Deutschland. Stuttgart: Enke

Schäfers, Bernhard/Zapf, Wolfgang 1998: Handwörterbuch zur Gesellschaft Deutschlands. Opladen: Leske + Budrich

Schatzman, Leonhard/Strauss, Anselm L. 1973: Field Research. Strategies for a Natural Sociology. Englewood Cliffs, New York: Prentice-Hall

Schelsky, Helmut 1977: Die Arbeit tun die anderen. Klassenkampf und Priesterherrschaft der Intellektuellen. München: Deutscher Taschenbuch Verlag

Scherzer, Landolf 1997a: Der Erste. Berlin: Aufbau Verlag

Scherzer, Landolf 1997b: Der Zweite. Berlin: Aufbau Verlag

Schluchter, Wolfgang 1979: Die Entwicklung des okzidentalen Rationalismus. Tübingen: J. C. B. Mohr (Paul Siebeck)

Schmid, Josef 1976: Einführung in die Bevölkerungssoziologie. Reinbek bei Hamburg: Rowohlt

Schmid, Michael 1982: Theorien des sozialen Wandels. Opladen: Westdeutscher Verlag

Schmidt, Manfred G. 1997 (2. Aufl.): Demokratietheorien. Eine Einführung. Opladen: Leske + Budrich

Schmitz, Michael 1995: Wendestress. Die psychosozialen Kosten der deutschen Einheit. Berlin: Rowohlt

Schneider, Louis 1976: Classical Theories of Social Change. Morristown, NJ: General Learning Press

Schütz, Alfred 1960 (2. Aufl.): Der sinnhafte Aufbau der sozialen Welt. Eine Einleitung in die verstehende Soziologie. Wien: Springer

Schütz, Alfred 1971: Gesammelte Aufsätze. Band 1. Das Problem der sozialen Wirklichkeit. Den Haag: Martin Nijhoff

Schütz, Alfred 1972: Gesammelte Aufsätze. Band 2. Studien zur soziologischen Theorie. Den Haag: Martin Nijhoff

Schütz, Alfred/Luckmann, Thomas 1979: Strukturen der Lebenswelt. 1. Band. Frankfurt 1979: Suhrkamp

Schütz, Alfred/Luckmann, Thomas 1984: Strukturen der Lebenswelt. 2. Band. Frankfurt 1984: Suhrkamp

Schütz, Alfred/Parsons, Talcott 1977: Zur Theorie sozialen Handelns. Ein Briefwechsel. Frankfurt: Suhrkamp

Schultz, Theodore W. 1986: In Menschen investieren. Tübingen (engl: Investing in People, Univ. of Cal. Press, Berkeley 1981)

Schulze, Gerhard 1992: Die Erlebnisgesellschaft. Kultursoziologie der Gegenwart. Frankfurt/New York: Campus

Schumpeter, Joseph A. 1918: Die Krise des Steuerstaates. In: Zeitfragen aus dem Gebiet der Soziologie (4). Graz und Leipzig: Leuschner & Lubensky, 3-75. Nachdruck in: Schumpeter, Joseph A. 1953, Aufsätze zur Soziologie. Tübingen: J. C. B. Mohr, 1-71

Schumpeter, Joseph A. 1939: Business Cycles: A Theoretical, Historical and Statistical Analysis of the Capitalist Process. (2 Volumes). New York: McGraw-Hill

Schumpeter, Joseph A. 1993a (1. Aufl. 1911): Theorie der wirtschaftlichen Entwicklung. Eine Untersuchung über Unternehmergewinn, Kapital, Kredit, Zins und den Konjunkturzyklus. Berlin: Duncker & Humblot (engl. 1934: The Theory of Economic Development: An Inquiry into Profits, Capital, Interest and the Business Cycle. Cambridge, MA: Harvard University Press)

Schumpeter, Joseph A. 1993b (1. Aufl. 1959; Erstveröff. 1942): Kapitalismus, Sozialismus und Demokratie: Tübingen und Basel: Francke Verlag (UTB 172)

Schwarzer, Ralf/Jerusalem, Matthias 1994: Gesellschaftlicher Umbruch als kritisches Lebensereignis. Psychosoziale Krisenbewältigung von Übersiedlern und Ostdeutschen. Weinheim und München: Juventa

Sennett, Richard 1986: Verfall und Ende des öffentlichen Lebens. Die Tyrannei der Intimität. Frankfurt: S. Fischer Taschenbuch

Shaw, Clifford R. 1929: Delinquency Areas. A Study of the Geographic Distribution of School Truants, Juvenile Delinquents, and Adult Offenders in Chicago. Chicago: The University of Chicago Press

Shaw, Clifford R./Moore, M. E. 1931: The Natural History of a Delinquent Career. Chicago und London

Shaw, Clifford R./McKay, Henry D. 1969: Juvenile Delinquency and Urban Areas. A Study of Rates of Delinquency in Relation to Differential Characteristics of Local Communities in American Cities. Chicago and London, 2. Aufl. 1972 (Original Chicago 1942): The University of Chicago Press

Siebert, Horst 1993: Das Wagnis der Einheit. Eine wirtschaftspolitische Therapie. Stuttgart: DVA

Simmel, Georg 1987 (8. Aufl.): Philosophie des Geldes. Berlin (Orig. 1900/1907, 2. Aufl.)

Simmel, Georg 1978: Philosophy of Money. London: Routledge & Kegan Paul

Simmel, Georg 1992: Soziologie. Untersuchungen über die Formen der Vergesellschaftung. Frankfurt 1992 (Original 1908).

Skirbekk, Gunnar 1977: Wahrheitstheorien. Eine Auswahl aus den Diskussionen über Wahrheit im 20. Jahrhundert. Frankfurt: Suhrkamp

Smelser, Neil J. 1991: Zukünftige Aufgaben der Soziologie. In: Zapf, W.: Die Modernisierung moderner Gesellschaften. Verhandlungen des 25. Deutschen Soziologentages in Frankfurt am Main 1990. Frankfurt/New York : Campus, 731-742

Smelser, Neil J. 1995: Modelle sozialen Wandels. In: Müller, Hans-Peter/Schmid Michael 1995: Sozialer Wandel. Modellbildung und theoretische Ansätze. Frankfurt: Suhrkamp, 56-84

Smelser, Neil J./Lipset, Seymour M. 1966: Social structure and mobility in economic development. Chicago: Aldine

Smith, Adam 1901: The Wealth of Nations. An Inquiry into the Nature and Causes. London: George Bell and Sons.

Smith, Adam 1974: Der Wohlstand der Nationen. München (Orig. 1776/1789): dtv

Soeffner, Hans-Georg 1989: Auslegung des Alltags - Der Alltag der Auslegung. Zur wissenssoziologischen Konzeption einer sozialwissenschaftlichen Hermeneutik. Frankfurt: Suhrkamp

Sørensen, Aage B./Weinert, Franz E./Sherrod, Lonnie R. 1986: Human Development and the Life Course: Multidisciplinary Perspectives. Hillsdale: Lawrence Erlbaum

Solga, Heike 1995: Auf dem Weg in eine klassenlose Gesellschaft? Klassenlagen und Mobilität zwischen Generationen in der DDR. Berlin: Akademie Verlag

Solschenizyn, Alexander 1973: Der Archipel GULAG. Bern/München: Scherz

Sparschuh, Vera/Koch, Ute 1997: Sozialismus und Soziologie. Die Gründergeneration der DDR-Soziologie. Versuch einer Konturierung. Opladen: Leske + Budrich

Spengler, Oswald 1991: Der Untergang des Abendlandes. Umrisse einer Morphologie der Weltgeschichte. München: Deutscher Taschenbuch Verlag

Sprondel, Walter M./Graathoff, Richard: Alfred Schütz und die Idee des Alltags in den Sozialwissenschaften. Stuttgart 1979: Enke

Srubar, Ilja 1992: Grenzen des „rational choice"-Ansatzes. In: Zeitschrift für Soziologie (21), 157-165

Strasser, Hermann/Randall, Susan C. 1979: Einführung in die Theorien des sozialen Wandels. Darmstadt und Neuwied: Luchterhand

Strauss, Anselm 1968a (Hg.): The American City. A Sourcebook of Urban Imagery. Chicago: Aldine

Strauss, Anselm 1968b: Spiegel und Masken. Die Suche nach Identität. Frankfurt

Strauss, Anselm 1978: Negotiations. Varieties, Contexts, Processes and Social Order. San Francisco: Jossey-Bass

Strauss, Anselm 1991a: Creating Sociological Awareness. Collective Images and Symbolic Representations. New Brunswick/London: Transactions

Strauss, Anselm 1991b: Grundlagen qualitativer Sozialforschung. Datenanalyse und Theoriebildung in der empirischen soziologischen Forschung. München: Wilhelm Fink

Strauss, Anselm 1993: Continual Permutations of Action. New York: Aldine de Gruyter

Strauss, Anselm/Corbin, J. M. 1988: Shaping a New Health Care System. The Explosion of Chronic Illness as a Catalyst for Change. San Francisco/London: Jossey-Bass

Strauss Anselm et al. 1963: The Hospital and Its Negotiated Order. In: E. Freidson (ed.), The Hospital in Modern Society. New York, 147-169

Struck-Möbbeck, Olaf/Sackmann, Reinhold/Rasztar, Matthias/Weymann, Ansgar/Wingens, Matthias 1996: Gestaltung berufsbiographischer Diskontinuität. Bremen: Sonderforschungsbereich 186, Arbeitspapier 38

Stryker, Sheldon 1980: Symbolic Interactionism. A Social-Structural Version. Menloe Park

Swaan, Abram de 1993: Der sorgende Staat. Wohlfahrt, Gesundheit und Bildung in Europa und den USA der Neuzeit. Frankfurt/New York (Orig: In Care of the State. New York 1988: Oxford Univ. Press)

Sztompka, Piotr 1990: Agency and progress: the idea of progress and changing theories of change. In: Alexander, Jeffrey C./Sztompka, Piotr: Rethinking

Progress. Movements, Forces, and Ideas at the End of the 20th Century. Boston: Unwin Hyman, 247-263

Sztompka, Piotr 1993: The Sociology of Social Change. Oxford, UK/Cambridge, Mass.: Blackwell

Taylor, Charles 1993: Aneinander vorbei: Die Debatte zwischen Liberalismus und Kommunitarismus. In: Honneth, Axel 1993 (Hg.): Kommunitarismus. Eine Debatte über die moralischen Grundlagen moderner Gesellschaften. Frankfurt/New York, Campus, 103-131

Thomas, William I./Znaniecki, Florian 1918-1920: The Polish Peasant in Europe and America. Monograph of an Immigrant Group. Boston: Richard G. Badger/The Gorham Press (Vol. I 1918; Vol. II 1918; Vol. III 1919; Vol. IV 1920; Vol. V 1920)

Thomas, William I./Znaniecki, Florian 1958: The Polish Peasant in Europe and America. Vol. I and II. New York: Dover (Unveränderter Nachdruck der 2. Ausgabe)

Thomas, William I./Znaniecki, Florian 1984: The Polish Peasant in Europe and America. (Edited and abridged by Eli Zaretsky). Urbana and Chicago: University of Illinois Press

Tjaden, Karl Hermann 1969: Soziales System und sozialer Wandel: Untersuchung zur Geschichte und Bedeutung zweier Begriffe. Stuttgart: Enke

Tocqueville, Alexis de 1985: Über die Demokratie in Amerika. Stuttgart: Reclam (erschienen 1835/1840)

Tönnies, Ferdinand 1979: Gemeinschaft und Gesellschaft. Grundbegriffe der reinen Soziologie. Darmstadt: Wiss. Buchgesellschaft (3. Aufl. von 1991; Nachdruck der 8. Aufl. von 1935; Erstausgabe 1887)

Touraine, Alain 1972: Die postindustrielle Gesellschaft. Frankfurt am Main: Suhrkamp

Thrasher, Frederick M. 1927: The Gang. A Study of 1.313 Gangs in Chicago. Chicago (reprint 1963)

Treibel, Annette 1995 (3. Aufl.): Einführung in die soziologischen Theorien der Gegenwart. Opladen: Leske + Budrich

Trommsdorf, Gisela 1989: Sozialisation im Kulturvergleich. Stuttgart: Enke

Turner, Jonathan H. 1986 (4. Aufl.): The Structure of Sociological Theory. Chicago

Turner, Jonathan H. 1988: A Theory of Social Interaction. Stanford: Stanford University Press

Urbánek, E. 1967: Roles, Masks and Characters: A Contribution to Marx's Idea of the Social Role. In: Social Research (34), 529-562

Vanberg, Victor 1975: Die zwei Soziologien. Individualismus und Kollektivismus in der Sozialtheorie. Tübingen: J. C. B. Mohr (Paul Siebeck)

Vanberg, Victor 1982: Markt und Organisation. Individualistische Sozialtheorie und das Problem des korporativen Handelns. Tübingen J. C. B. Mohr (Paul Siebeck)

Vester, Michael/Oertzen, Peter von/Geiling, Heiko/Hermann, Thomas/Müller, Dagmar 1993: Soziale Milieus im gesellschaftlichen Strukturwandel. Zwischen Integration und Ausgrenzung. Köln: Bund-Verlag

Waibl, Elmar 1980: Gesellschaft und Kultur bei Hobbes und Freud. Wien: Löcker

Waldrauch, Harald 1996: Was heißt demokratische Konsolidierung? Über einige theoretische Konsequenzen der osteuropäischen Regimewechsel. Wien: Institut für Höhere Studien (IHS)

Walzer, Michael 1993a: Kritik und Gemeinsinn. Drei Wege der Gesellschaftskritik. Frankfurt: Fischer Taschenbuch

Walzer, Michael 1993b: Die kommunitaristische Kritik am Liberalismus. In: Honneth, Axel 1993 (Hg.): Kommunitarismus. Eine Debatte über die moralischen Grundlagen moderner Gesellschaften. Frankfurt/New York: Campus, 157-180

Walzer, Michael 1994 (urspr. 1992): Sphären der Gerechtigkeit. Ein Plädoyer für Pluralität und Gleichheit. Frankfurt/New York (Spheres of Justice. A Defence of Pluralism and Equality. Basic Books: New York 1983)

Weber, Max 1964: Wirtschaft und Gesellschaft. Köln/Berlin (Orig.: Tübingen 1956: J. C. Mohr (Paul Siebeck))

Weber, Max 1978 (7. Aufl.): Die protestantische Ethik und der Geist des Kapitalismus. In: Max Weber, Gesammelte Aufsätze zur Religionssoziologie. Band I, Tübingen: J. C. B. Mohr (Paul Siebeck), 17-206

Weber, Max 1978: Gesammelte Aufsätze zur Religionssoziologie, 1. Vol. Tübingen: J. C. Mohr (Paul Siebeck)

Weber, Max 1985 (6. Aufl.): Gesammelte Aufsätze zur Wissenschaftslehre. Tübingen: J. C. Mohr (Paul Siebeck)

Wehler, Hans-Ulrich 1972: Geschichte und Soziologie. Köln: Kiepenheuer & Witsch

Wehler, Hans-Ulrich 1975: Modernisicrungstheorie und Geschichte. Göttingen: Vandenhoeck & Rupprecht

Weidenfeld, Werner 1993: Deutschland. Eine Nation - doppelte Geschichte. Köln: Verlag Wissenschaft und Politik

Weidenfeld, Werner/Korte, Karl-Rudolf 1996: Handbuch zur deutschen Einheit. Frankfurt/New York: Campus

Weingart, Peter 1984: Anything goes - rien ne vas plus. In: Kursbuch (78)

Weymann, Ansgar 1972: Gesellschaftswissenschaften und Marxismus. Zur methodologischen Entwicklung der Gesellschaftswissenschaften in der DDR. Opladen: Westdeutscher Verlag (urspr. Düsseldorf: Bertelsmann Universitätsverlag)

Weymann, Ansgar 1989a: Handlungsspielräume. Untersuchungen zur Individualisierung und Institutionalisierung von Lebensläufen in der Moderne. Stuttgart: Enke

Weymann, Ansgar 1989b: Soziologie - Schlüsselwissenschaft des 19. oder des 20. Jahrhunderts? Der Beitrag der Soziologie zur gesellschaftlichen Wissensproduktion. In: Soziale Welt (40), 133-141

Weymann, Ansgar 1990: Sociology in Germany. In: Bryant C. G. A./Becker H. A.: What has Sociology achieved? London: Macmillan, 204-220

Weymann, Ansgar 1991: Eine deutsche Ideologie? Die wiedervereinigten Sozialwissenschaften und die bewältigte Vergangenheit. In: Giesen B./Leggewie K. (Hg.): Experiment Vereinigung. Ein sozialer Großversuch. Berlin: Rotbuch, 52-58

Weymann Ansgar 1994a: Technological Innovation and Technology-Generations: East and West German Inequalities. In: Blackburn R. (ed.): Social

Inequality in a Changing World. Cambridge: Sociological Research Group, 28-49

Weymann Ansgar 1994b: Altersgruppensoziologie. Altersgruppen, Kohorten und Generationen. In: Kerber H./Schmieder A. (Hg.): Spezielle Soziologien. Reinbek bei Hamburg: Rowohlt, 344-362

Weymann, Ansgar 1995: Modernisierung, Generationsverhältnisse und die Ökonomie der Lebenszeit. Gesellschaftsformen und Generationen im „Polish Peasant". In: Soziale Welt (46), 369-384

Weymann Ansgar 1996a: Interrelating Society and Biography. Discourse, Market and the Welfare State. In: Weymann, Ansgar/Heinz, Walter R. (Hg.): Society and Biography. Interrelationships between Social Structure, Institutions and the Life Course. Weinheim: DVA, 241-258

Weymann Ansgar 1996b: Modernization, Generational Relations and the Economy of Lifetime. In: International Journal of Sociology and Social Policy (16), 4 (Special Issue on „The Current State of Social Theory", ed. by Stephan Fuchs, Univ. of Virginia), 37-57

Weymann, Ansgar 1996c: Rezension von Helmuth Wiesenthal (Hg.): Einheit als Interessenpolitik. Studien zur sektoralen Transformation Ostdeutschlands. In: Soziologische Revue (18), 500-502

Weymann, Ansgar 1998: From Education to Employment: Vocational Careers in the Social Transformation of East Germany. In: Heinz, Walter R. (ed.): From Education to Work: Cross-National Perspectives. Cambridge University Press (in print)

Weymann, Ansgar/Heinz, Walter R. 1996 (Hg.): Society and Biography. Interrelationships between Social Structure, Institutions and the Life Course. Weinheim: DSA

Weymann Ansgar/Sackmann, Reinhold 1993: Modernization and the Generational Structure. Technological Innovations and Technology-Generations in East and West Germany. In: Becker H. A./Hermkens P. L. J. (Hg.): Solidarity of Generations. Demographic, Economic and Social Change, and its Consequences, Amsterdam: Thesis, 721-743

Wiesenthal, Helmuth (Hg.) 1995: Einheit als Interessenpolitik. Studien zur sektoralen Transformation Ostdeutschlands. Frankfurt/New York: Campus

Wiswede, Günter/Kutsch, Thomas 1978: Sozialer Wandel: Zur Erklärungskraft neuerer Entwicklungs- und Modernisierungstheorien. Darmstadt: Wissenschaftliche Buchgesellschaft

Wilson, Thomas P.: Theorien der Interaktion und Modelle soziologischer Erklärung. In: Arbeitsgruppe Bielefelder Soziologen. Opladen 1980: Westdeutscher Verlag, 54-79

Wingens, Matthias 1998: Gesellschaft ohne Begriff. Wiesbaden: Deutscher Universitätsverlag

Winkler, Gunnar 1990: Sozial Report DDR. Daten und Fakten zur sozialen Lage in der DDR. Berlin: Verlag Die Wirtschaft; Bonn: Verlag Bonn Aktuell

Wirth, Louis o. J.: The Ghetto. Chicago: University of Chicago Press

Wurzbacher, Gerhard 1974: Sozialisation und Personalisation. Beiträge zu Begriff und Theorie der Sozialisation. Stuttgart: Enke

Zahlmann, Christel 1992 (Hg.): Kommunitarismus in der Diskussion. Berlin: Rotbuch

Zapf, Wolfgang 1969: Theorien sozialen Wandels. Köln/Berlin: Kiepenheuer & Witsch

Zapf, Wolfgang 1991: Die Modernisierung moderner Gesellschaften. Verhandlungen des 25. Deutschen Soziologentages in Frankfurt am Main 1990. Frankfurt/New York

Zapf, Wolfgang 1994: Modernisierung, Wohlfahrtsentwicklung und Transformation. Berlin: Sigma

Zapf, Wolfgang 1996: Die Modernisierungstheorie und unterschiedliche Pfade der gesellschaftlichen Entwicklung. In: Leviathan (23), 63-77

Zapf, Wolfgang/Habich, Roland 1996: Wohlfahrtsentwicklung im vereinten Deutschland. Sozialstruktur, sozialer Wandel und Lebensqualität. Berlin: sigma

Zapf, Wolfgang/Schupp, Jürgen/Habich, Roland 1996 (Hg.): Lebenslagen im Wandel: Sozialberichterstattung im Längsschnitt. Frankfurt/New York: Campus

Zinnecker, Jürgen 1987: Jugendkultur 1940-1985. Opladen: Leske + Budrich

Zollschan, George K./Hirsch, Walter 1976: Social Change. Explorations, Diagnoses, and Conjectures. Cambridge, Mass.: Schenkman (John Wiley & Sons, NY)

Zorbaugh, Harvey W. 1929: The Gold Coast and the Slum. Chicago and London: University of Chicago Press

Schlagwortregister

Namensregister